书山有路勤为径,优质资源伴你行
注册世纪波学院会员,享精品图书增值服务

易明赋能系列丛书

LECTURE METHOD
FROM PREACHING TO EMPOWERMENT

讲法

从说教到赋能

田俊国 著

电子工业出版社
Publishing House of Electronics Industry
北京·BEIJING

未经许可，不得以任何方式复制或抄袭本书之部分或全部内容。
版权所有，侵权必究。

图书在版编目（CIP）数据

讲法：从说教到赋能 / 田俊国著. —北京：电子工业出版社，2018.9
（易明赋能系列丛书）
ISBN 978-7-121-34807-5

Ⅰ. ①讲… Ⅱ. ①田… Ⅲ. ①企业管理－职工培训 Ⅳ. ①F272.92

中国版本图书馆 CIP 数据核字(2018)第 171255 号

策划编辑：晋　晶
责任编辑：杨洪军
印　　刷：北京盛通数码印刷有限公司
装　　订：北京盛通数码印刷有限公司
出版发行：电子工业出版社
　　　　　北京市海淀区万寿路 173 信箱　邮编 100036
开　　本：720×1000　1/16　印张：18.75　字数：300 千字
版　　次：2018 年 9 月第 1 版
印　　次：2025 年 8 月第 22 次印刷
定　　价：68.00 元

凡所购买电子工业出版社图书有缺损问题，请向购买书店调换。若书店售缺，请与本社发行部联系，联系及邮购电话：(010) 88254888，88258888。
质量投诉请发邮件至 zlts@phei.com.cn，盗版侵权举报请发邮件至 dbqq@phei.com.cn。
本书咨询联系方式：(010) 88254199，sjb@phei.com.cn。

推 荐 序

只有折腾了才能学会，才会改变！

老田能折腾，这在培训界是大家公认的。十年前，他从零起步折腾出一个非常有特点至今仍在培训界有强大影响力的企业大学；十年间，他折腾出几本非常有独创理念和方法论同时拥有众多粉丝的畅销书；最近一两年，他又折腾出一家非常专业同时在业界非常有知名度的培训机构；近期，他又折腾出一本书——《讲法：从说教到赋能》！

上周末，我接到《讲法》这本近三百页的书稿，在家里几乎一口气看完。太解渴了，太过瘾了！

"你的点滴收获都是自己折腾的结果！"

书中的这句话把我拉回到几年前首次听老田分享的场景：那是2012年上半年，在北京用友大学成立三周年纪念活动上，老田有个专题分享。首次听到他这个观点——"你的点滴收获都是自己折腾的结果"，对于刚刚踏进培训行业的我来说，非常新鲜但也很不理解。后来，我又多次听老田的各种讲座和演讲，阅读他陆续出版的作品，并且多次听到类似的说法和观点！

我体会到，《讲法》这本书是首次全面地、更加系统地归纳和阐释了老田在培训学习方面"折腾思想"的基本原理、主要方法，以及多年的实践经验和感悟！

讲法：从说教到赋能

"一切都是能量"是这种"折腾思想"的物质基础，建构主义主张是这种"折腾思想"的外在表现，通过学习达到改变的目的是这种"折腾思想"的出发点和落脚点。

如何落实这种"折腾思想"？在《讲法》这本书中，老田结合他多年的实践经验，做了非常精辟的提炼和概括，形成了书中的第 2 部分"赋能讲法的七项修炼"——管好"内存"，保持状态；营造场域，促进交流；三脑驱动，五星导航；五路驱动，完美陈述；强力提问，打通关节；问答相应，教学相长；妙用暗示，转移思维。

尤其是其中的第 3 项修炼，五星导航——"聚焦问题，激活旧知，论证新知，应用新知，融会贯通"逻辑严密、层层深入，又非常实用。

如何实现这种"折腾思想"？在《讲法》这本书中，老田结合他多年的实践经验和深切感悟，对讲师的内功修订做了非常精辟的提炼和概括，形成了赋能型讲师的四项内功修行大法——高效阅读，积累知识；刻意练习，养成习惯；反思复盘，持续提高；通往专家级讲师之路。

我理解，《讲法》这本书是老田在培训学习方面"折腾思想"的集中体现！给老田的折腾劲儿点赞！给《讲法》这本书点赞！

也请试着折腾一下自己，一定会有所收获！

因为只有折腾了才能学会，才会改变！

章国强

中广核大学（党校）

2018 年 8 月 3 日

前 言

讲师是一个门槛极低、台阶极高的职业。说门槛低是因为事实上社会讲师没有标准，能讲话就能讲课；说台阶高是因为把话讲到学员心里去，驱动学员富有成效地思考，促进学员积极改变是一项无止境的工作——同样的内容，总有更能打动人的表达方式，同样的课堂，总有更有利于学员吸收和转化的讲法。

不同的讲师有不同的讲课风格：有人把重心放在所授内容上，上课如同背书，不紧不慢，从头说到尾，完全忽视了学员的存在，内容讲完了下课走人；有人把重心放在形式上，把课堂搞得像舞台，把教学搞得像表演，自说自演，说学逗唱，热闹非凡；有人把重心放在跟学员的互动上，跟学员打成一片，嘻嘻哈哈，课堂氛围很热烈，却常常把话题扯得太远，连教学目标都忘了。无论什么教学路数，都要回归到学习的本质上来检验其效果。学习是有机体为了获得持久的非生理性改变而努力的过程，学员有实实在在的改变才是检验教学效果的唯一标准。不以学员改变为目的的一切教学都是耍流氓！人们为了未来变得更好而学习，所以学习是投资行为，而娱乐则是花钱消遣的消费行为，二者有本质上的区别。因此，教学是要为学员的改变负责的，而表演只是为了逗观众一乐。

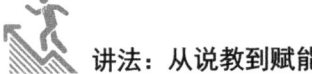

讲法：从说教到赋能

我写本书只有一个目的，就是帮助所有讲师用更专业、更有效的方式传道、授业、解惑，让课堂不再枯燥，让学习更加高效，不再用传统说教模式授课，切实做到在课堂上为学员赋能。越来越多的讲师已经意识到传统说教模式很难适应新一代的学员。学员对不能深度参与的课堂只能应付地听，讲师见学员没兴趣学也就应付地讲，越来越多的课堂处在讲师和学员相互应付的状态。表面上应付的是课堂，而实际上应付的是彼此的生命！这一切急需改变，刻不容缓！

改变课堂必须从改变讲师的讲法开始。这就要求讲师率先改变，对习惯了传统说教模式的讲师而言，实现这个改变并不容易——所有的改变都需要一个系统的学习过程。讲师要有很强的学习能力才能更好地教学员，上课并非只是传授内容，更重要的是，跟学员共同学习，培养学员的学习能力。本书试图从三部分帮助讲师实现从说教到赋能的转变。

第1部分：能量说，建构观，促进对话，促成改变

第1部分是教学理念的转变，分为三章。第1章，从能量的角度看人的学习与改变。每个人都是一个能量体，有自己独特的能量运用方式。人和人最本质的区别是能量运用方式的区别。日积月累的能量分配方式和运用习惯就成为性格和习惯，性格决定命运，习惯造成差异。人的思维方式和行为方式没有对错，只有投入能量的多寡。在促人改变上，只讲道理显然是不够的，因为人除了能接受和理解道理的理性部分，还有不可理喻的感性部分。认知、行为、情感构成促人改变的三驾马车，而积极有效的改变背后有一个"认知—行为—情感"三者持久强化、持续能量投入的正循环。因此，任何积极而持久的改变都是学员本人持续投入能量的结果，点滴收获都靠自己折腾，折腾了、投入了才能学得会。学习为了改变，改变背后离不开三股能量，教学者不能不知。

第2章，系统阐述建构主义教学的核心主张，分四个层次。首先是世界

观，建构主义认为世界是感知的世界。尽管世界是客观的，但每个人心中建构的世界是主观的。其次是知识观，建构主义认为知识是个体基于经验的主观建构，同样的信息进入不同的大脑会形成不同的知识，因此知识有再生产性，知识被掌握的标志是形成个人版本。再次是学习观，学员是学习的主体，讲师的作用是启发学员思考，学习过程中伴随着意义协商，所以学习的社会环境很重要，跟谁学比向谁学还重要。最后是教学观，学习在对话中进行，让学员在问题和场景中感悟，多种手段促进学员吸收和转化，教学效果当堂检验。这四个层次是我根据自己多年对建构主义的理解总结的。我把建构主义当成信仰，认为只有建构主义的教学主张才能真正实现在教学中为学员赋能。

第3章，讲学习在对话中产生。学习的目的是建立持久而稳定的非生理性反应。从学习发生的脑内反应机制来看，学习实际上是建立一组稳定的、有价值的大脑神经元连接。教学的目标要促进学员脑内有价值的神经元连接的形成。基于此，我认为学习必须在对话中进行，好课堂就是要营造一个轻松对话的氛围，通过外部对话促进学员的内在对话，高质量的对话促成学员内在高质量的神经元连接，表现出来就是醍醐灌顶、豁然开朗的感觉。同时，对话也是促进学员的存量知识与外来的流量知识产生反应。知识是基于经验的主观建构，人们总是用已有的知识和经验解读新的事物，建构过程就是自己的经验和外来信息相互对话的过程。

第2部分：有状态，有框架，应对自如，教学相长

第2部分是本书的重点，介绍赋能型讲师激活课堂，有效促进学员改变，并在教学过程中实现学员、讲师、课程三者互相促进和提高的关键策略与核心技能。本部分共七章内容，其中前三章谈讲师的状态位、学员的状态位和教学框架，主静；后四章谈陈述、提问、回答问题、暗示引导，主动。

第4章阐述讲师的内在状态。有诸内必显诸外，讲师的课堂表现是其内

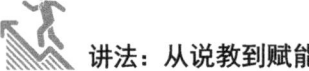

在状态的外显。对"为什么教"和"如何教"的认识不同,讲师的内心状态就不同,表现出来的行为就不同。所以,讲师要觉察和管理自己的大脑"内存",使自己始终保持在激情、从容、抽离和促动的状态,使自己的注意力更多为教学目标服务,更少受不利因素干扰。讲师积极、从容的状态,才能带动学员更投入、更开放地学习。

第5章谈学员的状态和场域。讲师不仅要管好自己的大脑"内存",还要觉察和管理学员的大脑"内存",要更多地抓住学员的注意力,使学员把更多的精力投入学习上。讲师不仅要让学员在课堂上的认知负荷适中,还要充分照顾学员的情感,用多种手段提升学员的学习体验。顶级的讲师不仅道理讲得透,更重要的是,能够关注学员的情感!好的学习效果需要一个好的思想碰撞场域。

第6章系统讲五星教学。我之所以推崇五星教学,是因为它不仅符合人类学习新知过程中的认知规律,更是因为它从机制上保障了教学在对话中进行。我在实践中把三脑学说和五星教学进行了整合,从而对五星教学有了更深刻的理解和发展性应用,深切地感受到用五星教学法教学,能最大限度地降低学员的认知负荷,提升学员的学习体验,驱动学员的认知、行为和情感三部分能量参与学习。

第2部分后四章具体介绍课堂上的陈述、提问、回答问题、暗示引导等基本技能。其中,第7章阐述如何表达才有张力,才能深入人心。我发现很多讲师的表达条理都很清晰,能很好地驱动学员用理性脑思考,不足的是,很难用描述性语言激活学员的感性脑。我根据大脑的基本技能把大脑隐喻成五个内在小孩:小感、小思、小情、小想和小觉。无论是演讲、授课,还是一对一的沟通,讲师都不是给一个人讲话,而是给对方内在的性格迥异、爱好不同的五个内在小孩讲话。只有满足每个内在小孩的信息诉求,才能高质量地影响对方。

第8章探讨提问。人们经常会被自己内在的某一两个内在小孩绑架,从而进入一种偏执的状态。好讲师善于用好问题驱动学员富有成效地思考，让学员尝试探索不同的方式，从而走出思维困境。提问最重要的策略就是成功驱动受众大脑里的五个内在小孩玩传球游戏，五个内在小孩本身可以成为一个很好的提问框架！换一种思维，就换了一个世界。如何用提问的方式驱动学员思考、干预学员的能量运用方式和思维习惯是本章探讨的重点。

第9章讨论高水平回答学员问题的技巧。回答学员问题最挑战讲师的功力，也恰恰最能帮助讲师提升功力。当讲师饱读诗书又身经百战的时候，最需要学员提出有质量的问题。讲师可以借助学员问题将散落在自己大脑各处的关于该问题的知识、经验等素材加以关联和整合，问题就成为知识组块的线索。无论是用问题回答问题、用隐喻回答问题，还是发动学员公开讨论共同探讨问题，都是为了促成学员五个内在小孩的深度对话，学习效果将在对话中产生。

第10章探讨暗示与思维引导。课堂上，重要的不是讲师说了什么或做了什么，而是在学员的脑海里发生了什么思维活动。暗示妙就妙在用语言的魔力绕过意识的防卫，激发潜意识的想象力，让潜意识开始建构另一种可能。本章将介绍几种常用的思维引导框架，如比较式、嵌入式、概括性语言和假如框架等，其目的依然是将学员的思维引向积极的、有能力的、有资源的、能掌控的方向。世界上最能驱动人的并不是自上而下的命令，而是由内而外的暗示。

以上四章内容不同、角度不同，然其要旨是相同的，就是促进学员全方位、多角度地思考，从而"折腾"出属于自己的真知。

第3部分 多读书，勤练习，螺旋迭代，臻于至善

最后一部分谈讲师在工作中学习、在课堂上修行的话题。要把教学风格从传统说教模式升级到赋能模式不可能一蹴而就，不可激变，而要渐变。学高为师，身正为范，讲师自己应该是做人的楷模、学习的典范。

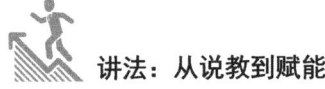

讲法：从说教到赋能

第 11 章探讨讲师如何在间接经验中学习，即提升阅读能力。俗话说，给人一碗水，自己须有一桶水。博览群书，才能在课堂上从容应对。讲师需要掌握主题阅读、检视阅读等基本阅读技能。阅读能力的提升是一个循序渐进的过程，从看图识字到拼音阅读，从逐字朗读到阅读，再到检视阅读，每步都需要大量的练习。用建构主义的观点看，阅读实际上是借助作者的观点建构自己的思想。任何一本书，领悟了的部分才真正属于自己。书无所谓好坏，也无须逐字逐句认真读完，关键在于它能诱发你如何思考。至于能领悟多少，有赖于自己已有的知识结构和生活经验。

第 12 章聚焦在刻意练习。知和行之间的距离要么是无穷大，要么是零。人们从知到行的比例接近于种子最终能够开花结果的比例，接近于受精卵最终能够成长为婴儿的比例。只有应用了的知识才能带来价值，只有经过实践检验的知识才是真知灼见。"不经历风雨，怎么见彩虹？没有人能够随随便便成功。"要对讲课中的每个成分技能进行刻意练习：有目标，有套路，走出舒适区的大量重复，针对结果的有效反馈，是打造名师的核心工艺。

第 13 章论述复盘反思。行万里路，不反思也就是个邮差；读万卷书，不反思也就是个 Kindle。经历和经验之间横亘着一个东西，叫反思。经过反思的经历才能称为经验，没有经过反思的经验只能叫经历。如果一个人能把复盘当成生活和工作的习惯，他的人生就开始迈向自信和从容。只要理论学习、刻意练习、复盘反思形成一个良性迭代的循环，成为专家级讲师便只是个时间积累的问题。

最后一章讲通往专家级讲师之路。倘若总是用同样的模式为人处世，再高大上的工作都会沦为枯燥的驴子拉磨模式。人生中的每个重大进步都意味着跟历史的彻底决裂。讲师要想持续成长、进步，必须不断摆脱旧有模式的束缚，发展出全新的模式，尽情地绽放作为生命的精彩。本章介绍了迈向专家级讲师的六个台阶，以及一个自我修炼的动态迭代模型。

结语

我认为，通往精神自由的捷径是当讲师。精神自由的内涵是能够自由地选择用自己的方式实现生命的价值，升华生命的意义。一个人真正的精神自由正是从自己对未来没有担忧开始的。于是，讲师就有足够的精力实现人生价值：让更多的人从自己分享的知识中获益，帮助更多的人成功，从学员的成功中实现生命的价值，实现生命意义的升华。积极心理学研究表明，给予得到的幸福感比收获得到的幸福感更强烈——讲师从学员的感恩中得到的幸福感更持久、更强烈！也正因为这种强烈的幸福诉求，才有更多的人愿意当讲师，从讲台上找到舞台的感觉。

在社会快速发展和变革的互联网时代，比任何时候都更需要讲师。在各行各业都升级换代的今天，最亟待升级的是讲师教学方式——从说教到赋能！但愿本书能帮你成功地转变为一位真正的赋能型讲师，让更多人在你的课堂中受益，也让你在课堂上收到更多的成就感！

目 录

第1部分　赋能讲法的核心理念

第1章　能量所注，收获所在 3

人和人最本质的区别是能量运用方式的区别。日积月累的能量分配方式和运用习惯就成为性格和习惯，性格决定命运，习惯造成差异。任何积极而持久的改变都是持续投入能量的结果，点滴收获靠自己折腾，折腾了、投入了才会有真正的学习效果。

一切都是能量 5
学习的目的是寻求改变 13
有效改变背后的三种能量 19
自我演进的迭代法则 21

第2章　建构主义，省劲给力 27

世界是你感知的世界，而你感知的世界对你而言就是真实的。知识是基于经验的主观建构，知识被掌握的标志是形成个人版本。学员是学习的主体，讲师的作用是启发学员思考，跟谁学比向谁学还重要……

世界是感知的世界 29
对知识的不同理解 31
重新定义学习要素 34
建构主义的教学策略 39
建构主义核心主张总结 45

第3章 三路对话，促成学习 47

好课堂就是要营造一个轻松对话的氛围，通过外部对话促进学员的内在对话，高质量的对话促成学员内在高质量的神经元连接，表现出来就是醍醐灌顶、豁然开朗的感觉。

改变最终通过自我对话实现 49
掌握意识活动的状态 53
意识与潜意识的合作与对抗 57
三路并行的能量交互过程 63

第2部分 赋能讲法的七项修炼

第4章 管好"内存"，保持状态 69

每个讲师都有自己独特的能量运用方式，在课堂上表现为不同的授课风格，而不同的授课风格又决定了授课的效果。无论讲师怎么教，学员的吸收率和转化率是检验课堂效果的唯一标准。讲师应该保持什么样的状态，管理好自己的大脑"内存"，才能使学员的吸收率和转化率更高？

讲师的角色认知决定教学效果 71
管理你的大脑"内存" 73
觉察并调整状态 82

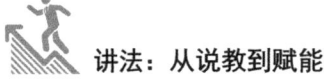

第 5 章　营造场域，促进交流 87

课堂场域是讲师和全体学员合力形成的，反过来，场域一旦形成，任何参与者的心理和行为都会受其影响。讲师要努力保证课堂在一种轻松积极的状态下进行，让课堂氛围处在"收而不死，放而不乱"的合理区间。既不能让学员的大脑处于一种工作记忆区超负荷的状态，也不能使其负荷太低，造成自由散漫或开小差。

有效经营学员的注意力 89

让课堂成为能量交换的市场 95

营造高质量的课堂场域 102

好场域提升课堂效果 105

第 6 章　三脑驱动，五星导航 109

我之所以推崇五星教学，是因为它不仅非常符合人类学习新知过程中的认知规律，更是因为它从机制上保障了教学在对话中进行。用五星教学法教学，能最大限度地降低学员的认知负荷，提升学员的学习体验，驱动学员的认知、行为和情感三部分能量参与学习。

聚焦问题：教学的本质是解决问题 112

激活旧知：旧知是消化新知的酶 117

论证新知：成为新知的主人 119

应用新知：形成"认知—行为—情感"正循环 122

融会贯通：达到"无意识、有能力"的状态 125

第 7 章　完美陈述，激活全脑 129

多少人渴望自己的演讲能够掌声雷动，渴望自己的表达能够深入人心？又有多少人困惑自己讲得如此精彩却少有人听，纳闷道理说得如此透彻而对方却无动于衷？记住：无论是演讲、授课，还是一对一的沟通，你都不是给一个人讲话，而是给对方内在的性格迥异、爱好不同的五个内在小孩讲话。只有满足每个内在小孩的信息诉求，才能高质量地影响对方。

区别对待大脑的五大机能 131

　　让五个内在小孩共舞 142

　　从有意觉察到自然反应 149

第 8 章　强力提问，打通关节 153

　　提问的目的是帮助学员富有成效地思考。好问题能驱动学员尝试用不同的方式去思考。换一种思维，就换了一个世界。如何用提问的方式驱动学员思考，如何干预学员的能量运用方式和思维习惯是本章探讨的重点。

　　提问激发学员思考 155

　　问题背后有框架 161

　　用提问提高能量的自由度和流动性 167

第 9 章　问答相应，教学相长 173

　　一堂课下来，学员要有收获，讲师也要有收获，课程还要有升级，课堂应该形成一个学员、讲师、课程三者互相促进和提高的良性循环。学员的问题恰恰是讲师在课堂上学习的机会。讲师可以借助学员高质量的问题，将自己散落在大脑各处的关于该问题的知识、经验等素材加以关联和整合。

　　从回答问题看讲师的段位 175

　　用问题回答问题 177

　　用隐喻回答问题 181

　　让问答接力下去 187

第 10 章　妙用暗示，转移思维 191

　　世界上最能驱动人的并不是命令，而是潜移默化的暗示。课堂上，重要的不是讲师说了什么或做了什么，而是在学员的脑海里发生了什么思维活动。语言是沟通的工具，更是思维的工具。暗示妙就妙在用语言

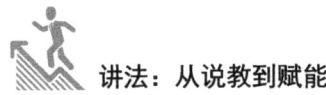

的魔力绕过意识的防卫，激发潜意识的想象力，让潜意识开始建构另一种可能。

教学也要适当留白 193
用暗示实现能量转移 195
神奇的"假如"框架 201
暗示的超强穿透力 206

第3部分　赋能型讲师的内功修行

第11章　高效阅读，积累知识 211

阅读能力的提升是一个循序渐进的过程，从看图识字到拼音阅读，从逐字朗读到阅读，再到检视阅读，每一步都需要大量的练习。任何一本书，你领悟的部分才是你的。能领悟多少，有赖于读者已有的知识结构和生活经验。书无所谓好坏，也无须逐字逐句认真读完，关键在于它能诱发你如何思考。

阅读能力急需重塑 213
阅读也是建构 218
写给爱阅读的未来大师们 221

第12章　刻意练习，养成习惯 227

知和行之间的距离要么是无穷大，要么是零。人们从知到行的比例接近于种子最终能够开花结果的比例，接近于受精卵最终能够成长为婴儿的比例。只有应用了的知识才能带来价值，只有经过实践检验的知识才是真知灼见。反复的练习能够促进脑结构的改变，使记忆更牢靠，技能更娴熟。

为有效改变而练习 229
为灵活应用而强化 233
为快速提升而反馈 238

第13章　反思复盘，持续提高 243

如果一个人能把复盘当成生活和工作的习惯，他的人生就开始迈向自信和从容。方法论复盘的目的就是从已经发生的事件中开发出一套应对某类情境的流程和工具。越有潜力的人才，越应该早早培养自己的学习反思能力。

反思促进心智模式的迭代 245
把复盘当成人生习惯 249
复盘背后的能量运用 257

第14章　通往专家级讲师之路 261

倘若总是用同样的模式为人处世，再高大上的工作都会沦为枯燥的驴子拉磨模式。人生中的每个重大进步都意味着跟历史的彻底决裂。讲师要想持续成长、进步，必须不断摆脱旧有模式的束缚，发展出全新的模式，尽情地绽放作为生命的精彩。

心中有学员的课堂永远精彩 263
讲师不可或缺的知识领域 265
专家级讲师之路 266
教学相长的循环 275

参考文献 279

第 1 部分

赋能讲法的核心理念

第1章
能量所注,收获所在

开篇即从能量说起。每个人都是一个能量体。我们从外界吸收能量,然后都用自己的方式运用这些能量。能量运用方式的不同决定了人生的不同,**能量运用方式的区别才是人和人最本质的区别**。而学习本质上是一个人能量运用方式的持续优化过程,任何一个能量运用方式的形成都需要持续的能量投入。所以,我常在课堂上说,你的点滴收获都是自己折腾的结果。

一切都是能量

同一款 iPad，每天都充满电，每个 iPad 耗电的 App 是不一样的，发挥的价值也是不一样的。同样的道理，每个人的心智模式和行为习惯是不一样的，这就好比大脑里装的 App 是不一样的，能量消耗的方式是不一样的，人生价值自然也是不一样的。有的人可以用微信挣钱，有的人却用游戏消磨时间，还有人购物花钱。几乎没有两个 iPad 耗电的方式完全一样，也不存在两个人能量运用方式完全一样。

你和乔布斯有何不同

从能量摄入的角度看，无论一餐吃多少食物，最终都会转化为若干卡路里的热量。但能量运用方式千差万别：乔布斯之所以是乔布斯，马云之所以

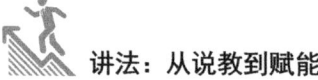

是马云,出租车司机之所以是出租车司机,乞丐之所以是乞丐,差异全然在于对每天摄入能量的分配方式和运用习惯上。牛人和庸人最根本的区别在于能量运用方式的不同。决定一个人能量的分配方式和运用习惯的是心智模式,心智模式可以理解为人的软件系统。

日积月累的能量分配方式和运用习惯就成为性格和习惯,性格决定命运,习惯造成差异。《周易》云:"善不积不足以成名,恶不积不足以灭身。"格兰德威尔在他的《异类》中指出:**成功就是"优势积累"的结果。**当然,也可以理解,失败是劣势积累的结果。每个人对外部刺激的反应,都能折射出其内在能量的分配方式和运用习惯,不同的能量运用习惯造就不同的人生。

她为什么说男人没有一个好东西

脑神经科学揭示:大脑是通过神经元之间突触连接的方式工作的,学习的本质是建立并强化某种有用的神经元连接,当然,也包括破除或弱化某种有限制性的或有害的神经元连接。既然人的行为受其认知的驱使,就应该考察一下认知的形成过程。

信念系统是神经语言程序学(Neuro-Linguistic Programming,NLP)的重要概念。信念是人们对某种事物或思想坚信不疑并身体力行的心理态度和精神状态。从神经元连接的角度看,信念可以看作人们大脑的神经元建立起来的某种强烈而持久的连接。

比方说,某女子有一个强烈的偏见:男人没有一个好东西。在她的大脑里就是把男人和厌恶这种情感建立了强有力的连接。对她来讲,这种连接是有根据的,也许在她很小的时候亲生父亲就舍弃她和母亲而去;后来母亲再婚,继父又对她很不好,曾经多次猥亵她;再后来她亲眼看到闺密遭男朋友抛弃;于是,自己带着对男人的成见小心翼翼地谈恋爱,又跟男友不欢而散……久而久之,她就从这些感知到和经历过的素材中归纳出一个结论：男人没一个好东西，好男人也被她看成坏男人（见图1-1）。在她的大脑里形成这样的连接是有原因的，背后有很多经历，这些经历都曾经消耗过她很多能量，最后就像原子之间形成化学键一样在她的大脑里形成强有力的连接。

图1-1　男人没好东西的连接

脑神经科学已经探知，每当人的大脑运用某一部分思考的时候，该部分就得到更充足的供氧和血糖供给。20世纪90年代，人们用正电子扫描和核磁共振技术能成功地探知人们思考和行动过程中的脑互动情况。正电子扫描（Positron Emission-computed Tomography，PET）就是通过在人的血液中注入可跟踪的正电子，这些血液涌向大脑后因为带有正电子而可以被跟踪，其原理是基于人们在使用大脑的某一部分时，该部分的脑供血量会增加。而核磁共振技术则通过检测人们在思考和行动过程中的脑供氧变化，找到思考和行动所激活的大脑区域。

大脑给激活区域更多的血糖和氧气的供给，又加速了这部分大脑的发育，就意味着这种连接使用一次被强化一次，负责存储这种连接的脑细胞就因获

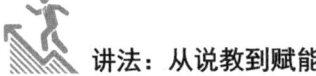
讲法：从说教到赋能

得更多供给而增强发育一次，久而久之，大脑就形成固定的强连接。诺贝尔生理学或医学奖获得者坎德尔甚至研究发现，人的任何知识技能获得过程，都会实实在在地影响大脑物理结构的改变。至此，就不难理解，原来"认知一旦形成便很难改变"这句话也是有大脑物理根据的。

这些连接是用很多的能量形成的，包含很多情绪、伤痛和思虑。要想彻底消除这种连接，则需要更多能量来重新建立新的连接，用更大的能量去强化新的连接。人们建立新的更好的连接的时候，旧的连接并不会立即消失，只是逐渐用得较少，得到的血糖和氧气供给也减少。当人们有意识地强化新连接的时候，旧的连接因为使用少而得不到足够的供给自然就会削弱，当新的连接强化到一定程度的时候，新的信念或习惯才能得以巩固。人们常说，养成新的习惯和破除限制性信念需要较长时间，在大脑的内在就是因为大脑内在的能量运用模式重构需要一个过程。人们没必要刻意去斩断旧的连接，只需要把注意力和能量转移到建立和强化新的连接上即可。自然界的法则是能量法则，能量投入到哪里，哪里就得到了强化和发展。

有一种伤害被称为反刍式伤害。事情本来已经过去了，就应该及早放下，把能量投入到未来更有意义、有价值的地方去。可是当事人偏偏沉浸在过去的伤害中不能自拔，在悲痛、失望、内疚等负面情绪中反刍，持续不断地为不可挽回的伤害投入更多的能量，甚至因此造成的次生伤害比原来的伤害还要大。

有一种畏惧叫臆想式畏惧。本来事情未必困难重重，只要努力去做就可以了，可是当事人总会在脑子里想可能遇到的困难，想象着事情会遭到某某人的百般刁难，某某活儿会万般难干，臆想一些难以克服的困难来自己吓自己，越这样想就越难为困难投入能量，最后干脆放弃了。能量投入到伤害，就强化了大脑的伤害回路，只能带来更多的伤害；能量投入到畏惧，就强化了大脑的畏惧回路，只能带来更多的畏惧。

大脑的发展过程，跟天地初开时山川河流的形成道理一样。老子在《道德经》第三十二章讲:"天地相合,以降甘露,民莫之令而自均。始制有名,名亦既有,夫亦将知止。知止,可以不殆。譬道之在天下,犹川谷之于江海。"天地相合而降下甘露,没有人分配却自然均匀,水往低处流,逐渐就冲出江河湖海。从此世界有了秩序,江海就有了名分。既然有了名分,此后的雨水自然就知道去哪里。知道去哪里,这就形成了固定的格局,循环往复,永不停息。道作用于天下,就像百川归海的道理一样。用老子的这段话隐喻人类大脑各种思维通路形成的过程也是再恰当不过的。

在榔头眼里什么都是钉子

思维模式的形成就是不断建立和发展神经元连接的过程。所谓的好习惯,无非是大脑建立起来的有意义、有价值的固定反应模式,这种模式最初可能就是一条普通的神经元连接通路,后来由于使用过程中不断注入能量,得到持续的强化和发展而由小路发展为高速公路而已。所谓的情绪,也是一种建立起来的固定反应模式的神经元强连接。行为主义的刺激反应理论,实际上就是遵循这个道理,建立相连接的反应通路,并持续强化。孔子说一个人:"七十而从心所欲不逾矩。"人七十岁的时候大脑思维的通路已经形成固定模式,所以能随心所欲而不越出规矩。

奥修在他的《老子心解》中讲了一个故事。

> 古时候,一个村庄里住着一位老太太,她养了一群鸡。每天早上,她最得意的事情是,她养的公鸡一阵此起彼伏的打鸣之后,太阳就冉冉升起,于是,她就认为是她养的公鸡把太阳公公叫醒,给大家带来了光明。
>
> 老太太不无得意地向村里的年轻人卖弄:"要不是我的公鸡每天早上千辛万苦把太阳公公叫醒,村里人现在还活在黑暗中。"
>
> 年轻人说:"老奶奶,太阳每天早上都会按时升起的,不是你们

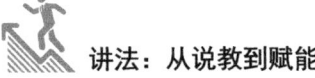

家公鸡叫醒的。"

老太太生气了:"你这孩子怎么这么没良心,你难道非要我给你点颜色看看?"

见年轻人不买账,老太太决心要给村庄里这些人一点教训,气呼呼地带着她的鸡群搬家到别的村。第二天一大早,她又欣喜地看到她那群努力的公鸡把太阳公公叫起来了。她得意地想原来村庄里的那些人此刻一定还在黑暗中,这是他们应得的惩罚,他们活该。

这个老太太的确傻得可爱。然而,仔细想来,类似于老太太的傻事又有谁没犯过呢?人们的大脑经常想当然地把先后发生的事情当成因果关系,而这种现象发生一次,大脑中的连接通路就强化一次,久而久之,就强化成个人信念。事实上,类似老太太这样的傻得可爱的信念与偏见人人身上都有,而且持续被强化。

更有意思的是,当某个信念被强化到一定程度时,人们就会带着这个信念去审视周围的一切,会在外部世界搜索跟自己的信念相一致的素材,而对那些和自己信念不一致的素材视而不见、听而不闻。

马斯洛讲过这么一个故事。

有人坚定地认为自己是一个死人,因此被家人送往精神病院。医院成立了专家组研讨:如何才能让这个家伙意识到他还活着呢?讨论良久,有一位医生来了灵感,把病人叫过来问:"您说您死了,那我问您,死人会不会流血?"

病人说:"死了就变成僵尸了,大概不会流血了。"

医生一下子有主意了,吩咐护士拿一枚针来。医生拿针刺破他的手指,眼看着殷红的鲜血就顺指头流下来。医生得意地问:"这回您还认为自己是死人吗?"

这位老兄看着指尖流下的鲜血,凝视良久,喃喃地说:"原来死人也是会流血的啊!"

马斯洛总结说:在榔头的眼里什么都是钉子。这位病人的信念已经形成,大脑的连接牢不可破,他眼里的什么情景都会成为他证明自己死亡的证据,而对那些能让他意识到自己活着的情景视而不见。意识的能动作用远远比我们想象得大!

喂饱问题,饿死机会

前不久,我跟一位 CEO 朋友吃饭。朋友说,他陷入深深的烦恼之中:快年底了,他管辖的公司业绩不好,董事会很不满意,市场竞争形势激烈,大项目迟迟拿不下来,部分客户投诉,骨干员工见公司势头不好提出辞职……诸事不顺,他特烦恼。我注意到他浑身负能量,能量运用方式很消极,就引导他做了一个练习。我随机拿来一张纸,让他列举最近一周参与过的重要活动,即把过去一周的日程表以小时为单位列举一下。他略加思索,就罗列了十几条。他列完以后,我顺便在这张纸的后半页画了一个坐标系,横坐标轴的正向表示未来,反向表示当下或者过去;纵坐标轴上方表示业务,下方表示人。我说:"请你把你罗列的这十几项事务分门别类地放到这个坐标系的四个象限中去。哪些工作是为了未来的业务做的?哪些工作是为了未来的人做的?哪些工作是为了当下或者过去的业务做的?哪些工作又是为了当下或者过去的人做的?"分解完后,他发现他的十几项工作中的百分之八九十都是为了当下或过去的人或业务在忙碌,换句话说,他的能量运用方式很被动,多数时间在疲于应付而非未雨绸缪,如图 1-2 所示。

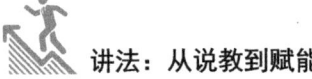
讲法：从说教到赋能

```
                          ↑ 业务
              ┌──────────┬──────────┐
              │ 业绩冲刺  │ 战略布局  │
              │ 大单销售  │ 新品开发  │
              │ 客户投诉  │ 变革创新  │
              │ 产品补丁  │ 方法体系  │
当下或者过去 ←┼──────────┼──────────┼→ 未来
              │ 临时指导  │ 招聘/配置 │
              │ 辞退/免职 │ 培训培养  │
              │ 离职挽留  │ 继任计划  │
              │ 内部纠纷  │ 团队文化  │
              └──────────┴──────────┘
                          ↓ 人
```

图 1-2　工作属性分类

我说："你把几乎所有的精力都用于应付当下的业务和人，甚至还有很大比例的精力为过去的事情擦屁股，你的企业怎么可能会有好的经营结果呢？今天的烦恼恰恰是因为过去不好的能量运用习惯造成的，继续沿袭今天的能量运用习惯，经营结果更糟也是必然的。"朋友解释说："其实以往还好一点，最近不是到年底了嘛，事情特别多才会这样。"我说："一个人习惯性地用全部精力应付当下，就没有精力去筹划未来；今天曾是过去的未来，今天的烦恼是因过去没有分配足够的精力筹划未来造成的。精力投入问题上，就没有精力投向未来，这就是德鲁克所说的'喂饱问题，饿死机会'。当诺基亚团队在疲于应付激烈的市场竞争的时候，乔布斯已经悄然在着手改变世界了。这样的思维习惯和工作方式注定了你的工作压力会越来越大，你的情绪会越来越急躁。"朋友不再说什么，也许他隐约觉察到其中的道理，陷入了思考。

注意力分配在哪里，成果就在哪里。有的人工作会越干越从容，有的人则会越干越狼狈，从容与狼狈，其实从其当下的时间分配结构上就能看出来。

如果一个人要把他全副精力用于应付当下工作的话,那么他迟早不能胜任。谷歌提倡每个人应该把 20% 的精力用于与工作无关的事情,客观上起到良好配置员工能量运用结构的效果,使得员工有精力从事创新性工作,有机会为未来发展考虑。

人生苦短,掐头去尾,中间还要忙于生计,难免多方应酬,又要享受生活,真正留给事业的时间并不多。容不得你在这个领域试试,在那个领域也试试,每个领域干几年,成不了专家就老了。有句话说:一个人只能有一种人生。只有尽早认准一个领域,几十年如一日孤注一掷地投入进去,才有望在有生之年做出一点成绩,成为一个领域的专家。很多人能量投入得很被动,也很分散,也有人能量投入面过窄,不利于打通,这些都会成为一个人未来发展的障碍。

最近十年,我都围绕心理学、认知心理学、教育学在做一些事情。我相信把全副的能量都投入到里头,加上自己的悟性也不差,勤勉也够,当然有理由相信自己在一个领域能够持续进步,做出一点成绩!我甚至能感受到自己进步的速度和加速度,因为常常把去年还奉若至宝的见地当作敝屣,不认为其珍贵,写书也罢,讲课也好,保持知无不言、言无不尽的风格,因为我对自己的学习能力更自信。

 学习的目的是寻求改变

学习是有机体为了持久的非生理性改变所做的努力的过程。学习的目的就是寻求改变,每个人的思维和行为都有既定模式,而学习就是用新模式替代旧模式。每个模式的固化都是足够能量投入的结果,新模式替代旧模式的过程必然也是持续投入能量的过程。

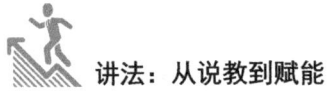

讲法：从说教到赋能

关于学习的目的的讨论

我经常在我的课堂上问大家："学习的目的是什么？"

面对我的提问，学员们众说纷纭：成长、获取知识、掌握技能、应用、完成任务、提高认识、改善绩效……

"这些说法都有道理，但不够概括。"紧接着我又问，"谁能够用一个词涵盖上述所有意思？"

大家沉默。

我说："大家看'改变'这个词能涵盖上面的意思吗？"

学员们点头称是。

宋儒程颐就说过："今人不会读书。如读论语，未读时是此等人，读了后又只是此等人，便是不曾读。"读书也罢、上课也罢，最根本的目的都是寻求改变，最直接的效果也要通过改变来体现。课堂上，无论讲师讲得多么眉飞色舞，演绎得多么精彩，学员笑得多么前仰后合，最后检验培训效果的只有一样：学员的改变。我说过，一切不以学员改变为目的的培训都是耍流氓，都是花拳绣腿。如果学员说："老师，你的课程太好了，受益匪浅。"但实际上学员没有任何改变，学习了就如同没学习。

从这个角度看，讲师的工作就是促进人们改变。岂止讲师，在我看来，领导者、销售员的工作其实都是一样的，他们所有工作的目的都是：**改变心智，激发感情，动员行动。**

改变背后是长期持续的能量投入

大脑思维的本质是脑细胞之间的突触连接，固定而强有力的连接模式形成了信念和习惯，进而形成了个体内在能量的运用风格和习惯。理解了能量投入原理，就很容易理解：为什么不同的人对同样的事物持不同的态度？本质上是能量投入不同。

第1章 能量所注，收获所在

很多养宠物的人对他们的宠物疼爱到平常人难以理解的程度。在电梯里看到遛狗的，牵着自己的狗，嗲声嗲气地叫："宝贝乖，到妈妈这儿来。"那种对狗的亲昵劲儿很多人都难以接受。

假如你家的宠物狗冲着我汪汪叫，我恨不得用脚踢它，而你要是看到我要踢它，一定会上来找我拼命。一只狗就是一个客观存在，为什么你我对它的态度会截然相反呢？因为你在这只狗身上倾注了大量的心血：你花钱喂养它，为它清洁，带它遛弯，倾注了金钱，也倾注了感情。你从它身上获得了很多乐趣，它已成为你生活的一部分，当然你对它超有感情。而我呢，没有任何的能量投入，在我眼里，他就是一只普通的动物，当然没有任何感情。

这就是能量投入不同，态度不同。再举个例子。

婚礼上通常有一个改口仪式，即女婿改"岳父、岳母"为"爸、妈"，儿媳改"公公、婆婆"为"爸、妈"。尽管从法律意义上讲，父母和岳父母的法律地位是一样的，但很显然人们对生养培育自己的亲生父母更有感情——从能量角度看，一路上彼此投入了巨大的能量。而岳父母则是半路认的父母，感情基础当然差点。公公婆婆看儿媳妇也一样，儿媳妇是横空而来的，自家儿子则是自己持续投入多年心血培养的。为了弥补没有从小培养感情的缺憾，公公婆婆常常要在改口仪式上给儿媳重礼，岳父岳母也要给女婿重礼，似乎想通过物质的投入来弥补前期情感投入不够的缺憾。物质弥补确实能起一些作用，但绝对不能替代。我经常开玩笑说，腌黄瓜和黄瓜蘸盐从配料上看是一样的，但工艺不一样，味道便大不一样，临时投入的感情和几十年培养的感情还是不一样。

不仅态度的改变需要持续的能量投入，行为的改变同样需要持续的能量投入。作为行为主义教育主张的先驱，桑代克提出的准备律、练习律和效果

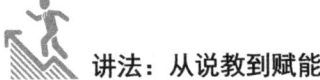
讲法：从说教到赋能

律都可以看作鼓励学员能量持续投入的措施。准备率是引导学员预先投入，练习律是引导学员持续反复能量投入，效果律是激励学员带入情绪能量持续练习。现在人们大致了解，一个动作技能的初步掌握需要重复21次，所以有21天养成习惯的说法，而要成为某一领域的专家则需要10 000小时的持续投入。娴熟的技法靠的是隐形记忆，做出反应时是不需要经过大脑皮层的。

知识的掌握照样需要能量的投入，多遍重复就能记住，学员启动自己的脑能量进行精加工就容易记住。知识掌握的标志是能够准确从大脑中提取出来，而人们需要一个线索才能从大脑有效提取某个知识，线索与知识之间的连接就是靠脑能量维系的。后来发展的连接主义认知心理学中，甚至挖掘出学员对知识的提取和学习时能量的投入程度之间的函数关系。我们知道能力可以细分为态度、技能和知识，而这三者的真正掌握，无一例外要靠学员内在能量的投入。

对知识的狭义的理解仅仅是指大脑对其信息的掌握和机理的理解。而广义的理解则需要情感和行动的参与，理解了，并且在行动中检验我们的理解，纠正我们的理解，发展我们的理解，把理解付诸实践，取得我们预期的效果，情感就参与进来了，于是我们喜欢上她，这才达到真正的所谓的"绝知"。加德纳主张人们要通过多种途径、多种方式去促成对知识的彻底理解，在实践中检验和发展是理解知识的一个重要途径。他的观点和王阳明知行合一的主张非常接近，阳明先生说："知是行之始，行是知之成。"依我看，在知与行中间还应该补充一个重要的元素：情。情绪在促进人改变的作用方面不容低估。

在我的领导力课堂上，经常的开场白是：各位同人，今天我要讲给大家的内容相信你们都知道。你可能问，既然你讲的我们都知道，那又何劳再讲一遍呢？其实，我来的意义和价值不是解决知道与不知道的问题，而是解决知道的程度问题。从有道理到有感觉，再到有体会就是三个不同的理解程度。领导力是一门实践性极强的学问，少部分是科学，大部分是艺术。自己在实践中发展出来的领导力才是真正的领导力。

我对建构主义教学思想的笃信也经过这样一个过程，很多建构主义的主张背后都有我自己独有的教学实践，从实践中体悟建构主义的真谛，逐渐发展出自己独特的理解。很多简单的道理背后都有真实的、鲜活的、刻骨铭心的故事做支撑。

实际上，每个道理的背后都要有实践和情感的根基。我总结了一句话：如果你不能把一个知识跟自己过去的经历和情感结合起来，这个知识不属于你。

折腾了才能学得会

进一步讨论下去，既然学习的目的是学员内心和行为产生积极的变化，那么学员必然是学习的主体，只有学员自己投入足够的能量——大脑的思考能量、情感脑的情绪能量、行动脑的行动能量，还要持续强化，大脑的连接才能最终建立并固化，学习才能最终完成。这种投入甚至可能是物质投入，米芾学书法的故事就能给我们一些启示。

> 米芾是北宋著名的书法家，人称诗、书、画三绝。相传米芾早年习字，笔墨纸砚消耗了不少，却并没有明显长进。后来他经人介绍拜一位知名的先生学习，先生看了他写的字，说："孺子可教，但要跟我学书法，必须用我的纸和墨，一张纸纹银三两，一锭墨纹银六两。"
>
> 当时的纹银三两对普通人家来讲就是全家一年的口粮，米芾心想这也太黑了，干脆放弃算了。米芾的母亲却坚持认为"舍不得孩子套不来狼"，舍不得学费学不来真本事，于是一跺脚把娘家的陪嫁也典当了交给先生置办纸墨。先生接过银子，把一张普通的纸和一锭普通的墨交给了米芾，说："我最近要出门访友，我这里有几张以前写的帖子，你先临摹吧，等我回来检查。"先生竟一抬腿出门了。
>
> 米芾面对着那张用全家一年口粮换来的纸，哪敢马虎大意！他

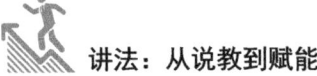

讲法：从说教到赋能

不敢轻易下笔，总是对着字帖反复琢磨，刻苦钻研，心里想着每个字的间架结构和笔法，用指头在书桌上画来画去，直到烂熟于心，才敢写在纸上。

几天后，先生回府，叫米芾拿作业来检查。只见米芾只写了半张纸，可是每个字都比他平时写得好很多。先生问："你知道为什么字写好了吗？"米芾也纳闷："难道先生的纸和墨能通神？"先生笑着说："纸和墨都是普通的纸和墨，因为你付出了很高的代价，所以你自然珍惜，每一笔都认真对待，结果自然就不一样了。"

米芾豁然开朗：原来投入了才会珍惜，才会用心，用心了自然就会精进。就这样，经过长时间的努力，米芾逐渐掌握了书法的诀窍：写字关键是要用心，要投入。

后来米芾成为北宋时期四大书法家"苏黄米蔡"中的一家，在书法界独树一帜，自成一体。他的字千金难求，因为从那以后，在他眼里的纸和墨就价值千金，每下笔必郑重其事，异常用心。

我们掌握任何知识和技能都要用心投入，投入足够多的能量后自然掌握。学习是学员为自身产生积极的改变所做的努力，学习的效果在于学员有所改变，要让学员有所改变就需要学员自己投入。**所以我曾经说过能力（知识、技能、态度）都是折腾出来的，折腾了、投入了才会有真正的学习效果。**

反思眼下的培训，讲师讲得声嘶力竭，学员却懒洋洋呆若木鸡地坐在教室里，从头到尾没有能量投入——没有思考、没有情绪连接、没有行动——怎么会有效果呢？为什么EMBA的学费奇高还趋之若鹜呢？我看不全是这些老板学员们不差钱，这是因为学员投入了足够多的学费，投入得让人心疼，上课时自然就竖起耳朵听，要把他的学费赚回来，效果自然好。效果好不全是讲师教得好，更因为学员们更珍惜、更投入。还是那句话，很多东西讲师教不会，学员自己能学会，只要学员想学，总是能找到值得学习的地方的。

明白了这个道理，就能理解讲师角色的合理定位——引导学员的内在能量投入到所学内容领域，帮助学员思考、引导学员建构、指导学员练习，讲师要把自己当成撬动学员思考的杠杆。讲师在课堂上要使巧劲，而不使蛮劲——喋喋质问般连珠炮轰、高音喇叭似的大吼、上气不接下气地呼呀，不给学员留思考的余地，学员怎么可能改变？声音洪亮不等于抑扬顿挫，舌灿莲花不等于说服力强。声音高亢到刺耳的程度，语速湍急到气喘吁吁的境地，学员们甚至开始担心讲师的健康——我发现，太多的时候，教学的效果跟讲师的努力程度成反比，讲师越是累个半死，越要反思自己是不是蛮干。

 有效改变背后的三种能量

事实上人是很难改变的。西方有句谚语说："只有尿湿了尿布的孩子才愿意改变。"有人说世界上有两大难题，一个是把别人口袋里的钱装到自己口袋里，另一个是把自己脑袋里的思想装到别人脑袋里。我仔细琢磨发现，如果你有本事把自己的思想装到别人脑袋里，那么别人口袋里的钱迟早会装到你口袋里，也就是说，如果第二个难题解决了，第一个难题就自然解决了。可见，让人改变是世间第一难的事情。

改变背后的三驾马车

哈佛大学成人学习与专业发展教席教授罗伯特·凯根在他的《变革为何这么难》一书的开头，就抛出这样一个现象：

> 一项医学研究现实，假如心脏科医生告诉严重心脏病患者：如果不改变个人生活习惯，如饮食、锻炼、吸烟等，他们将必死无疑。即便在这种情况下，也只有大概 1/7 的人会真正改变自己的生活习惯。剩下 6/7 的人，难道就真的对生命毫无眷恋吗？还是有什么东西让人们在面临致命危险时，仍然无法改变自己致命的嗜好？

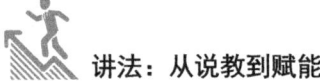
讲法：从说教到赋能

对严重心脏病患者来讲，抽烟将意味着加速死亡——这是一个非常直白的道理，因果关系清晰，表达很清楚，我相信所有的病人都明白这个道理。但为什么只有大约 1/7 的人才会真正改变呢？据此，我们可以得到一个近似的推断：明白道理（认知改变）对一个人产生改变的贡献只有大约 1/7。反过来，我禁不住要问："有多少人把讲道理当成促成人们改变的全部？"

讲师说："把道理都讲得透透的了，你们怎么还这样？"

家长说："该说的话都说尽了，你就是不听。"

领导说："正面反面的例子都给你讲了，你怎么就这么拧呢？"

为什么这些整天只知道讲大道理的人声嘶力竭地给别人讲道理，收效却总是甚微呢？问题就出在只讲道理不足以促成一个人彻底改变。老子很精辟地把这种现象称为"信不足焉，有不信焉"，单讲道理不足以让人相信，所以没有人相信，分量不足、力道不够呀。那么，还有什么因素影响人的改变呢？或者，还有什么因素左右着人们不去改变呢？有烟瘾的肺癌患者可能说："我知道抽烟对我的病不好，可是我习惯了，'饭后一支烟，胜过活神仙'，吃完饭下意识的动作就去口袋摸烟。"可见，行为习惯是影响人改变的另一个因素。

此外，还有什么因素呢？有人说受环境影响，有人说跟着感觉走，有人说感情……对了，就是情感体验，情感从来都是影响一个人决策的重要因素（见图 1-3）。

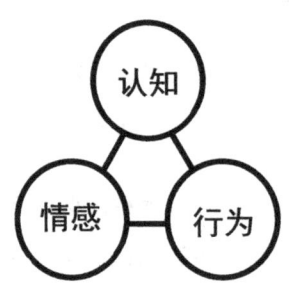

图 1-3 影响改变的三个因素

第1章 能量所注，收获所在

除此之外，还有没有第四个因素呢？我曾经尝试发掘其他因素，后来发现我能找到的其他因素都能归结到上述三大类型之中。后来我把上述三个因素和麦克莱恩的三重脑的假说连接起来，就释然了——因为上述三个因素分别连接着人类从爬行动物进化到今天的三重脑。概而言之，认知是偏逻辑的，逻辑推理的机能在大脑皮层，情感则由大脑的颞叶和杏仁核来驱动和反应，行为是由下丘脑做出指令，脑干和小脑的协调来完成。

我们姑且假设认知脑在促进人们产生改变中的贡献大约为 1/7，情感脑和行动脑的贡献各占 3/7。最理想的情况下，只有"三脑合一"的改变才是最和谐、最彻底的改变。但在太多的时候，人们所处的状态并不是"三脑合一"的和谐状态，所以内心会纠结、郁闷。认知脑、情感脑和行为脑经常在我们的躯体里玩着三国演义的游戏，任何两者的合作都能够战胜第三者，甚至有的时候，某一个脑内部也会矛盾分析，如矛盾的认知、复杂的感情、下意识的动作等。三重脑模型的解释能力很强，能解释的现象超过人们的想象。

自我演进的迭代法则

项目经理小刘来我办公室倾诉他的经历和职业倦怠，说：

> 我刚开始当项目经理的时候，客户方领导有点不信任，单位领导也心怀忐忑，我当然自信心也不是很足。我使出浑身解数，把第一个项目艰难搞定，客户超级满意，单位领导也赞赏有加，我的自信心也来了。做项目经理的头两年，我还感觉蛮充实蛮有成就感，就一直担任项目经理，一个接一个地做项目，就像填坑一样，有时甚至还来不及填满，就又被推到下一个坑里。后来我就逐渐麻木了，因为项目做得再好，客户也认为是应该的，单位领导也觉得没什么，渐渐地自己也找不到成就感，也看不到未来职业发展的前景。

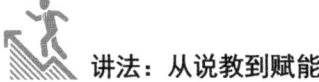
讲法：从说教到赋能

如今，我做项目经理八年了，经过了大大小小二三十个项目，头三年的新鲜劲和成就感早就荡然无存，后五年的感觉就像把同样的工作重复了五年一样。难道，就这样一辈子一个接一个、没完没了地填坑？没有了当初接一个挑战性项目的兴奋，没有了顺利验收一个大项目的成就和喜悦，有的只是无尽的、繁杂的具体工作。

我现在很迷茫，没有目标、没有成就感、没有干劲。我该怎么办呢？

干了很多年，为什么没能成为专家

小刘的状态具有普遍性，很多人会在同一份工作上干五六年后出现类似职业倦怠，一旦置身这种情境，越有梦想、越想不平凡的人会越焦虑。按说这是一个很好的讲师话题，可我还是禁不住使用了认知、情感、行为的模型跟他一起对当下的情境进行了一番分析。

我：你干了八年项目经理，交付过这么多项目，有没有成为项目管理方面的专家？出版自己的专著？或成为这个领域全国数得上的人物？

小刘（有点不好意思）：那还差得远呢。

我：为什么一个工作从事了那么多年，不能支撑你成为一个资深专家呢？

小刘：可能还是钻研不够，也没时间总结吧。可是，我整天做那么多事，从早忙到晚，哪有时间钻研和总结呀？

我：这大概就是问题的根源，没有钻研对问题就没有增量的认知，没有增量的认知就不会有不一样的行为，没有不一样的行为当然也就不会有特别的情感体验。我一边说，一边在稿子上画着三个圈：认知、情感、行为。

第 1 章 能量所注，收获所在

小刘：我有点恍然洞开的感觉，我确实感觉自己长时间在原地打转，就是不知道问题出在哪里。

我：同样的事情，有的人干一辈子津津有味，有的人干几年就觉得没意思了，工作倦怠的根源不在于工作本身，关键是要有在工作中持续找到兴趣点的能力。同样的工作，每年都有不同的认知、不同的行为和不同的情感体验，就不会厌倦。哪怕是开飞机这样看起来高大上的工作，几十年如一日地重复同样的行为，也会厌倦。

小刘：哦。实际上我换工作最初的目的就是想换个环境激活一下自己。

我：换个环境来激活自己的做法，也许和当初你靠当项目经理激活自己一样，干两三年新鲜感又没了，过七八年又倦怠了。人生有多少个七八年让你来回换呀？

小刘（陷入了沉思，过了一会儿）：那您认为我该怎么办呢？

我：要让人们长时间从事某项工作而不厌倦，就要在同样的工作中找到认知的不同。如果每年都有不一样的认知，就会有不一样的行为，有不一样的行为，就会得到不一样的结果，进而感受到不一样的情感体验，这种情感体验又激励人们探索更深层次的认知，于是一个良性循环就建立起来了。

小刘：哦，我有点明白了。我的问题就是每年对工作的理解都是一样的，认知没什么不同，行为自然就没什么改进，情感体验也不会有什么特别，所以有厌倦的感觉。我原来只知道自己原地打转，没想到，这圈背后还有三个桩子呢。

我：对，如果你不明白这个深层次的原因，就算是跳槽，换个工作，时间长了还会陷入类似的职业倦怠困境中去。

小刘：我找到深层次的原因了，要好好反省反省。真是听君一席话，胜读十年书呀。

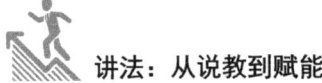
讲法：从说教到赋能

树木的成长是有年轮的，每一年都比上一年有一个明显的增量成长。在自然界的很多生命体身上都能明显地洞察到成长的痕迹，背后有一个数学模型：自然基数。2,3,5,8,13,21,34,55,89,144…这个基数的特点是，后一项是前两项之和，后一项又约等于前一项的1.618倍，自然基数实际上是符合黄金分割律的一种增长基数。人的成长也一样，假如人的成长也有"年轮"的话，每一年都应该有增量的成长，人们才会有成就感、体验到成长的快乐，才会更有成长的动力。

具体到认知脑、情感脑和行为脑三个不同能量运用系统，人们每年都要能够感觉到认知、情感和行为的增量，成长的"年轮"才会被清晰地感知到。有意思的是，这三个方面的增量是相互影响的，有增量的认知，才会有增量的行为，有增量的行为，才会有增量的情感体验，增量的情感体验，又会激励人们反思和更大胆地探索，于是，内在的能量循环就运转起来。

人的内在一旦建立起相互增强的内在循环，成长的通路就建立起来了。因为脑、心、腹三部分能量都有一个增量（Δ），所以人们成长的势能就很足，势能转化成动能，成长的动力就很足。我发现，那些工作有激情、目标意识和责任心强、执行力好的员工，总能找到自己的增量。这是我自己多年观察的经验和麦克莱恩的三脑理论建立连接以后的一种建构，我做了很多验证，感觉非常实用。我称之为"3Δ法则"。

任何人，只要找到自己脑、心、腹三个维度的增量，不仅不会感觉职业厌倦，反而会越干越来劲。相反，在那些有职业厌倦感的人身上，总会发现脑、心、腹三个环节中某个环节的卡壳。所以，我经常问员工："你找到自己的增量了吗？"找到增量就找到了成长的乐趣，找到了成长的乐趣，就找到了生命的意义和价值，就能很好地把意义、活力、快乐三个人生最重要的要素整合好。每年都能找到增量的人，生命的"年轮"就很清晰，成长的轨迹就会形成像海螺一样的螺旋线，有目的的演进的过程线条就优美地呈现出来，我把这个过程形象地总结为图1-4。

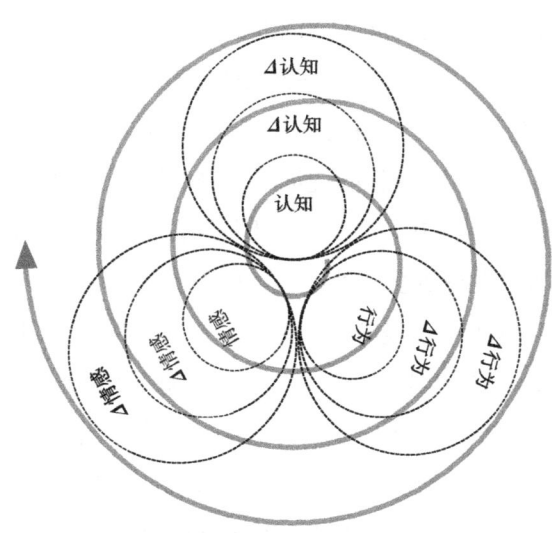

图 1-4　成长的轨迹

黄仁宇先生在他的《万历十五年》中谈历史的演进也用了类似的说法，画了一张类似的图。他的观点是，历史发展进程中总有两种力量在角力，一种力量是总要维持旧系统、旧秩序的保守势力，另一种力量是总想建立新系统、创建新秩序的新锐势力，前者是内敛力，后者是外张力，两种力量角力的结果必然使历史的发展成为一个螺旋线。他还强调，随着科技的进步、人类智慧的不断开速进化，外张力总要略大于内敛力，人类历史的演进因此有一个加速效应。这几年，在互联网的带动下，我们大家都能明显感受到这种加速效应的威力。

改变需要能量强化循环

人们初学打麻将的时候都先要了解游戏规则，对麻将建立了基本的认知，然后就会试着打两把，试打的情感体验就很关键。如果碰巧和了（一般初学者手气好），学员就会感受到一种积极的情感体验，这个体验让他兴奋，更加强化了他对规则的理解和对自己能力的自信，继而更有积极性再打下去。如

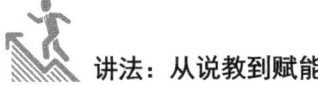
讲法：从说教到赋能

果再赢了，就会感受到更强烈的情感体验，于是一个"认知—行为—积极情感体验—更深刻认识—更积极行为—更积极情感体验"的良性循环就建立并强化了，多次强化后，学员打麻将就上瘾了。相反，如果头几把恰好手气不好，把把输，初学者得到一种挫败感的消极情感体验，这种体验就会促使他反思自己的认知是不是正确、可靠，继而上推到自己是不是适合玩这种游戏。反复几次都输，也许初学者会自动放弃尝试，得出自己不适合玩麻将的结论。

事实上，现代心理学已经研究发现刺激-反应回路的生理机制：惯常的外界刺激从网状神经系统传递到丘脑，丘脑和小脑联合就能对刺激做出本能反应，然后通过下丘脑和脑干传递给身体其他器官做出动作反应，动作反应的结果再次通过网状神经传递给丘脑。丘脑附近就有一块被称为"快乐中枢"的区域。如果丘脑判断这个结果是人们所期望的、积极的，就会立即激活"快乐中枢"，传递积极的情感体验。这个过程并不经过大脑皮层，甚至不需要启动边缘系统和杏仁核，完全由所谓的爬行动物脑独立完成。吃饭、性等下意识的活动都是通过这个机制来自动完成的。

课堂的作用是促进学员形成"认知—行为—情感"的第一圈，然后由学员在课后继续把这个雪球滚下去。课堂常常是雪球滚起来的基础，所以第一圈还是很重要的！从学员的角度看，正式课堂仅仅是其有效改变的一个环节，而学员真正的改变需要一个持久强化、持续能量投入的正循环。

第 2 章
建构主义，省劲给力

教育是促人改变的学问。教育学把促人改变的策略大致分为三大类型：行为主义、认知主义和建构主义。

行为主义最基本的特征就是不探究大脑的运作机理，把大脑当成黑盒子，给学员外部刺激，通过不变的奖惩措施持续强化，使学员对同样的刺激产生持续稳定的行为反应。行为主义的教学就像训练狗熊钻火圈，因此，我将其隐喻为驯兽主张。

认知主义认为教学就是要把知识装进学员的脑袋里，所以对大脑对信息的加工过程做了深入研究，探究信息的获取、加工、评估、决策、反应等环节的大脑工作机理和各个器官机能，以追求用科学的方法把知识装进学员的大脑里。认知主义的教学犹如给学员的大脑里砌一堵墙，我将其隐喻为砌墙主张。

建构主义则在认知主义的基础上更强调学员在学习过程中的主动性，认为知识是学员基于经验的主观建构，不同的人对相同的知识的输入与理解会不同，这是因为他们过去的知识结构和经验不相同。建构主义的教学更像园丁浇花，园丁给花提供必要的阳光、土壤、水肥，让花按自己的方式成长。建构主义教学强调讲师为学员提供必要的指导和支持，知识和技能都由学员自己建构完成。所以，我将其隐喻为浇花主张。

当然，我最喜欢的是建构主义。我是在实践中持续提高自己对建构主义的理解和运用的，先是喜欢建构主义的核心主张，继而在课程开发和教学中大胆实践，根据实践的效果反过来体悟和发展建构主义。本章结合我的实践和感悟介绍我对建构主义教学核心主张的理解。

第 2 章　建构主义，省劲给力

 世界是感知的世界

康德认为世界本身有自己的自然秩序，而人为建立的秩序反倒是对自然秩序的干扰和破坏。每个人眼里都有关于自然和社会秩序的个人版本。激进建构主义者格拉塞斯菲尔德甚至说："我不否认客观世界的存在，但是谁又能够把这个客观世界客观地描述出来？"任何人对客观世界的描述都不可避免地带着自己的主观色彩。

建构主义认为世界是人们主观感知的世界，这一主张接近我国明代王阳明先生的心学。阳明先生的核心主张可以归结为三点：其一，心即理，世界是人心中的世界，个体内心认为的道理就是道理；其二，知行一，真知就会和行动合二为一，知道了不行动就是因为还没有真知；其三，致真知，所以人们要不断地提高自己的认知水平，形成真知，最后达到知行合一的境界。

现代心理学研究表明，人们对外部世界的感知分为感觉和知觉两个基本

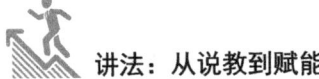

过程,感觉过程是用感官收集客观事物各种特征线索的过程,而知觉过程则是对这些感官线索进行综合加工和做出解释的过程。格式塔心理学认为,人们的大脑里存储着各种事物原型的格式塔,而这些格式塔是大脑在过往经历经验的基础上抽象、积累形成的。知觉过程的重要工作是把感官系统收集到的事物特征线索跟大脑存储的各种事物的格式塔进行匹配,进而做出判断。当你看到草丛里露出黄黑相间的斑纹和卷曲尾巴时,就能判断草丛背后隐藏着一只老虎,这是感官收集的线索和经验形成的老虎原型相匹配的结果。大脑总是不自觉地把零碎的线索整合到某个原型框架之下,又用想象力把没有感受到的部分填补起来,从而形成整体印象。

人们对事物的理解不仅取决于事物本身,同时取决于各自的心理结构。每个人都会根据自己的知识、经验、信念、习惯等来解释这些线索,并赋予其意义。赋予意义和合理解释是大脑的基本思维倾向。在这个过程中,已有的线索常常并不足够得出结论,大脑就用高级思维来填补空白,根据经验和信念归纳、推断、类比、想象,以完成合理的解释和赋予意义。受个人经验、信念的影响,这个过程难免出现以偏概全的归纳、不合理的删减、主观臆断的扭曲等问题。像自然光透过不同液体后会发生折射一样,自然的信息进入不同的脑袋也会发生不同的折射。

人们对外部世界的感知也是选择性的,自己关心什么就会感受到什么。同样走进一间房子,搞建筑的可能关注房屋的结构,搞设计的可能关注房屋的色彩和布局,搞文物鉴赏的可能一眼就看到某个角落的一幅字画……而对其他自己不关心的事情则熟视无睹。每个人心中的目标或问题左右着人对环境的感受。我们的潜意识一直帮助我们物色需要的目标。射击运动员眼里的世界就是一个靶心,球场上足球前锋眼里的世界就是一个球门,有太多的案例证明人们对世界的感知是选择性的。每个人的遗传基因不同、生长环境不同、经历经验不同、价值观不同,所以对同样事情的认知也就不同。

更重要的是,人们会根据自己赋予的意义来解读世界,形成属于个体的认知。所以，我经常说：**"世界是你感知的世界，而你感知的世界对你而言就是真实的，决定着你的幸福。"** 悲观者眼中的世界是忧伤的，他们的人生也很容易抑郁；乐观者眼中的世界是积极的，他们的人生也很容易快乐。所以，幸福是一种能力，而这种能力可以进一步分解为积极归因能力和自找乐趣能力。

对知识的不同理解

建构主义对知识的理解与传统的教育有明显的不同。首先，建构主义否认知识的客观性，认为知识是主观的。其次，知识在学习和传播的过程中不可避免地被再加工和再生产。

知识是基于经验的主观建构

建构主义对知识的客观性和确定性提出了质疑，认为知识是学员在自己经验的基础上的主观建构。马克斯·韦伯说："人类是悬挂在自己编织的意义之网上的动物。"每个人对世界的认知相当大的一部分都是自己编织的。如果说"知"代表信息的话，那么"识"则代表个人的见识，是建立在基于个人信念系统的解释。学习过程是用旧知识解释新知识的过程，是基于经验探寻意义的过程。一个隐喻颇能说明其中的道理。

> 小池塘里的鱼和青蛙是好朋友，它们听说池塘外的世界很精彩，很想去看看。遗憾的是，鱼离不开水，两栖的青蛙则能跳出池塘，于是青蛙就独自去看外面的世界。后来，青蛙回来了，鱼迫不及待地问青蛙外面的世界究竟是什么样子。青蛙说："陆地上有很多稀奇古怪的东西，比如说奶牛吧，长得又高又大，浑身是黑白相间的斑点，四条粗壮的腿，还有大大的乳房，头上长着两个犄角。"听完青

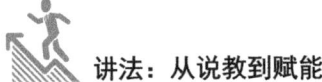
讲法：从说教到赋能

蛙的介绍，鱼心目中的牛的形象就是：很大的花斑鱼，四个粗大的鱼鳍，头上长着犄角，嘴里吃着水草。

青蛙说："陆地上有人，人是用两条腿直立行走的。"

鱼就想，这人大概就是把尾巴竖起来，用尾鳍摇摆着行动的鱼。

青蛙说："陆地上有鸟儿，用两只翅膀在空中飞。"

鱼又想，这鸟儿大概跟鱼儿在水里游一样，用大大的鳍拍打着空气游动。

鱼对外部世界的理解离不开鱼自己的经验和眼中的世界。

元杂剧《哨遍·高祖还乡》描述了没见过世面的乡民眼中看到高祖盛大仪仗队时的场景。

> 瞎王留引定火乔男女，胡踢蹬吹笛擂鼓。见一彪人马到庄门，正头里几面旗舒：一面旗白胡阑套住个迎霜兔，一面旗红曲连打着个毕月乌，一面旗鸡学舞，一面旗狗生双翅，一面旗蛇缠葫芦。
>
> 红漆了叉，银铮了斧，甜瓜苦瓜黄金镀。明晃晃马镫枪尖上挑，白雪雪鹅毛扇上铺。这几个乔人物，拿着些不曾见的器仗，穿着些大作怪衣服。

在没见过世面的乡民眼中，只有借助他们已有的经验来理解那些排场的、没见过的仪仗旗帜和器物。也只有乡民的视觉和见识描述，才给人生动逼真的印象。作者睢景臣抓住了人类认识世界的本质规律——**学习是人们在已有经验的基础上主动建构的过程**。因此，对同样的事物，每个人都会有不同的主观认识。

在课堂上，讲师和其他学员只是信息的提供者，而学员本人对外界信息的吸收和加工才有绝对的主动权，正如建构主义大师杰根所说的，**"我讲的每一句话都没有意义，除非你认为它有意义，反过来也一样"**。

知识有再生产性

既然每个人都基于自己的经验来主观建构知识,那么人们传播的知识也带有主观建构的色彩。心理学家弗雷德里克·巴特莱特通过讲故事的实验发现,每个人在传播故事的过程中都会结合自己的经验对故事再加工。他把这些再加工分为三种基本类型:

钝化:传播者为了突出故事主题,舍弃自认为无关紧要的细节。

锐化:传播者为了提升故事的感染力,根据自己的经验补充部分细节。

合理化:传播者围绕故事主题思想重新组织故事内容。

每个人在转述他人讲的故事时,都不可避免地根据自己的主观理解去粗存精、搽脂抹粉地修饰一番,以提高其可信性和感染力。同样的信息进入不同的大脑,产生的反应是不同的,因为每个人都以自己已有的经验、知识、信念来理解这些信息。每个人都会根据自己的经验和想象力对接收到的信息进行再加工,发展出自己的版本。而**发展出自己的版本恰恰是学员对知识真正掌握的重要标志。**

我多次听过我的学员向第三方传授我的观点,在现实中验证了知识再生产的属性。我在课堂上也常常做这样的练习:让学员分小组对我讲过的一个故事进行集体再加工,他们可以随意地进行钝化、锐化、合理化的改造。然后让他们派代表分享他们改造过的故事。这个过程常常精彩纷呈,气氛十分热烈,所有参与者都表示收获很大。我会从学员们分享的内容中汲取滋养,改进我故事的设计和讲法。

网上曾经流传一个秀才赶考的故事。

> 古代有一小姐,遇到一个上京赶考的落魄书生避雨,发现其很有才华后,掏出一些银两,并以身相许。次日,小姐垂泪送别书生:"君若高中,莫负妾身。"书生发誓后走了。小姐让丫鬟把书生的名字记录在册,丫鬟说:"这已经是第五十个书生了!"小姐说:"没办

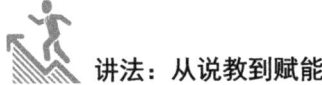

法，总有一个会真的考上的。"——2016年最佳小说《风投》

这个故事后来被演绎了好多个，引起广泛热议。最初也许人们只觉得它既带点荤腥又有内涵所以乐意在朋友圈传播，但后来有传播者根据自己的理解给其贴上"风投"的标签——这就是一个典型的知识再生产过程，把故事升华成一个投资领域的隐喻，使人们得以借助通俗的场景理解抽象的金融概念。这个标签进一步提升了故事的可传播价值，提高了传播率，同时拓宽了人们在传播过程中再次演绎的空间。于是，好事者开始借助书生和小姐的不同选择和遭遇演绎出"融资""泡沫""对冲"等多个概念的隐喻故事，每个演绎者都是传播的推手，进而形成了"风借火势、火借风力"的相互促进模式。

重新定义学习要素

在建构主义视角下，重新审视学员、课堂和讲师。学员永远是学习的主人，讲师是促动学员富有成效地思考的引导师，而课堂则是学员进行意义协商的场所。

学员是学习的主体

说到底，学习是人们为持续优化自己的心智模式和行为模式而努力的过程，学习的效果最终要体现在学员自己精神结构和行为方式的改变上。因此，学习一定是学员自己的事情。学员自己投入精力的多少才是教学效果的决定性因素，如果学员自己心不在课堂上，就很难有实质性的收获。而现实中，人们常常把目光的焦点放在对讲师的品头论足上。课堂上，无论讲师多么苦口婆心地强调自己所授内容的重要性，哪怕歇斯底里地演绎，只要学员没有投入自己的精力去理解、消化，学员的大脑终究形成不了属于自己的理解和

第 2 章 建构主义，省劲给力

建构。

每个学员都是课堂的主人，他们要努力借助课堂这个环境，积极参与，主动实现对自己心智模式的一次优化提升。如果学员意识到这一点，就会主动分享自己的经验和看法，积极倾听讲师和其他学员的信息输入，根据自己的价值观、经验等进行主动的思考运化，最终做出属于自己的选择，在工作和生活中大胆应用，根据应用的心得再持续改进。人生就是这样周而复始不断建构的过程，课堂仅仅是一个相对正式、集中的建构场合而已。

我从多年的教学经验中体会到：课讲有缘人。一堂课下来，有巨大收获的往往是少数人，多数人常常是"陪太子读书"。那么，哪些人会是"太子"呢？首先，那些全身心投入的人容易成为"太子"，他们参与性强：勤思考，爱互动，认真练习。我经常对学员说："**你的点滴收获都是自己折腾的结果。**"见识和能力都是自己折腾出来的，自己不去折腾，别人硬塞是塞不进去的。其次，每个人都带着自己固有的经验和信念来到课堂，他们都用自己的旧知来消化理解课堂上的新知，学习的过程就是把课堂上接收到的新知编织在学员已有知识体系中的过程。每个人都根据自己的知识经验选择性地吸收，信哪些不信哪些，用哪些不用哪些，全是学员自己说了算。在同样的课堂上，学员已有的知识和经验不同，他们接收、理解和连接的程度不同，学员具备的相关基础越好，吸收得越好。

学习意味着改变，无效的学习表现为学员没产生任何改变。学习之所以无效，原因必在四个环节之一：茫然而不知所措，知之而不信，信之而不为，为之者不终尔。

茫然而不知所措：学员根本不了解其中的道理，仅凭感觉和本能做事情。就像大妈炒股，赚了不知道为什么赚了，赔了也不知道为什么赔了。这个环节，学员最缺乏的是知识，知识传递最有效的方式就是讲，传统教学方式在这个环节上是有效的，也是唯一有效的。

知之而不信：从知到信中间有一大步，人们听到的、看到的、感受到的很多，但不一定都信。这中间有一个很重要的影响变量就是学员的经验和已有知识结构。没有人罔顾自己的经验和已有的知识，而轻信别人的言论。讲师不仅要把知识传递给学员，而且要帮助学员转化，帮助学员把新的知识和自己已有的经验及知识整合在一起。这个环节是传统培训做得不够的，太多的无效教学不是讲师没讲明白，而是学员没完成整合。

信之而不为：第二个环节即便顺利过关，还有更大的跨越，即从知到行的跨越。知道不一定要做到，知道也不一定能做到。信的背后有一个程度问题，嘴上说相信和死心塌地地相信的程度是不一样的。从信到为学员情感的深度参与，态度是附着了情感的认知，态度坚决代表信的程度升级。知道不一定能做到的问题还可能出在操作技能上，这就要求讲师手把手地教，学员一点点地练，熟能生巧，久而能为。老子说："信不足焉，有不信焉。"不真信的东西当然不会践行。

为之者不终尔：偶一为之容易，形成习惯则难。最终要形成持久的改变也要解决三个问题，其一，信而为之后的体验，一用就灵，学员得到积极的情感体验，美妙的体验有很强的激励作用，这种激励会让学员着魔，即所谓的上瘾。小孩子打游戏为什么很容易上瘾？因为游戏中的体验太美妙了。学习为什么就不容易上瘾？因为体验有点欠缺。人们会断然抛弃经其验证无效的知识，尽管有时候是因为操作不当造成的验证无效。其二，因为初学者没有掌握必要的技能，其学习体验必然不会太好。学任何手艺都有一个渐入佳境的过程，最初的过程都很难熬。这就需要有人持续鼓励、反馈、指导和监督。其三，就算学员最初有一个还算不错的体验，而且能渐入佳境，也要考验学员的毅力和兴趣，毅力不够则坚持不下去，兴趣转移也容易移情别恋。

这四关都过了，才可谓学习的完成，学员行为才会有彻底的改变。可惜，多数培训只在第一关下功夫，试图在一个环节上解决所有问题，即便讲师费九牛二虎之力，也是枉然。茫然无知、知之不信、信之不为、为之不终——任何失败的培训，都可以从这四个环节找原因。不难看出，有效学习的每个环节都需要学员本人的积极主动。

学习过程中伴随着意义协商

人类的社会性决定了个体的认知必然受到社会环境的影响。在小偷的群体里，不偷盗反倒成为耻辱；农耕时代，经商曾经被看作不务正业。前文讲到，世界是感知的世界，意义是主观赋予的。不仅如此，意义的形成常常离不开特定的社会环境，每个个体对意义的建构难免受其所处的特定社会环境的影响。因此，每个人的思维模式和行为模式都不可避免地受其所在的不同社会系统的影响。

仔细分辨不难发现，一个人的言谈举止所表露出的家族、教育背景甚至早期职业背景的风格，都是在过去的社会环境中学来的。而课堂则是一个临时的社会系统，其中的每位参与者都带着自己既有的受其过去和当下所在多个系统影响而形成的风格来到课堂。课堂上的讨论表面上是个体之间的讨论，实际上每个参与讨论的个体都带着不同社会系统的风格，背后隐含着不同社会系统的良知与秩序的协商，任何个体思想的建构必然受其他成员的影响。这个过程被建构主义称为意义协商。如果一个群体长期持续地在一起进行意义协商，成员必然有很多共鸣，这些共鸣的思想会被强化，社会心理学称之为社会强化。

甚至人的自我形象也是在社会交往过程中塑造出来的。我经常在课堂上做这样一个游戏：随便请一位学员用三个形容词形容自己。比如，有的学员形容自己善良，我紧接着问："你怎么知道你是善良的？"学员说："从小人们都说我善良，家里人这么说，同学这么说，同事也都这么说。"可见社会反馈对塑造一个人有巨大的影响。《礼记·学记》中讲："独学而无友，则孤陋而寡闻。"在学习上，**同学的作用甚至比老师还重要。**有调查表明，中学生受同学的影响要比老师和家长大得多，因为同龄人更容易有共同语言，更适合当榜样，更容易模仿和学习。

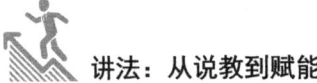
讲法：从说教到赋能

在海边捡过石子的人都知道那些被海浪反复冲刷过的石子都近似椭圆形，我甚至见过海浪把啤酒瓶的碎片也打磨成椭圆形。无论最初丢进大海的是什么形状，经过长时间的海浪打磨，最终都会被塑造成椭圆形。人在社会上就如同石子在大海里，每个人的心智模式的形成都难免受其从小到大经历的各类不同社会系统的影响。

从个体完成自己的心智模式建构的角度看，课堂上，无论是讲师讲的还是其他学员分享的内容，都是一种信息输入，就像我们从外部摄入的食物。这些食物最终都需要学员自己去消化，编织到自己的知识体系中。学员是课堂的主人，因为所传授的知识要变成他们自己的，他们就必须主动参与、用心揣摩，而不是被动接收。

讲师的作用是促动学员思考

在传统教学中，老师是知识的传播者，是课堂的绝对主角。建构主义则崇尚讲师是帮助学员进行心智建构的，为此，讲师将学员置身于场景之中，提出问题，激发学员激活他们自己的相关知识和经验，给学员输入相关的信息，提供相应的思考工具或流程，组织引导学员进行研讨协商，激发学员的推理、分析、评价等高级思维活动，最终达成协助学员完成心智自我建构的目的。因此，**讲师的角色就是主持人，是司仪，是催化师。**

从教学设计来讲，建构主义的课堂就是要用促动的方式转移知识的所有权，让学员感觉到知识是自己搞明白的，而不是讲师告诉他的。在建构主义的课堂上，重要的是，让学员不断地思考，完成属于自己的建构，而不是很在乎学员们都有一个统一的、标准的、确定的理解。所以，有效教学要把重心放在促进学员消化和吸收上。

要促进学员的消化和吸收，就要调动学员自己内在的能量参与。外力可以野蛮喂养，却不能解决消化问题。成人教育不是解决知与不知的问题，因为课堂上讲师讲的大部分内容学员或多或少都知道。课堂上要解决的是知的程度问题：理解得更深刻、更全面、更透彻。甚至解决知行合一的问题：应用得更灵活、更广泛、更娴熟。

有一类表演型的讲师，在课堂上眉飞色舞，似乎要拼命地把知识和技能塞进学员的脑袋里。殊不知，课堂上讲师越喋喋不休，学员越没有机会建构属于自己的认知。病人感冒了去看医生，医生看病人病得不轻，就拼命自己吃药，你觉得滑稽吗？表演型的讲师就是典型的"病人感冒，医生吃药"的做法。

讲师要把自己的教学风格从灌输式转变成引导式需要较长的一个过程，不仅要掌握较强的引导技巧，而且需要足够的知识储备，放弃单方面广播的习惯，转而伴随学员一起思考和解决问题。唯有如此，讲师才能从课堂中收获更多。

建构主义的教学策略

建构主义最核心的教学策略可以概括为几条：学习在对话中进行、让学员在问题和场景中感悟、多种手段促进学员吸收和转化、教学效果在教学过程中感知。

学习在对话中进行

课堂就是一个建构的道场，课程就是要建构的主题，每个参与者都可能从其他参与者那里获得新的信息、观点，受到启发，每个参与者也都有意无意地成为其他参与者的讲师，这样的道场即建构主义所认为的意义协商环境。一堂课下来，对学员印象深的无非是那些自己分享的、受人启发的（往往是自己困惑很久，却得到他人意外的启发）、与人共鸣的信息。

我认为检验课程好坏的一个标准是考察讲师在课堂上单向广播时间和与

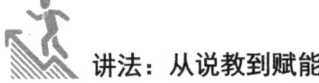

学员互动时间的比例。我建议这个比例最好是50:50,上下可以浮动10%左右。我向来对"电视、网络教学会替代面授"观点持反对态度。为什么呢？因为对学员单方面广播的形式，学员没办法互动，没有意义协商的条件，学员建构的效果很差。面授的全部意义在于课堂互动，即便现场演讲，也存在跟学员的眼神交流，而电视和网络教学都不存在。

课堂上，讲师尽管在讲，但同时观察学员的注意力在不在课堂上，有没有互动，这是衡量好课堂的标准。反之，学员在课堂上睡得东倒西歪，最后考试考了100分，讲师认定他学习好，岂不是很滑稽吗？

让学员在问题和场景中感悟

我很欣赏西方的一句教育格言：**"学生有提问的权利，老师没有直接给答案的权利。"** 讲师就是要让学员思考，学员自己思考然后有所得，才能形成学员自己的见识。我坚持认为，课堂上讲师讲的每个关键点，都应该是某个问题的答案，而不仅仅是向学员推销知识。所以，高水平的讲师都知道给自己要讲的重要内容配备上问题，用问题引导学员思考。孔子讲："不愤不启，不悱不发。"等学员思考到一定程度，再跟学员一起总结归纳出答案，答案就是讲师原本要一点一点讲授的新知。

讲师要在学员建构的整个过程中不失时机地提出恰当的问题，用问题引导学员的思维。建构主义强调让学员自己思考。虽然我们没办法知晓学员是如何思考和如何推理的，但至少可以通过问题引导学员思考什么，以及往哪个方向去思考。提问对任何讲师来讲都是硬功夫。好问题总是紧密围绕学员建构过程的关键点提出，不高不低、若即若离，启人智、发人省。问题一问，学员们就陷入深思，好问题胜过千言万语。

建构主义更重视给学员一个场景，让学员从场景探索中悟出某种道理。尤其是态度类的教学内容，直接给学员讲要什么样的态度，实际上就是说教，而人们天生厌倦说教。人们总是借助具体的场景来理解抽象的知识和概念，讲师要把所讲的知识和概念还原到知识应用的场景中去，再由学员从场景中进行分析和探讨，最后自己悟出讲师要讲的知识，这就不知不觉中**转移了知识的所有权**。

学员认为知识是自己悟到的，不是讲师强塞给自己的，讲师直接给学员的答案所有权永远是讲师的，不是学员的。如果讲师直接给学员结论和建议，也是试图用自己的价值观激发学员的行为——这是被证明了的最野蛮和无效的做法。相反，讲师只给场景、讲故事，让学员从场景和故事中体悟和借鉴。学员自己在故事中提取可借鉴的元素，然后和自己的价值观进行整合，自己找到最值得模仿的地方，继而采取行动。

教育的本质就是让人们从抽象的概念中获得直接的体验。科研是从繁杂具体的场景中抽象出共同的概念，教育则刚好相反，是要把抽象的概念还原到具体的场景中才便于人们理解。

多种手段促进学员吸收和转化

教学的目的是促进学员朝积极方向转变，任何积极而持久的改变都是自内而外的。无论讲师讲得多卖力，场域搞得多热闹，只有学员的有效改变才是真正目的。

事实上，学习过程分两步，第一步，从外界获取知识和信息；第二步，从这些知识和信息中汲取有用部分，编织到自己的心智系统中。比如，表面上看似甲说服了乙，而实际上乙的内心经历了两个步骤：首先，乙从甲提供的信息中汲取自认为有价值的素材；其次，乙用自己的理由说服了自己。前者好比吃食物，要胃口好，后者好比吸收，要肠道好。反观传统的教学方式，大多数讲师把自己假设成信息提供者，滔滔不绝地向学员提供信息。学员吃得很多，但从中汲取的营养并不多，胃口好但消化能力差的人照样很难长身体。填鸭式的教学效果不好的真正原因正在于此。

这个过程对教学的启示是什么呢？教学过程自然而然地也要经过两个步骤：首先，为学员提供信息；其次，促进学员从这些信息中汲取营养，形成自己独特的建构。有效的教学要把重心放在后者上，即促进学员消化和吸收上。要促进学员消化和吸收，就要调动学员自己内在的能量参与，因为外力可以野蛮喂养，却不能解决消化和吸收问题。所以，课程要有实效，必须下大力气帮助学员消化和吸收。

教学中真正重要的事情是促进学员改变，改变才是学习最关键的环节，也是最终形成成果的环节。而现实中，讲师在这方面做的努力最少。在最重要的事情上做的努力最少、下的功夫最小，教学没有效果也是最自然的事情。

课堂上，讲师要在促成学员有效吸收和转化上下功夫，要变着法地引导学员将课堂所学跟自己的工作、生活进行连接。我上课经常给学员讲："如果你不能够把我所讲的新知跟你原有的知识和经验建立有效的连接，那么这个知识不属于你。"苏格拉底说："不加以检验的人生不值得活。"老子在《道德经》第七十章已把道理讲得非常明白："吾言甚易知，甚易行。天下莫能知，莫能行。"意思是说，他讲的话很容易理解，也很容易做到，但是天下人就是很难理解，也很难做到。为什么呢？老子解释了其中的原因："言有宗，事有君。夫唯无知，是以不我知。"原来，所有的言论都有其背后的事实依据，所有的事情都有其背后的主宰（自然法则），因为不知道背后的事实依据和自然法则，所以不理解他讲的话。老子把他自己毕生的感悟汇集成 5 000 字的《道德经》，今天的我们并没有老子那样睿智，所以，不要轻言理解了老子所言，我们也需要用毕生的经历去验证老子的感悟。宋儒程颐说："颐自十七八读论语，当时已晓文义。读之愈久，但觉意味深长。"从"晓文义"到真读懂还有不短的距离。由此看来，王阳明所说的"知是行之始"还相对容易做到些，如果能够在"知"的基础上启动情感脑，运用情绪能量也许更容易驱动人迈出第一步，但是坚持到底地用实践去检验真理，做到"行是知之成"则需要付出更多的能量去坚持。

第 2 章 建构主义，省劲给力

　　课堂上，学员要把讲师所授内容跟自己过往的经历进行连接；实践中，学员要把自己的真实体验跟所学理论进行连接。课堂永远是有效学习的一个环节而不是全部。学员是学习的主体还体现在课后的应用和持续提高上。古人教诲我们："绝知此事要躬行。"真正的收获不在知，而在行。加德纳主张人们要通过多种途径、多种方式去促成对知识的彻底理解，在实践中检验和发展是理解知识的一个重要途径。在他的文章中分享了一段对答。

　　学员问："老师，您传授的知识我没有完全理解，如何叫我去践行呢？"

　　加德纳答："我传授的知识你不去践行，又怎么能够完全理解呢？"

　　只有在践行过程中，学员才能真正理解，甚至发展出适合自己的个人版本。

教学效果当堂体验

　　既然学习的目的是追求改变，学习的效果也必然要从改变中体现。在学习效果评价上，建构主义更加崇尚表现型评价，更重视从学员的外在表现来检验学员建构的结果。

　　刚开始修行的人总喜欢问上师："您看我修行有进步吗？"上师总是鼓励他说："你悟性高，进步很大。"于是，修行者更加虔诚和卖力地做功课。

　　一年以后，修行者又禁不住问上师："您看我最近修行有进步吗？"

　　上师说："我不清楚。"

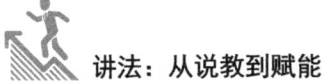
讲法：从说教到赋能

　　修行者问："您以前不总说我进步大吗？"

　　上师说："初学阶段确实进步明显，夸你进步大也是为了鼓励你，到了现在，我就不容易感知你的进步了。"

　　修行者问："那我怎么才能感知到自己的进步呢？"

　　上师说："这恐怕要问你的儿媳妇、仆人、下属和学员。"

　　修行者问："这又是什么道理呀？"

　　上师答："这些人整天跟你打交道，他们最容易感受到你的言行改变，可以从这些改变中感知到你修行的进步。修行的结果反映在你对外人，尤其是社交中处于劣势地位人员的态度上。"

　　这个故事揭示了一个道理：**改变是检验学习效果的唯一标准**。学员是教学活动最直接的体验者，他们的反应才是培训效果评估最重要的依据之一。讲师要敢于透过学员的改变来搜集线索，评估和改进自己的教学，更要给学员表现的机会，以便了解其对内容的掌握程度。这样，学习效果当堂就能体现出来，只要学员发言，就能表露出他们建构的情况：自己对工作的感悟、困惑，以及受他人的启发等。所以，建构主义课堂的效果评价可以随时进行，而且方式多样。

　　比如，我们经常采用的方式：有一组学员汇报，其他学员"拍砖"。汇报组汇报的是他们应用课堂所学知识所完成的作业，作业本身就能说明他们建构的成果，而"拍砖"的学员也必然依据课堂所学对汇报组的成果进行评价，同样表露出他们的建构。整个过程也是一个意义协商的过程，是重要的建构环节。

　　等到下课以后再来评价，已经是形成性评价，即便知道了结果不是很好，也，没有弥补的机会了。

第 2 章 建构主义,省劲给力

 建构主义核心主张总结

为了方便大家理解和转化本章内容,最后把这些核心主张做个归纳和分类。不难发现,这四个层次累计十条的主张自上而下可以分为世界观、知识观、学习观和教学策略。每个核心主张中还有一些典型金句和情境故事帮助大家理解,如表 2-1 所示。

表 2-1 每个核心主张的典型金句和情境故事

理解层次	核心主张	典型金句	情境故事
世界观	世界是感知的世界	世界是你感知的世界,而你感知的世界对你而言就是真实的,决定着你的幸福	是"牛 B"还是"牛 13"
知识观	知识是基于经验的主观建构	学习是人们在已有经验的基础上主动建构的过程。 我讲的每一句话都没有意义,除非你认为它有意义,反过来也一样	鱼眼里的世界 高祖还乡
	知识有再生产性	发展出自己的版本恰恰是学员对知识真正掌握的重要标志	秀才赶考故事
学习观	学员是学习的主体	你的点滴收获都是自己折腾的结果。 无效学习的四个障碍	不"陪太子读书"
	学习过程中伴随着意义协商	同学的作用甚至比老师还重要	你怎么知道你是善良的? 海滩的石子都是椭圆形的
	讲师的作用是促动学员思考	讲师的角色就是主持人,是司仪,是催化师	互动是"吸星大法"

续表

理解层次	核心主张	典型金句	情境故事
教学策略	学习在对话中进行	好课堂的标准是对话比例	退休老人没机会对话得老年痴呆症
	让学员在问题和场景中感悟	学生有提问的权利，老师没有直接给答案的权利。 不愤不启，不悱不发	通过折腾学员转移知识所有权
	多种手段促进学员吸收和转化	不能够把我所讲的新知和你原有的知识和经验建立有效的连接，那么这个知识不属于你。 言有宗，事有君。夫唯无知，是以不我知	加德纳和学员的对话
	教学效果当堂体验	改变是检验学习及修行效果的唯一标准	修行者问上师修行的成果

第 3 章
三路对话，促成学习

只要我们的意识处于清醒状态，就处于对话状态——跟自己的潜意识对话、跟其他人对话、跟物体对话。我常开玩笑说：精神病人跟正常人的区别就在于，精神病人毫无顾忌地把他内心的自我对话和盘托出。其实，正常人的内心也在不停地自我对话，只不过他的意识能控制自己不随便说罢了。

如果你此刻在看我的书，就至少同时保持着两个对话：一是跟我书中的内容对话，二是跟自己的经历和经验对话。如果你用心倾听你内心的声音，就会觉察正在进行的自我对话。

第3章 三路对话，促成学习

改变最终通过自我对话实现

人们对外部世界的认知都是通过自我对话完成的，人们的学习最终都是通过自我对话实现的。我把课堂比作一个信息交换的场，在这个场上最重要的是信息交换，只有流动起来的信息才有价值。学习的目的是改变，改变在生理层面上意味着大脑形成有价值的神经元连接。在课堂这个特殊的场域，人们通过外在信息交换来促成内在有价值的神经元连接，这就意味着，信息流动的畅通性和大脑处在轻松舒展的状态是促成有价值的神经元连接的保障条件。

课堂并不一定是最佳的学习场所。两个思想深度相当、知识储备雄厚的好友在一起深聊，彼此非常了解又相互信任，可以畅所欲言、无话不说。你说的话他很容易理解，他说的话你也很容易理解，俩人越谈越投机，像酒逢知己一样。这样的深度交谈，两个人都会从中受益。高效信息交换是社会化学习中不可或缺的要素。

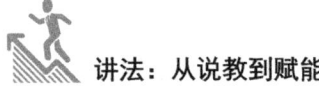
讲法：从说教到赋能

单向灌输：学员神经元难激活

灌输式教学的效果是要碰运气的，只有当学员非常想学的时候才会主动听讲师灌输。灌输的最大问题在于，讲师只管发射信号，根本不考虑学员能否正常接收。灌输式的课堂会让学员感觉极不爽，有被胁迫、被控制的感觉。在没有掌控感的状态下，学员的能量是收缩的。场域越严肃，学员在课堂上越被动接收，其大脑神经元越难活跃起来。对讲师而言，灌输式的课堂讲多了，讲师就演变成讲课机器，跟讲台上放一个录音机没什么区别。讲师自己也会缺乏新鲜感和成就感，会有枯竭的感觉。

退休的老年人，出门拎着收音机，进门看电视，没几年就得老年痴呆症了。为什么呢？听收音机、看电视实际上都是被动地接收信息。他没有参与的机会，不会主动思考，也没有掌控感，所以大脑的神经元连接很不活跃，几乎停止了新知的建构。我经常开玩笑说：如果讲师只用灌输的方式授课，实际上是把学员往老年痴呆症方向培养。

有一个很有意思的段子。

> 一个杀人越货、无恶不作的歹徒，身上背了几十条人命，死后理所应当被打到十八层地狱。他也觉得自己罪有应得，理应受到最重的惩罚。有一天，他惊奇地发现地狱十九层也有动静。在狱卒送饭的时候，他好奇地问："我说老兄，这地狱十九层怎么还有动静，关的什么人呀？"狱卒很不屑地说："十九层，关那些人民教师呀！"歹徒就更不解了，说："像我这样无恶不作的坏蛋进地狱十八层那是活该，那些人类灵魂的工程师怎么反倒比我还惨呢？"狱卒说："你是伤了很多人命，不过那些被你夺去生命的人下辈子还有机会托生成正常人。这些蛮干的人民教师，整天喋喋不休地宣贯，把学生的慧根都弄断了，那些可怜的学生不仅这辈子被毁了，连下一辈都没戏了。所以，他们罪加一等。"

如果教育工作者不得法地蛮干，尽管发心是好的，却可能断人慧根。蛮干的法布施比杀人越货还要罪加一等。那些蛮干的教师还天真地以为自己教书育人在积阴德，但搞不好要下到十九层地狱的。有一回我讲到这个地方，一位国企高管下来跟我交流，说："田老师，你讲得我后背都发凉了。我就经常给人灌输，而且照着稿子念，照这么说，我得下二十层地狱了。好在我现在还不算老，自我救赎还来得及。"引发大家一片大笑。

我讲这些意在唤醒广大讲师对三尺讲台的敬畏之心，课堂上的每分钟都是学员的生命。讲师在台上胡扯一分钟，全班累加起来就是几十分钟生命的浪费，浪费时间就是图财害命，能不敬畏吗？

所以，讲师必须尽最大努力提高单位时间学员的吸收率和转化率。真正重要的不是讲师说了什么或做了什么，而是在学员的脑海里发生了什么。要让讲师讲的东西在学员的脑海里生根发芽，教学就必须采用对话方式进行。讲师一定要时刻觉察自己的课堂是不是处于对话状态，场域的能量是否处于流动状态。有的学员问我："我的课堂上本来就有很多内容需要讲，怎么保持对话呢？"其实，哪怕演讲，也可以用对话的口吻进行。讲师可以像说单口相声一样用对话的方式来讲述。可以采用角色拟态，不同人物的话用不同口吻讲，可以设问，自问自答；可以反问，以增强语气；可以给人生动的画面感，也可以把人带入某种情绪。讲述要有对话的感觉，就要采用多种手段让学员的思维、情绪和感受参与进来，这样，即便讲师一人讲述，学员也不会感觉枯燥。

双向流动：激发学员神经元连接

我向来主张知无不言，言无不尽。这是因为，一方面，我对自己的学习能力很自信。我自认为自己的悟性也不低，有始终保持学习的劲头和热情，既然如此，今天分享的东西都是在实践中探索的一些阶段性的成果，我坚信明天会理解得更深、更透，所以没有必要掖着、藏着。另一方面，无私的分

讲法：从说教到赋能

享能让自己毫无顾忌地投入教学中，能激发学员更深层次的思考，激发学员提出更好的问题，激发学员有价值的连接性思考。反过来，学员的问题和连接性思考又会激发我更深入、更全面的思考。只有一波思考触动另一波思考，雅斯贝尔斯所说的"一个灵魂唤醒另一个灵魂"才有可能成真。我在课堂上非常享受与学员畅所欲言地讨论。学员的分享和问题常常会激发我的灵感，帮助我把散落在大脑各处的知识和经验整合成体系化的模块。当把自己的整理分享出来的时候，如果看到学员很有收获的样子，一方面，我很有成就感，另一方面，这些内容可以成为我持续优化课程的素材。

我认为，**课堂效果永远是师生合作的结果。**很多时候，讲师能不能进入讲"疯"了的状态，要看学员能否提出有质量的问题。学员一个有质量的问题，常常能激活很多旧知。**在轻松的氛围和神经元舒展的状态下，一个问题能激发很多有价值的神经元连接，那些被激活的知识常常连自己都很纳闷它们是怎么冒出来的。**我有很深的体会，**回答学员问题的时候，正是讲师对教育学、心理学知识融会贯通的时候。**

再牛的大师也要根据讲授时学员的反应来持续完善自己的课程和授课策略。老子说："天地之间，岂犹橐龠乎？虚而不屈，动而愈出。"橐龠就是风箱，风箱的特点是中间空虚而两头开放。讲师只有把自己看作中间空虚而开放的信息流动中枢，自己的大脑才能处于"虚而不屈，动而愈出"的状态，课堂才会成为师生同修的道场。

有的讲师比较保守，不乐于分享，总想："我花了这么多心血研究，不能轻易给别人。"特别保守的人进步会比较慢。一方面，是因为他总是存一份戒心，戒心会消耗一部分"内存"能量，使其不能把全副精力投入新的学习中。另一方面，把自己学到的东西看得特别金贵，自然也就很难接受别人的观点。手里攥一个东西，就不好再去抓另一个东西。不热衷分享的人，也常常不容易接受别人的观点。老子在《道德经》里说："圣人不积，既以为人，己愈有；既以与人，己愈多。"圣贤之人不会掖着、藏着，反过来，越帮助别人，自己越富有；越分享给别人，自己越多。一般的人会把自己的大脑当成自己的仓库，认为知识都是自己的宝贝。而圣贤之人把整个宇宙当成自己的仓库，自己的大脑只是信息交汇的中枢。

人们在学习中常常强调空杯心态。空杯心态可以有，但要是真空杯了，可就麻烦了。建构主义认为，人们总是用已有的旧知去消化新知，空杯了还怎么建构？学习过程就像呼吸一样，要有呼有吸，呼出旧知，吸入新知，新知和旧知交互作用，才能促进知识的新陈代谢。信息交换的过程，有时需要先放下自我，融入信息的海洋，返回来再建构自我。完全放下自我不现实，而只活在自我中又太束缚，一个折中的办法就是把自我当成一件衣服，需要的时候穿上，不需要的时候可以潇洒地脱下。

课堂上最要命的是陷入某种无意义的争辩。很多时候，争辩有积极的意义，理不辩不明嘛。但是一旦争辩引发了情绪反应，影响了能量的流动，使部分学员处于防御状态，甚至伤害感情，争辩就变成弊大于利的事情了，是对能量流动和信息交换的破坏。

 掌握意识活动的状态

意识活动的状态可以简单地分为四种：感知、联想、评估、决策。只要人们处于清醒状态，意识就在从事着这四种活动之一。要么在感知周围的世界和自己的身心感受；要么把感知到的事情和自己的经验进行联想，想象一种可能发生的情境；要么对事物进行分析和评估，寻找内在的规律；要么在做决策。

讲师让学员抬头看天，然后问："你们都看到些什么？"
学员们回答："蓝天白云！"（感知）
讲师问："蓝天白云漂亮不漂亮？"

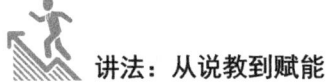
讲法：从说教到赋能

  学员们回答："漂亮！"（评估）
  讲师："你们看最西边那朵云像什么？"
  学员纷纷回答：像条龙、像卧佛、像小船、像小岛……（联想）
  讲师："我们可不可以飞到那片云彩中去上课？"
  学员："不能。"（决策）
  讲师："至少我们可以想象我们能。"（联想）

  讲师让学员抬头看天，这是邀请学员的意识感知；问蓝天白云是否漂亮，这是让学员做出评估；问云朵像什么，这是让学员的意识产生联想；再问学员能不能飞到云彩中去上课，这是让学员的意识进入评估状态。最后讲师请学员想象能够在云彩中上课，意识则又进入联想状态。

觉察意识的状态转移

  感知、联想、评估、决策这四大形态经常穿插进行，甚至会相互嵌套。感知的过程中常常伴随着小的评估，评估信息不够的时候又会去补充感知，更多的时候感知和联想完美地合作而形成评估结论，进而影响决策过程。

  比如，你看到茂密的草丛中露出黄黑相间的斑纹和卷曲尾巴，很快就会联想到一只大老虎的样子。实际上，你感知到的部分只是一只老虎的斑纹和尾巴，老虎的其余部分是你通过知觉联想得到的。当你判断它是一只藏在草丛中的大老虎的时候，自然就会得出应对决策：危险，快跑！大脑完成所有这一系列过程也许连一秒钟都不需要，意识的这四大动作的切换非常敏捷灵活，感觉和知觉的完美配合甚至连我们自己都很难觉察。

  比如，你走在大街上，突然有一个人挡住你的去路，说："这不是老同学吗？你还记得我吗？"你马上打量了眼前这个人（感知），然后大脑进入紧张的搜索状态，在记忆库里找老同学的身影（联想），把眼前的人和知觉记忆中的同学进行匹配。你终于想起来了（决策），说:"这不是小学同学,外号机灵猴吗?"对方激动地紧紧地握着你的手,说:"真是好哥们儿,20多年过去了,居然还能认出我来。"你暗自庆幸,这小子虽然中年发福了,但要不是那双叽里咕噜的圆眼睛,以及浑身散发的那股机灵劲儿,我还真认不出来了(评估)。你是用当下收集的感觉线索和20年前对他的知觉经验进行匹配,认出了小学同学。

在酒桌上,你结识不久的朋友突然问:"你觉得我这个人怎么样。"他这是让你的意识对他进行评估,而你的意识不会马上评估。你先要感知一下他的表情:什么眼神?什么意图?是闹着玩的,还是认真的?然后进入联想状态,意识会带你像放电影一样回想那些跟他打交道的关键时刻,那些印象很深刻的场景,有好的印象,也有不好的印象。综合评估后你可能得出一个结论。但是话到嘴边,你的经验告诉你一定要讲实话。这时候你的潜意识跳出来提醒你:"不能那么直说,换一种说法也许更好。"于是,你的意识临时换了一套说辞:"你这人,够哥们儿,值得深交。"而你朋友的潜意识似乎洞察到了你心里想的跟嘴上说的不太一致,说:"你没骗我吧?"你赶紧回应说:"哪里,哪里。我说的都是真的。"

一个评估的问题,激发了一连串的思维过程,其中既有你的意识跟你朋友的意识对话,也有你的意识跟你的潜意识对话,还有你的潜意识跟你朋友的潜意识对话,当然,你朋友的意识也在跟他的潜意识对话。

引导学员思维过程

概而言之,感知和联想对应的是思维的发散过程,评估和决策对应的是思维的收敛过程。课堂上,讲师完全可以用语言引导学员的意识,使其进入某个状态。

讲法：从说教到赋能

讲师问："你从这幅书法作品中看到了什么？"学员的思维完全是发散的，书法的字面含义、落款、图章、装裱等都可能被注意到。

讲师问："大家看看这幅书法作品有什么特点？"学员的思维就被引导到收敛状态，他们要把自己所看到的具体特征归纳成一些特点。

讲师问："你喜不喜欢这幅书法作品？"学员的思维就处于完全收敛状态，只能回答"喜欢"或"不喜欢"。

作为讲师，尽管不知道学员的内心会怎么想，却可以通过恰当的提问来引导学员思考的方式和方向。讲师问"还有呢"，在暗示学员继续发言；如果问"还有吗"，则有暗示学员收敛的意思，言下之意，没有或者不重要的就别说了。

行动学习中有一个较常用的工具叫作焦点会话法（也称ORID）。这种方法引导人们经历一种发散与聚焦结合的"发现对话"，帮助人们一起思考；其操作过程由催化师通过提出一系列问题引导学员的意识活动，逐渐把学员从表象感知带到工作和生活的深层含义里。四步分别是：

- 探索事实（Objective）：引导学员分享其感知到的客观事实，如看到的、听到的、感觉到的、触摸到的等。
- 处理反应（Reflective）：聚焦情绪感受，问学员对某些事情或话语的感觉，如什么令他们生气、兴奋、好奇、恐惧等。
- 理性诠释（Interpretive）：引导学员理性诠释，如问意义、目的、重要性、价值等。
- 决定行动（Decisional）：引导学员决策，包括如何做、下一步的行动计划等。

不难看出，ORID反映了人们心智活动的一个自然过程，按照人们从感性认知到理性思考的自然习惯，引导人们富有成效地思考。ORID的四步与意识的四大状态基本吻合，也就是感知、联想、评估、决策的过程。

意识与潜意识的合作与对抗

意识是大脑对内外部表象的觉察,潜意识是已经发生但未达到意识状态的心理活动过程。我更愿意从大脑物质基础上理解意识和潜意识:意识是大脑当下最活跃的脑区,且被调入工作记忆的"内存"来协同处理的心理活动;潜意识则是还没有达到活跃阈限的那些脑区的心理活动。

意识和潜意识是比较抽象的逻辑意义上的概念,二者有相对性,意识是被觉察的潜意识,潜意识是没被觉察的意识。我理解,所谓的被觉察,就是被调入工作记忆区进行处理的活动;没被觉察,就是暂时还没有被调入工作记忆区的那些脑区活动。

乔纳森·海特在他的《象与骑象人》中把意识比喻为骑象人,把潜意识比喻为忠实的大象。我非常喜欢他的比喻,把很深奥的心理学理论演绎得如此生动恰当又浅显易懂。有人说:人人都有精神分裂。骑象人与大象(意识和潜意识)一直都在相互作用,有对话,也有对抗,有合作,也有斗争。概而言之,大象和骑象人的分工如下。

- 大象(潜意识):有安全感时比较忠实、温驯,没有安全感时容易暴躁;有方向时自觉服从,没有方向时能偷懒就偷懒;只顾眼前,不考虑长远;凭习惯和感觉做事。
- 骑象人(意识):处理新鲜刺激和异常情况;做决策,为大象指明方向;制订计划,指导大象前行;控制大象的冲动。

意识和潜意识的沟通始终在进行,称为自我对话。

断言:给大象植入信念

断言是意识(骑象人)教潜意识(大象)工作的一种方式。意识常常会教给潜意识一些条规（称为断言），并通过反复的自我强化的方式教给潜意识。断言通常是"×××是×××"或者"×××不是×××"的格式。被潜意识接受了的断言就成了信念。建构主义认为世界是人们经历的世界，每个人脑海里的世界都有主观色彩，而信念正是每个人基于自己的经历和感悟多次强化形成的，主观性很强。因此，很多信念属于限制性信念，是一种偏见。然而，比较可怕的事实是人们常常会把自己的限制性信念作为决策的依据。

断言反复强化形成信念的过程实际上就是学习的过程。在安全的状态下，潜意识会很听话地记下这些断言。当你说"我真是一个邋遢的人"时，潜意识就记下了；当你说"很多习惯是改不掉的"时，潜意识又记下了；当你说"奇装异服的男子多是危险分子"时，潜意识也记下了。无论你说得有没有道理，潜意识都会老老实实地记下，断言经过多次强化后，潜意识就会信以为真。

潜意识的这个特点可以用来创造未来：柯维认为任何事情都要经过两次创造，首先是心智上的创造，其次才是行动上的创造。所谓的心智上的创造，就是指在行动之前，创造一个让潜意识信以为真的愿景。潜意识的这个特点也可能让人作茧自缚——人们常常把自己锁在自己创造的监狱里，而监狱的钥匙就在自己的口袋里。

潜意识学习的目的是下次遇到类似的情况时大脑能做出快速反应。人们常常根据一两个重要的线索就会快速判断，做出决策。格拉德威尔的畅销书《眨眼之间》就是论述经过反复强化的潜意识是如何通过很少的易得性线索快速且准确地做出正确判断并采取行动的。人们能做出快速而准确的判断，正是长期强化的结果。

跟未来自我形象相关的断言可以称为宣言。比如，"我要成为顶级讲师"就是一个宣言。宣言指向未来的自我。宣言是自己对自己的期许和承诺。宣言不只是吹牛，实际上是意识说给潜意识听的。根据费斯廷格的理论，每个人都花一部分能量用于维系自我，时刻都在检视："当下的我像我，还是不像我？"如果当下形象不像心目中的我，就会出现"认知不和谐"，这种不和谐的缺口力量会驱使人们做出改变，让自己像自己。

宣言和承诺背后都有心理能量。所以，讲师可以利用这个特点让学员在课堂上做出某种宣言或承诺，让全班学员监督。这样，所学知识被应用的概率就会提高。我经常在课堂上做这样的互动："愿意尝试一下把行动学习当成一种工作方式的举手。"一开始只有几个人举手，鼓动一下后，就会有更多人举手。然后我说："谢谢大家的配合，我会在恰当的时候检查你们的执行情况。请你尝试完了在班级微信群里晒一下心得。"

请求：大象知道答案

请求是骑象人向大象（意识向潜意识）提问的过程。比如，你看到某人眼熟，意识就会向潜意识提问："这人是谁呀？"潜意识就会从庞大的知识库和记忆库中搜索，根据那人的特征，帮你寻找答案。

请求是学习过程中非常关键的环节。人们日常的生活经验、学习的知识有一部分是可以直接结构化存储在大脑里的（人们会把能够归类的知识分类存放），还有一部分是没明确归类随意放的。当意识问潜意识一个比较复杂、一直没有答案的问题时，若潜意识不处在被压抑状态，勤劳而温顺的潜意识就默默无闻地去找答案了，这个过程意识是没有觉察的。

在课堂上，当学员问我一个很有质量的问题时，我的意识就会把这个问题提给我的潜意识，潜意识如果在足够放松的状态下，就会把我脑海里跟这个问题相关的知识与经验都提取出来，甚至初步整合，反馈给意识。意识加工整理后答复学员。神奇的是，这个过程的目的虽然是回答学员的问题，但客观上促成了讲师自己知识的整合和融会贯通，这才是教学相长的深层原因。很多人有这样的经历：在讲课过程中能把自己真正讲明白了，就有打通了的感觉。

潜意识的这个特点也可以解释顿悟现象。当一个人长时间思考一个难题，在意志力耗尽还没找到满意的答案时，常常会放松一下。就在意识放松的时候，潜意识却一直没有放弃寻找答案的努力。反倒在意识放松时，潜意识能获得更多的脑能量去搜寻，于是，不经意之间就产生了灵感。牛顿在苹果树下悟到万有引力，阿基米德在洗澡盆里悟到浮力定理，凯库勒在睡梦中梦见咬着自己尾巴的蛇，其实都是他们的潜意识突然找到灵感向意识汇报整合的结果。记忆术非常强调入睡前给潜意识一些输入或任务，在早上醒来先复习头天晚上的任务，其目的就是驱动潜意识工作。

人们常说，你要问你的内心深处，究竟你要的是什么，你要成为谁。实际上也是在驱动潜意识思考。潜意识比意识灵敏，潜意识已经知道很多问题的答案，只不过意识没有向它提问罢了。反思的过程主要是意识和潜意识的对话。

推销者常常把他的产品夸得天花乱坠，过分强调产品或服务给你带来的价值。当你的意识受不了诱惑快要决定购买的时候，意识通常会给潜意识一个请求：这家伙说的是真的还是假的？潜意识就会透过推销者所传递的情绪、肢体语言、感觉等线索给意识一个报告。潜意识很容易识别一个人的表里不一，所以，过渡渲染的推销不能增强，反而会削弱你观点的可信性。

指示：驯大象的指令

指示，也就是自我行为暗示，是骑象人给大象（意识给潜意识）的行动指示。当需要坚持的时候，比如做俯卧撑，你会给潜意识一个指示：再做5个。潜意识接到这个命令，就指挥下丘脑和基底神经系统坚持。人的潜力非常大，而发挥潜力的重要途径就是坚持。在坚持的过程中需要意识反复对潜意识做出指示。催眠术可以用暗示的手段让一个大活人坚挺得像僵尸，身体架空在两把椅子中间，肚子上站个人，被试居然坚如磐石、一动不动。

这里值得一提的是，意识更经常用指示的方式来控制潜意识不做什么。当潜意识的能量受到压抑时，一有机会潜意识就会试图反抗。潜意识一反抗，意识就要继续控制，意识与潜意识背离，精神就进入分裂状态。潜意识的反抗会消耗能量，意识的控制更需要消耗能量。当潜意识和意识处于对抗状态时，一个人的能量消耗就比较大，做事效率就不高。用来控制潜意识不去做什么的那部分意识能量就是通常所说的意志力。

鲍迈斯特在他的《意志力》中论述到，意志力是需要消耗能量的，当能量快被耗尽的时候人们会表现出意志薄弱甚至瘫痪的情况。奇普·希思在他的《瞬变》中描述了一个有趣的口味测试实验：心理学家以口味测试为幌子，规定一组小孩只能吃巧克力，另一组小孩只能吃萝卜干（当然，小孩都爱吃巧克力）。观察发现，与那些可以随便吃巧克力的小孩相比，那些被规定只能吃萝卜干的小孩总要通过消耗意志力去控制自己不能碰巧克力。测试完毕后，紧接着让两组小孩做同一道数学难题，数学难题需要靠意志力来多次尝试。结果表明，那些只能吃萝卜干的小孩因为意志力早早被消耗了，所以，在解题环节上平均坚持了 8 分钟，平均尝试了 19 种方法就放弃了。而那些吃巧克力的小孩的意志力充足，在解题环节上平均花了 19 分钟，平均尝试了 34 种方法。

指示和宣言有相似之处，也有明显不同。指示是指向行为动作的，更具体、更当下；而宣言是指向愿景和方向的，更宏观、更未来。

报告：且听大象怎么说

大象还是很好的侦察兵。假如你的大象（潜意识）根植了一条信念："奇装异服的男子多是危险分子。"有一次，你坐地铁，中途上来一个彪形大汉，染了一绺红发，脖子上挂着粗壮的金链子，胳膊上文了一把宝剑，手腕上挂了一串珠子，大模大样地站在你旁边。尽管那人一言未发，你却浑身不自在。为什么？因为那人的打扮符合你信念里的条件，你的潜意识迅速根据这些线索悄悄向你报告：旁边这个人有危险，离他远点。

潜意识的侦查工作又可以分为两种情况。第一种是自上而下的，意识已经有了明显的倾向，或者意识有明确的目的，交给潜意识去侦查。这时候，潜意识带着任务去侦查，大脑中的网状激活系统就会搜索那些意识想要的线索，对其他线索视而不见。很多上当的人事后叫苦不迭，骂自己鬼迷心窍："这么明显的破绽当时怎么就没有觉察出来？"当时的情境很可能是：他的意识已经先入为主地相信了，潜意识只是去寻找更多的证据让他更相信，对那些明显的破绽进行了屏蔽。先感性决策，再找理由合理化是人的一种思维倾向。

第二种是自下而上的，意识并没有结论，潜意识迅速用他的方式抓了几个重要线索并形成结论报告给意识，意识很容易采信。面试官通常用第一印象决定一个人的去留。有人说初次见面的 30 秒就决定面试的结果。这 30 秒的印象多半是靠潜意识形成的。神奇的是，这个印象通常还比较准确。格拉德威尔在《眨眼之间》里讲到，素未谋面的人花 20 分钟思考得出的对我们的看法，往往要比熟识数年的朋友对我们的认知精确。

目标导向与刺激导向

什么样的潜意识最终能被意识觉察,引起注意并调入内存（工作记忆区）而上升为意识呢？比如，讲师让学员在教室里寻找红色的物体。这时候，意识就会给潜意识一个指示：寻找红色的物体。学员们就开始环顾四周，潜意识就会带着意识的嘱托对红色的物体格外敏感，红色的门、后墙上红色的标语、壁画上红色的图案、某学员红色的外套等都被注意到了，这就是**目标导向的注意**。目标导向的注意是潜意识为完成任务的主动觉察。

与此同时，一些新鲜的、奇特的刺激也会被注意到。比如，突然有学员的手机响了，教室后面突然出现了一个 3 岁小孩，以及那个挡人视线的巨大的白色半圆柱子……这些都是**刺激导向的注意**。人们更容易注意到那些新奇的、有危险的、有兴趣的事物。另外，较早前意识指示潜意识关注的事物，若出现在视野里，潜意识也容易关注到。

潜意识的觉察潜力极大。很多动物都有比人强很多的感知能力,不少动物都靠嗅觉交流和沟通。人的身体原本也有很强的觉察力,只是后来大脑皮层在进化过程中机能充分发展,人们逐渐用更高级、更直接的语言交流替代了感官交流。实际上,人的身体还保留了很强的感知能力,称为第六感或直觉。潜意识有能力捕捉第六感的信号,只不过意识不关注或者潜意识没机会报告罢了。

三路并行的能量交互过程

在 A 和 B 的对话过程中,A 的意识与 B 的意识在进行思想层面交流的同时,A 的潜意识与 B 的潜意识也进行着情绪、感受等另一个层面的对话。而在各自的内心深处,还进行着意识和潜意识的自我对话,这才是交流的真相。有意思的是,这三路并行的交谈过程都要占用交谈者的"内存",三路交谈微妙地相互影响,既有相互促进的时候,也有相互对抗的时候。

三路交谈的相互影响

A 和 B 交谈,最理想的情境是 A 和 B 高度共鸣,A 的意识和潜意识传递的信号一致,引起了 B 的意识和潜意识的高度共鸣,两人惺惺相惜、相见恨晚。双方高度信任,无须任何能量消耗在自我防御上,双方都接近达到心流的状态。在这种情况下,彼此的神经元都会放松而活跃,不仅会相互启发,而且各自的潜意识会延伸更多的神经元连接以支撑他们的共鸣,比较容易产生脑洞大开、豁然开朗的感觉,每个人都会有新的收获。

最不理想的情境是 A 与 B 的意识与潜意识都没有共鸣,各自在自己的频道里,互不欣赏,难有交集。在这种情况下,彼此会消耗一些能量来进行自我防御,不会接收对方的能量,彼此间的学习并没有发生。

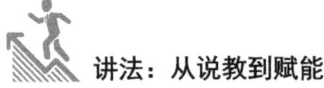

中间状态还有几种，下面列举几个典型情境。

情境1：B的意识理解了A的观点，有认同的倾向，正处于摇摆状态。但B的潜意识产生了抗拒：发现了A的言行不一致（意识和潜意识的配合露出了破绽）。B的潜意识向意识报告：他自相矛盾。B发现A讲的和自己的经验或信念相矛盾，因为没有人会罔顾自己的知识和经验而轻信别人的言论。B心想："你说得对，但我就是不想听你的，情感上不接受你或旧习惯改不了。"以上情境，意识的理解和接受可能动摇。

情境2：B在意识层面完全认同A的观点，但是潜意识产生了抗拒。在这种情况下，B的意识和潜意识有可能激烈对抗，大量消耗意志力；最终可能是潜意识屈服，但内在的纠结仍在。

情境3：B在意识层面并不接受A的观点，而潜意识则与A产生了共鸣。一种可能是意识消耗巨大的意志力能量去压制潜意识；另一种可能是意志力薄弱，意识向潜意识妥协。

引导学员进入积极对话状态

了解了沟通过程中三条同时进行又相互影响的交谈通路后，讲师在授课过程中可以灵活运用多种策略促成学员意识和潜意识趋于一致的高质量的认同。在学员的脑海里，只有意识和潜意识达成一致的信服才是真正有效的信服。要说服别人，首先，自己要笃信不疑，不能出现意识和潜意识不一致，信奉一套理论，执行的是另一套理论，否则你的潜意识随时会出卖你。其次，要运用多种策略分别去影响学员的意识和潜意识。当然，还要把握影响过程中的节奏，要慢中求快，消除学员的意识和潜意识的背离，力促学员的意识和潜意识的协调一致，从而引导学员进入积极而健康的对话状态。

这个原理可以用在教学中的很多环节。比如，为什么讲师讲话的语速要慢？你可能注意到了，国家领导人讲话的语速都很慢。这是因为谈话的过程中有几条通路在并行进行，语速慢，让自己有组织的时间，也让学员有接收、消化和连接的时间。在两句话的间歇,讲话者的意识要注意自己的仪表形象和肢体语言,洞察环境的变化,组织下一句话,还要跟自己的潜意识对话——请求潜意识提供语言素材、指示潜意识关注某些事项、听取潜意识的报告。而受众要理解前一句话的意思,感受场上的氛围,解读演讲者的表情和肢体语言,还要跟自己的潜意识对话。

同样的道理,讲师提一个问题,也要给学员留一点思考时间再请学员举手回答。因为从提问到回答的间隔,学员要把问题提给他的潜意识,潜意识去连接相关的知识和经验,还要有一个把这些素材组织在一起的过程。课堂上很多尴尬的气氛,实际上是讲师不懂思维的基本规律造成的。

更高级的讲师甚至能够透过学员的表情洞察到学员的意识和潜意识的对话过程。当学员认真听的时候,意识感知、评估讲师所讲,同时跟潜意识进行着对话;当学员开小差的时候,其意识可能根本不接收讲师的内容,意识和潜意识的对话也是别的内容。讲师希望把学员的意识与潜意识的注意力都抓过来,希望学员的意识和潜意识对话的内容是课堂所授内容。但是如果注意力抓不住,学员的注意力和自我对话进行的将是其他内容,他们可能对讲师的衣着打扮品头论足,或者对其他学员的表现饶有兴趣。

所谓的对话,翻译成大脑的语言,实际上就是一种连接、一种激活和一种神经元的不断延伸。**讲师时刻要从学员的表情上洞察他是不是处于思考和对话的状态。**我经常在课堂上讲:"你可以不发言,但是不能不思考。"

总结一下这部分内容:一切都是投入能量的结果。世界是个体建构的世界,改变的本质是能量运用模式的优化迭代,而改变最终是通过个体内在的自我对话完成的,外在对话是为了促成内部对话的发生,故学习应该在对话中进行。

第 2 部分

赋能讲法的七项修炼

第 4 章
管好"内存",保持状态

从能量运用的角度来看，同样是站在讲台上，不同讲师的能量运用和分配方式却是不一样的。有的讲师会把全副精力倾注在他要讲的内容上，不求形式、不顾学员、慢条斯理地娓娓道来；有的讲师则把课堂当成了舞台，在台上自说自话、自演自唱，完全陶醉在自己的世界里，不顾台下学员的反应；还有的讲师是性情中人，很容易跟学员打成一片，嘻嘻哈哈，将课堂氛围搞得很热烈，却常常一高兴把话题扯得太远，连教学目标都忘了。

每个讲师都有自己独特的能量运用方式，在课堂上表现为不同的授课风格，而不同的授课风格又决定了授课的效果。总之，教无定法，却有法可鉴：实践是检验真理的唯一标准，学员的吸收率和转化率是检验课堂效果的唯一标准。本章讨论的话题是讲师的状态位，即讲师究竟应该怎样讲课学员的吸收率和转化率才会更高。

第4章 管好"内存",保持状态

 讲师的角色认知决定教学效果

通俗点说,讲师使劲的方式不同,课堂效果必然不同。在讲课过程中,讲师自己的大脑如何工作?注意力应该聚焦在哪里?精力如何分配?讲师在讲台上究竟应该关注些什么?如何关注?如何最有效地运用自身能量以争取最好的课堂效果?我将其称为保持讲师的状态位。

讲师比学员更需要讲台

教学改进的目标是不断提升学员的吸收率和转化率。要提升学员的吸收率和转化率最可控的做法是持续优化讲师在课堂上的能量运用方式。我说过,讲师不把一门课讲 20 遍以上,在教学中是很难做到自身能量有效运用的。一般讲头 5 遍,讲师会把大部分能量分配到所传授的内容上;讲 5~10 遍的时候,讲师才会有精力顾及学员的反应，与学员产生良好互动；讲 10~15 遍的时候，讲师才能将自己的理解、旧知、经历与所传授的内容紧密整合；讲 15~20 遍的时候，讲师才能做到不拘泥原有课程的结构、内容和形式而真正以学员为中心，根据学员关注的焦点而灵活运用各种教学策略；讲 20 遍以上的时候，内容、逻辑、形式等都可以做到潜意识自动反应，这时讲师才能把绝大部分精力轻松自如地用于跟学员的能量互动上。

有心的讲师也许会洞察到：在这个过程中每多讲一遍，讲师自己的能量运用方式都会有持续的优化。从这个意义上讲，讲师比学员更需要在讲台上修行自己，即**传授给学员知识技能的同时持续提升自己的授课技能。**

角色认知不同，教学效果不同

我将行为主义教学比喻为驯兽，认知主义教学比喻为砌墙，建构主义教学比喻为浇花。不同教学主张的讲师授课时的能量运用方式不同。

驯兽派会把大量的能量用于帮学员建立正确的"刺激—反应"模式，纠正错误的反应模式，学员表现出的行为和预期的行为一致，就赏胡萝卜，学员表现出的行为和预期的行为不一致，就挥大棒。

砌墙派把学员大脑当成知识的仓库，认为教学的目的是要把结构化的知识装进大脑这个仓库里，把教学过程的重心放在了内容本身上。

而浇花主张下的建构主义重新定义了讲师的角色，认为学员是学习的主体，讲师的职能是帮助学员思考，辅助学员建构。讲师是催化师，是司仪，是陪伴学员思考和探索的人。讲师要习惯于躲在学员后面，像一个智慧的长者，欣赏学员的自主探索过程，陪伴学员一起去探索真理。

讲师采取不同的能量分配和运用方式，自然也就会有不同的课堂效果。

在一次讲师技能大赛上我当评委。有一个选手准备了太多的内容，一上台就用高亢的声音上气不接下气地推销他的内容。我感觉

第4章 管好"内存",保持状态

屋顶都要被他的气势掀翻了。演讲的内容又比较多,选手快速地翻阅着PPT。15分钟讲完后,选手喘着粗气等待我的点评。

我说:"我不知道你用这样的方式讲课能坚持多久,我作为听众已经快受不了。**你把课讲得像赶狼,留给学员的只有心慌。**"持续高亢的声音和过载的内容几乎占据了这位选手的全部注意力,以至于无暇顾及学员的感受。叫卖者使用高亢的音调是为了在闹市中抓住众人的注意力。如果讲师仅仅把自己定义为一个内容的宣讲者,自然就会把能量聚焦在自己所讲的内容和宣讲方式上。

从能量运用的角度来看,我认为教学的根本目的是干预和优化学员的能量运用方式。一个人的成功是一种优秀的能量运用方式长期持续积累的结果,**有了优秀的能量运用方式,成功就只是一个时间积累的问题。**

格拉德威尔在他的《异类》一书中提到,成功就是"优势积累"的结果。《系统论》中也有一个很重要的结论,一种模式的规模复制,系统将走向有序。个人的成功在于持续坚持一种优秀的能量运用方式,组织的成功在于把一种成功的能量运用方式规模复制。

 ## 管理你的大脑"内存"

从能量运用的角度来看,一个人当下的能量分配和运用状况体现为意识。意识是人类所独有的一种高水平的心理活动,是指个人运用感觉、知觉、思维、记忆等心理活动,对自己内在的身心状态和环境中外在的人、事、物变化的觉察。

意识首要的责任是负责人身安全。意识对新奇的状况、有潜在危险的状况非常警觉,对常规的事情却没什么兴趣。外在刺激或内在感受达到一定阈值后才会被意识关注,没有达到一定阈值的细微刺激被称为阈下刺激,它被潜意识关注。我的理解是，被调入工作记忆区的，占据工作记忆空间和当下注意力资源的可以界定为意识。

1956年，心理学家米勒首次提出人短期记忆极限是7个单元，人们的认知负荷是7±2个单元。临时要记一个人的联系方式，你会发现8位的电话号码大部分人靠口头念诵就能记住，而11位的手机号码却必须用笔写下来才能记住，因为11位超出了短期记忆的范围。人的注意力资源是有限的，大脑可同时注意到的焦点最多为7个，一般建议不要超过7个。

造成这种现象的根本原因是人的工作记忆容量是有限的。现代心理学已经非常清楚地界定了大脑前额叶有一块区域——布罗德曼分区系统的BA46区域——负责大脑的工作记忆，我将其比喻为大脑的内存。我上大学时学的是计算机专业，对内存的概念比较清楚，计算机把当下要加工的数据从硬盘调到内存，内存永远存储着当前电脑正在处理的程序和数据。

人类的工作记忆区跟计算机的内存非常类似，可以这样理解，意识是永远加工被调用到大脑内存里的事务。你当前意识到的所有事情都会占据你大脑的"内存空间"，即工作记忆空间。受限于工作记忆空间，在一个场景下，每个人只能感知到自己刻意注意的部分和刺激强烈的部分，常常对无关部分视而不见。在这个方面，西蒙斯教授做了大量实验。比如，当人们专心数白色球队传了多少次球的时候，对黑色大猩猩的出现居然视而不见。这种现象在心理学上被称作非注意盲视现象。

你的"内存"该如何分配

再次强调：讲师能量分配和运用方式的不同造成了教学主张的不同，教学主张的不同决定了教学效果的不同。接下来我们讨论，讲师站在讲台上，注意力的焦点应该放在哪里？"内存"应该如何分配？一般而言，讲师的注意力要时不时地聚焦在以下几个方面。

1. 所传授的内容

讲师站在讲台上要清楚自己所传授的内容：讲述的目的是什么？要把学员带到哪里去？起点在哪里？终点在哪里？现在处于什么位置？前后内容的逻辑关系是什么？如果一门课讲了很多遍，可能有的段落一开始讲，讲师就可以把注意力的焦点从内容上转移出来，让潜意识去讲，意识就可以关注课堂上更多的事物。如果讲师对内容不熟，抑或即兴发挥，那么始终有一个焦点，甚至多个焦点保持在要传授的内容上。

2. 与自己的知识和经验相连接

讲课的同时，讲师要调用自己已有的知识和经验。比如，讲师在问学员们问题的同时，这个问题也提给自己的潜意识，自己的潜意识里也浮现出自己的经历，如自己当时学习所传授知识的情境、有关所传授知识的内容、自己应用这些知识的情境、自己的经验和教训等。人的意识和潜意识是交替工作的，会不断地产生连接。如果不仔细觉察都很难区分哪一部分属于意识，哪一部分属于潜意识。

事实上，在讲师所传授的内容中，意识负责的永远是总体框架、逻辑部分，就像写论文的中心论点和主体结构；而潜意识负责填补素材，收集论据，描述细节，甚至激发具象化的表征和表达。

3. 自己的表达

除了关注所传授的内容，讲师注意力的焦点应该关注自己的表达，如倾听自己的声音——关注语音、语调，觉察自己的肢体语言等。讲师要觉察自己的表现方式是不是得体，是不是和所传授的内容相匹配，是不是生动、形象地表达所传授的内容。如果讲师把同样的内容讲过多次了，肢体语言也就跟着娴熟了，那么肢体语言的表达也可以授权给潜意识去干，注意力的焦点可以时不时离开对自己表达形式的觉察，转而关注更重要的事情。好的内容

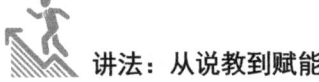
讲法：从说教到赋能

一定要配上恰当的表现形式，才能给学员以丰富深刻的印象，有效调动学员的潜意识参与学习。得体的语音、语调、肢体语言能够充分调动学员的听觉脑和视觉脑来参与学习。

4. 学员的反应

在课堂上，讲师还要时刻关注学员。课堂是一个讲师和学员相互交流的平台，在这个平台上讲师和学员会形成一个互动的场域。人人都喜欢受关注、受重视的感觉，课堂上的每个学员也都渴望得到讲师的关注，而讲师也需要从学员的反应中觉察学员的接受和理解状况。所以，讲师要始终关注学员的反应，和学员进行连接。讲师用目光轮流关注每个学员，从学员的表情和眼神中，能够觉察到学员完全听懂了还是有点模糊，能够从学员的点头或者疑惑的表情中判断是继续讲还是再做解释。越是经验丰富的讲师，越会分配更多的注意力跟学员建立连接。

5. 自己的状态

除了关注学员，讲师还要时不时关注自己的状态。检视自己：是不是拿出全部的爱心热爱学员？是不是全身心投入在课堂上？是不是处于抽身的状态？有时，学员的反应可能引起讲师的情绪，讲师就要及时觉察自己的情绪，然后有意识地处理，提示自己从情绪中抽离出来，再次进入讲师的状态。建构主义的课堂以学员为中心。讲师要营造一个共同探讨和意义协商的环境。只有好的环境，才有利于调动学员的潜意识积极参与。讲师的不当情绪无疑是课堂氛围的杀手，因为讲师的防御心理会激起学员更强烈的防御意识。所谓课堂上的师道，最重要的就是两条：持续的爱心和抽身。

6. 突发状况

另外，突发状况不可避免地要占用讲师的注意力。比如，当讲师正在讲课时，有学员的手机铃声响了，有人推门而入，有学员突然举手，有两人窃窃私语。这些突发状况一定会引起讲师的关注，关键是，讲师必须恰当地处理这些突发状况以使课程继续进行。突发状况也会调动讲师自己的潜意识，占据讲师较多的注意力，必要时甚至要停下来专门处理。突发状况的处理是讲师灵活应变的必修课，不同的人会有不同的处理方式，处理好也需要经验的积累。

当然，讲师自己的身体反应、对时间的觉察等也可以看作突发状况。

紧张的根本原因是"内存"不够

对公开演讲的恐惧是一个很普遍的现象。马克·吐温曾经说过，站在演讲台上的就两种人：紧张的人和故作镇静的人。很多人都有站在演讲台上大脑一片空白、胡乱应对、不知所云的经历，其背后的根本原因是其注意力资源被现场的状况和自己的紧张情绪耗尽了，以至于没有足够"内存"处理要演讲的内容了。很多人害怕被采访，平时讲话口若悬河、滔滔不绝，可是一面对摄像头却磕磕巴巴。因为摄像头占据了他的注意力，引发了莫名的紧张，所以"内存"就不够用了。

有一次，我们外请了一位讲师授课。据说，他的课讲得不错，所以我临时决定旁听。听了一早上也没感觉到有什么特别的，下午我就没听了。一天课结束之后，我的一位下属反馈说："校长，某老师下午和上午判若两人。早上可能因为你在，所以老师放不开，下午你不在，他就讲疯了，课堂超级活跃，效果很好。"我说："怪不得我一早上多次注意到他的眼神在关注我。"事实上，我的旁听客观上牵扯了讲师的一部分注意力资源，这部分注意力资源原本是可以用来把课堂演绎得更精彩的。这个现象也很普遍。有时候我们讲话，台下坐着高级别的领导，用词、语气等就要注意了，而台下全是下属，就没那么多顾忌了。

讲法：从说教到赋能

做同样的工作，初学者显得手忙脚乱，专家却可以从容自若。这个现象也可以用工作记忆空间的分配来解释，专家因为见多识广，而且训练有素，所以很多事情都可以交给潜意识自动完成。比如素描，专家对客体的观察是有结构和方法的，专家的构图有专门的策略，专家的运笔是靠隐形记忆自动完成的……因此，专家从容地把"内存"用来处理那些特别的、新鲜的事情，甚至有足够的注意力资源来创造性地发挥。

而初学者就不一样了。任何一个子任务都要现想办法，都要占用"内存"，更要命的是，这些子任务常常要相互协同配合，导致初学者经常顾此失彼、捉襟见肘。认知心理学实验发现，在强大的压力下，专家的表现和初学者的表现差别并不大，换句话说，如果用枪管顶着专家的后背，那么让他作画也这可能大失水准。可以解释为，**如果外部压力非常大，无论是专家还是初学者都会把全部注意力用于应对外部压力上，而用于完成任务的"内存"就被挤占了。**

格拉德威尔在他的《大开眼界》一书中列举了1993年在英国网球温布尔登决赛中，捷克选手诺沃克那在接近赛点时被对手成功逆转的案例。世界级选手被临场的状况搞得情绪紧张，结果一再失利，最终丢了到手的世界冠军。在压力下，"显性技能"会接管"隐性技能"，以至于再完美的"隐性技能"也没有机会发挥，出现"惊慌失措"的现象。在竞技场上，哪怕是世界一流的运动员，其技能是超一流的，但如果把他们搞紧张，其技能也发挥不出来。

科赫在他的《意识探秘》一书中写道：令人感到奇怪的是，**在熟练之后，意识反而常常会干扰流畅的动作。**如果你在打网球时夸奖对手反手球打得好，在接下来的几个回合中，他会刻意关注回球反而可能有失水准。演奏曲子的时候，如果有一个音符出错的小瑕疵，演奏者最佳的策略是完全忽略它。如果在接下来的演奏中常常惦记着前面的小瑕疵，这种惦记就占用了原本用来更好演奏下面曲子的大脑"内存"，于是，"内存"的被挤占可能造成下一个音符的出错，从而让演奏进入一个恶性循环。

讲师在讲课的时候，课堂的死板氛围、一两个爱捣蛋的刺头、教室的灯光和通风等都可能挤占讲师和学员的工作记忆区,从而影响讲师的发挥和学员的吸收与转化。好的讲师会在课堂上营造轻松的氛围,鼓励学员畅所欲言,激发学员的参与热情,让学员在不设防的状态下学习。场域越轻松,学习效果越好。同样,听课也是一门学问,会听课的学员会给予讲师积极回应,消除讲师的紧张,用好的问题激发讲师潜意识的发挥,帮助讲师找到"讲疯了"的感觉。

所以,我经常说,**好课堂是师生完美合作的结果,那种相互促进的氛围一旦形成,师生都会有很大的收获。**我的很多顿悟都是在授课过程中形成的。我非常欢迎学员有质量地提问,**好的问题总能够帮助我把散落在各处的知识和经验有机整合,升华成新的知识。**

对工作记忆空间的深刻理解能帮助我们处理好很多事情。面对镜头,我也常常紧张。我导演过很多精品课程视频片段的拍摄,我常常鼓励演员别紧张,但我当演员也会非常紧张。有一回接受电视台采访,开始之前我就给自己立下一个规矩:镜头对我"内存"的挤占不得超过10%,如果感觉超过了,就自己暗示自己。在那次采访中,我就刻意采取了这个策略,结果非常流畅,因为我给自己设置了一个类似 Windows "任务管理器"的控制进程,成功控制了干扰因素对我"内存"的挤占。

> 有一个学员听了我讲工作记忆区的课程,就用到生活中去了。
>
> 她女儿中考前告诉她说:"妈妈,我觉得自己好紧张呀。"
>
> 她说:"这说明你很在乎这次考试,紧张是因为你特别想取得好成绩。可是你的紧张情绪会挤占你大脑的'内存',使你不能全力以赴地去考试。"
>
> 女儿说:"是这么回事。那我应该怎么办呀?"
>
> 她说:"面临大考,要做到完全不紧张是不可能的。当觉察到内心那个紧张的你出现的时候,你要跟她对话:'你的提醒我收到了,所以,我更要全力以赴应对考试,没时间搭理你了。'"

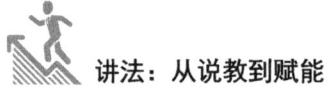

讲法：从说教到赋能

> 她女儿考完试说："妈妈教的方法很奏效。"

行走在稳定和变化中间

有些讲师以他们的课程高度标准化为荣。多年下来，他的内容和讲法几乎没有什么改变。讲义还是那几页讲义，讲法还是那样的讲法，几点几分讲到哪个知识点，他们都是规定得死死的。他们标榜的是一种标准化教学，上课的过程就是按固定程序推演的过程。

我认为，标准化是一个和工业化大生产紧密联系在一起的概念，其背后的假设是把人当成实现某一目标的工具，培养的目的也是要把人培养成能够完成某项任务的工具，当然，标准化课程的授课讲师也自然而然成为工具。不可否认，标准化确实大幅度提高了大规模生产的效率，但同时限制了人的自主性和创造性。毫无疑问，标准化的课堂是死板的课堂，标准化很难培养出有创造力的学员。

这就引出一个话题，授课内容和形式的变与不变。课程优化的目的是提升授课效果，即不断提升学员的吸收率和转化率。但变化幅度过大，讲师势必会把较多的精力用于内容本身；基本保持不变，讲师自己也会慢慢变成一个讲课机器，自身的提升会成为很大问题。

几年前，有一位参加"中国好讲师"大赛的选手，在地区赛场名列前茅，并顺利晋级到全国大赛。在全国大赛的赛前辅导班上，有位老师提醒她："你讲的主题是一个小众话题，内容有点偏，评委们都不一定懂，所以，在全国大赛中很难拿到名次。如果能换一个大家都熟悉一点的话题，可能效果会更好。"这位选手打电话征求我的意见。我就回复说："临阵换帅是大忌。你原来的内容虽然是小众话题，但是你已经讲很多遍了，课件也优化很多版了，再次讲的时候，你几乎不用操心内容本身，只要开个头，就可以行云流水地往下讲了。这样，你就会腾出大量精力用来提升你的表现力，优化你的语音、语调、肢体语言，更好地跟受众互动，更好地调动情绪。如果你临时决定换一个话题，就不得不牵扯很多的精力去应付新话题的内容本身，处理内容的衔接，内容和形式的匹配……在这么短的时间内，无论你换什么话题，你的表现不如以前是大概率事件。再说，你现在讲的内容虽然是小众内容，可它并没有专业到评委们都听不懂，内容有点偏却不难理解，没准评委们还多一分新鲜感呢。"

那位选手听了我的建议，坚持用了自己原来的主题，腾出精力在表现形式上下功夫，最后，成功晋级全国30强。

再深入点分析，把握课堂中变与不变的关键因素在于讲师本人的工作记忆区负荷。因为在工作记忆区超负荷的状态下工作不是一个很好的选择，所以讲师在授课过程中，最好能保持较大一部分工作是通过潜意识自动运行的，从而能够腾出部分精力用于跟学员进行更有情感的表达、有质量的互动、更充分的讨论……但不能走向另一个极端，就是整个课堂基本保持不变，像话剧表演一样有固化的剧本和台词，一场跟另一场基本一样。

上课的目的是促进学员改变，以学员为中心的课堂就必须兼顾到学员的吸收和转化过程，必须照顾到学员的思维和情感。上课和演出的最大区别是，上课要为学员的改变负责，一切不以学员改变为目的的培训都是耍流氓；而演出不需要观众做出改变，只要能把观众逗乐了即可。

基于讲师的**工作记忆区合理负荷考虑**，比较合理的课堂应该是保持大部分（如70%）内容和形式不变，小部分内容和形式持续创新。这样，既能保持比较稳定的课堂质量，又不失时机地推陈出新，让课程在上课的过程中不断迭代。课堂上，30%以上的时间用于跟学员互动，促进学员将所学内容跟自己的经验与知识相结合，邀请学员讲自己的学习收获和行动计划……

在这样的课堂上，讲师就有机会从学员的分享中汲取新鲜的素材，得到更多的启发。课后，讲师可以通过复盘，用学员分享的更好的案例替换原来的案例，用生动的形式替换原来的形式，完成一次课程的迭代优化。连续不变的内容和形式能让讲师更从容；有点变化的内容和形式又能让讲师有新鲜感，有临场发挥的空间。

一堂课下来，**学员要有收获，讲师也要有收获，课程也要有新的迭代。**我一向认为课程应该是有生命力的，在上课的过程中不断迭代成长，这也非常符合生物成长的客观规律。

觉察并调整状态

既然讲师的能量运用方式对课堂的效果有极大的关系，在课堂上，讲师对自己能量运用状态保持觉察并及时调整就是一件很重要的事情。这就好比电脑在运行的时候，你可以随时打开任务管理器查看 CPU 和内存的占用情况，必要时可以关掉某个进程，让电脑恢复正常运转一样。

讲师有必要时不时觉察自己的能量运用状态，如有偏离，要有意识地提醒自己调整状态，重新优化能量运用方式。我把讲师在课堂上的理想能量运用状态定义为讲师的状态位。讲师在上课中时不时要花一点精力，即工作记忆的"内存"来监控自己的状态，必要时及时做出自我调整。建构主义的讲师，在课堂上最基本的状态应该是下面这样的。

激情

激情是首要的。讲师上课时要是没有激情，学员会很容易觉察到。一旦讲师自己有了应付的心理，学员会马上进入应付状态。我曾经问过："全国每天有数亿人在课堂上，有多大比例处在讲师应付学员、学员应付讲师的状态？"这个比例绝对不低。

激情的背后是热爱，讲师既要热爱自己所传授的内容，要打心底里认为所传授的内容对学员有很大的价值；也要本着一颗真正帮助学员成功的心，无条件地爱自己的学员；还要喜欢传道授业解惑的教育事业，能从课堂上找到自己生命的价值和意义。我甚至认为，激情是唯一当讲师的先天因素。我招聘讲师的时候特别强调讲师对教育事业要有激情，其余要素可以慢慢学习和积累。

在课堂上，讲师要觉察自己讲授某部分内容的激情还在吗？如果选择应付性地介绍某部分内容，那么不如不讲，直接跳到让你有激情的部分，因为对于你的应付学员很容易会觉察到。讲师要持续用自己的激情去激发学员的学习热情，调动学员的积极参与。有激情是感染力的源泉。激情在，讲师语音、语调、肢体语言、表达张力自然就都有了。激情不在，哪怕专门的 TTT 讲师传授如何发声、如何运用肢体语言，也几乎没什么用。

有时，讲师会碰到沉闷的课堂氛围，试着调动了一下，但没有把气氛调动起来，自己就决定放弃了。讲师打了退堂鼓后，学员很快就能够洞察到讲师在应付他们，随即学员也开始应付讲师，课堂就逐渐进入恶性循环，最终演变成学员、讲师相互应付的状态。这个讲师就失去了自己的状态位。**学员的激情永远比讲师起来得晚，比讲师衰退得早，所以只要讲师对学员抱有信心，坚持用自己的激情点燃学员的热情，课堂氛围迟早还是能活跃起来的。**

从容

第二点是从容。电脑的 CPU 和内存不能占得太满，太满就会造成运行速度下降甚至死机。讲师站在讲台上要保持从容的状态，从容就是不紧张。紧张意味着大脑处于非常状态，就像城市处于戒严状态一样，很多常规动作都会受到限制。一旦意识接管了潜意识，潜意识就发挥不出来，大脑的一多半能量就不能正常发挥。

在课堂上，讲师用意识和潜意识同时授课，学员自然会用意识和潜意识同时学习。意识常常是收敛的，多考虑合规性；潜意识常常是发散的，常探索可能性。好的课堂体验一定是意识和潜意识的完美配合。**潜意识的能量比意识的能量大，但潜意识只有在充分放松的情况下才能很好地工作，学员体验到的超好的课堂，一定是讲师和学员的潜意识都得到了极大的激发。**

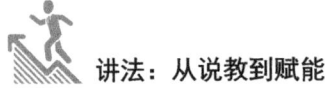

积极心理学家米哈里·契克森米哈赖所说的心流状态,可以理解为潜意识发挥的极致状态。在心流状态下,人们忘记了自己、忘记了时间,全情投入,实际上是一个意识不工作、潜意识尽情发挥的状态。在这种状态下,人们用于有意识控制的意识消耗能量最低,能量运用效率最高,体验最好。紧张状态和心流状态可以看作能量状态的两极,课堂上要达到心流状态很难,但至少应该朝这个方向去努力。

从认知神经科学的角度来看,学习的本质是建立和强化有价值的神经元连接,人们学习的知识和技能会体现在大脑内部不同的神经元连接上。那么,**教学的目的是促进和巩固有价值的神经元连接,要促进神经元连接就要尽可能让神经元处于活跃、舒展、放松的状态。**而紧张是一种收缩、防御的状态。在紧张状态下,很难产生有价值的神经元连接。课堂上,讲师的紧张会造成学员的紧张,而紧张是学习的大敌。学习这件事,越紧张,效果越差。还是那句话:讲师如果过分紧张,传递给学员的只有心慌。

当讲师处于从容状态时,工作记忆区预留了足够的空间,相当于大脑的 CPU 和内存不是满负荷运行的状态,才能把更多的注意力转移到学员身上,才能把建构的主动权交给学员,才能调动学员的潜意识工作,才能从容地留出大量注意力去应对突发状况、观察学员的吸收和转化状态、应对学员问题。当讲师进入从容状态的时候,讲师自己的潜意识得到很好的激活和利用,不仅能够从学员的发言中汲取很好的素材,也能够借助跟学员的互动把自己散落在各处的知识和经验加以整合,从而实现真正的教学相长。

抽离

第三点是抽离。抽离根本的要求是要让讲师成为一个旁观者,让学员成为学习的主体,承担学习的责任,给学员营造一个轻松的学习环境,激发学员的潜意识参与,让学员用自己的方式思考和建构。

在传统的教学方式中对讲师的假设是:既然讲师能站在课堂上讲课,讲

第4章 管好"内存",保持状态

师的水平就一定高于学员的水平。于是,讲师的压力就很大。学员提出一个问题,讲师会很紧张,生怕当堂出丑。如果学员对讲师所传授的知识有疑问,讲师就很容易变成某种观点的捍卫者,不断为自己辩护。有时学员问一个问题,根本没有挑战的意思,敏感的讲师却理解为挑战自己,陷入自我防御状态。讲师的意识一旦陷入防御状态,就会诱发学员也陷入防御状态。一旦师生关系进入互相挑战和防御的状态,双方的潜意识就没办法正常工作,学习则不会有丝毫进展。因为只有潜意识能够有效地提取、整合和创建新的神经元连接。

还有人把培训理解为洗脑,认为培训要操控学员的意识。老子讲:"为者败之,执者失之。是以圣人无为故无败,无执故无失。"讲师越想有为,学员越有被控制感;讲师越固执己见,学员越有被胁迫感;讲师做到无为、无执,学员才会有主人的感觉,才会有参与和掌控的乐趣。家长教育孩子也是这样的。家长总是希望孩子成为自己希望的那样,于是就不能抽离,很容易跟孩子着急,这样反倒教育不好孩子。

罗杰斯倡导非指导性教学,认为教学过程中应该较少有"直接性、命令性、指示性"等特征,更应该带有"较多的不明示性、间接性、非命令性"等特征。"非指导"是罗杰斯用来表示与传统的"指导"思想和方法相区别的新概念,不是"不指导",而是"不明确的指导",即要讲究指导的艺术。非指导性教学的目标是帮助学员达到更大程度的个人的统合、有效性和现实的自我鉴定。讲师的教学目标就是创造一种学习环境,以利于激发、考核和评价种种新出现的知觉的过程,帮助学员理解他们自己的需要和价值,以便能有效地指导他们自己的教育决策。

我认为讲师要抽离至少有两个显而易见的理由。其一,每个人的不同观点背后都有自己的经历经验和知识体系做支撑,"言有宗,事有君"。不了解其观点背后的冰山,仅仅反驳冰山上的部分是徒劳的。当代建构主义大师杰根说:"我说的每一句话都没有意义,除非你认为它有意义,反过来也一样。"

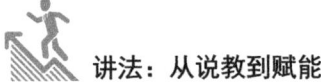
讲法：从说教到赋能

每个人最终都是用自己的理由说服自己的，争辩没有用。其二，讲师做得越多，学员投入得越少。建构主义的课堂是以学员为中心的。如果讲师替学员包办所有的事情，学员就不会探索和思考了。讲师抽离正是为了让学员投入更多的精力去探索和思考，因为每个人的点滴收获，都是他自己折腾的结果。

然而，讲师很难做到抽离。课堂上"自己"还是会不断地跳出来，所以要不断提醒自己。尤其是**把自己所要传授的知识和自己本人分开，没有必要为自己所传授的知识进行辩护，遇到不同意见就跟学员着急。**当学员提出挑战、争论很激烈时，当讲师觉察到自己有捍卫某种观点的倾向时，应该及时提醒自己抽离，回到"主持者"的状态位。

促动

最后，讲师应该时刻觉察自己的关键要素是促动。建构主义认为讲师的关键角色是帮助学员富有成效地思考。很多人喜欢在课堂上喋喋不休地讲，认为讲师就应该讲。可事实上，教学的最终目的是促进学员改变，**重要的不是你讲了什么或者做了什么，而是学员的脑海里发生了什么。**

促动的目标就是要让学员保持参与和思考的状态。我喜欢在课堂上向学员提出各种问题。如果学员的参与不是很积极的话，我通常会自言自语："你可以不回答我的问题，但你不能不思考。"然后保持静默一会儿，让学员思考。建构主义的课堂就是要用促动的方式转移知识的所有权，达到"功成事遂，百姓皆谓：我自然"的效果，让学员感觉到知识是自己搞明白的。课堂上，讲师要时不时觉察自己是不是处于和学员对话的状态，即便自己演讲时也应该跟学员保持眼神交流。讲师给学员的是一种信息输入，需要学员自己去消化和建构，最终变成他自己的。

第 5 章
营造场域，促进交流

任何一堂课都是师生合作的结果。上一章探讨讲师的能量运用和讲师的状态位,这一章我们把目光转向学员,讨论学员在学习过程中的注意力分配以及如何营造一个讲师与学员、学员与学员之间相互协商、相互促进学习吸收和转化的场域。

第 5 章 营造场域，促进交流

 有效经营学员的注意力

学习的有效性跟学员投入的时间没有特别的相关性。如果上课心不在焉，花再多的时间都没用，关键是要让学员在学习上投入足够的注意力，有注意力的时间投入才是有效的投入。这就要求讲师能够牢牢地抓住学员的注意力。

抓注意力才是硬道理

如果你跟一个人谈话，你能否洞察到对方投入多少注意力在与你谈话？你能否觉察到他偶尔分心了？他把你的话听进去百分之几？他与你谈话过程中的情绪状态又是什么样的？这些问题有助于你了解对方大脑的"内存"分配情况。

只要一个人处于清醒状态，他大脑的各个器官就同时在工作，前额叶、顶叶、枕叶、颞叶、杏仁核、海马体、丘脑、下丘脑、小脑、脑干等这些器官都在工作，而每个器官感兴趣的内容不同，处理加工信息的方式不同。请问，你能抓住其中的几个？大脑是非常勤奋的，各个器官一刻都不闲地工作。如果你给出的信息不能引起它们的兴趣，不能驱动它们有效工作，那么这些器官就会自己主动找事干，就会开小差。**开小差不是大脑懈怠的表现，恰恰是大脑很勤奋的表现。**

所以，要想把课讲好，就要深入到认知心理学和脑神经科学中去，要了解大脑的运作原理和各个器官的配合机理。教学策略就是要学会给不同器官不同方式的刺激，从而牢牢地抓住学员的注意力，促进其对信息的吸收和转化，进而促进其付诸行动。

有一回我在课堂上做了个调查，我问："在座的有多少人系统地学习过认知心理学？"现场上百人几乎全是当讲师的，遗憾的是，举手的不超过 5 人。我点评到，我不否认，在中国当讲师的同人个个都非常好学，因为大家都深知博览群书才能讲好课的道理，但遗憾的是，大多数人并不去读最应该读的书。

20 世纪末至 21 世纪初这二十余年，人类借助核磁共振技术、正电子扫描等科学手段，对自身大脑的研究取得了空前的进展。遗憾的是，我们的教育工作者很少把这些研究成果用于教学实践中。打比方说，不研究脑神经科学、认知心理学和教育心理学，光凭自己的伶牙俐齿和多读了几本书授课，相当于要织一双手套，却不知道手长什么样子。

有经验的讲师通常能抓住学员大部分的注意力，说评书、相声的老艺人也能借助自己的生动表达牢牢抓住观众的注意力。没经验的讲师常常会采用很单一的形式向学员传输信息，而学员的注意力很快就会失去焦点。如今的课堂，跟讲师争夺学员注意力的竞争对手极多，如微信、微博、游戏、搜索引擎……一不留神，学员就开小差了。

比较难掌握的是：**在课堂上，讲师既不能让学员的大脑处于一种工作记**

忆区超负荷的状态，也不能使其负荷太低，造成自由散漫或开小差。大脑既害怕超负荷，又不能闲得慌。

控制学员的认知负荷

20 世纪 80 年代，澳大利亚新南威尔士大学教育学院的心理学家斯维尔提出了认知负荷理论。认知负荷理论以工作记忆、意识与注意力以及建构主义等理论为基础，认为在认知的过程中人们要投入一定的心理努力，承载一定的负荷，占用一定的认知资源。

简单地讲，学员大脑的加工能力是有限的，认知过程受限于学员大脑的加工能力。认知负荷又可以划分为内在认知负荷、外在认知负荷和连接认知负荷。内在认知负荷与学习材料的性质相关，由学习材料本身的复杂度决定，材料越复杂，内在认知负荷越大。外在认知负荷是由信息呈现的方式和学员需要学习的活动引起的，即教学形式与教学活动带给学员的额外认知负荷。连接认知负荷是学员把所学内容与已有知识结构建立连接、整合，促进自动化应用所需要的认知资源投入。

给小学二年级的学生讲微积分，讲得再精彩他们也听不懂。这是因为"微积分"这一学习材料对小学二年级的学生来说内在认知负荷太大，学生不具备消化和吸收这一新知的旧知。所以，在教学设计中常常使用搭支架的方式，把教学过程分成若干个台阶，降低学员直接消化和吸收的难度。

搭支架的核心原则是降低学员的内在认知负荷，原本"并行"的学习材料输入与转化变为"串行"的。教学过程要采用磨豆腐的策略，磨一会儿就要加点豆子、加点水再磨，既不能让学员的阶段性认知负荷过重，过重则学员的困惑多，难接受；又不能让学员的阶段性认知负荷过轻，过轻则学员的注意力容易转移。

不少教学设计者很推崇游戏化的教学方式。游戏的趣味性和挑战性能够激发学员参与的热情，同时，教学设计者须知，游戏只是教学手段，对学员

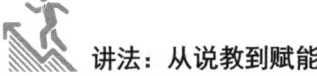
讲法：从说教到赋能

来讲了解游戏规则是一个外在认知负荷。我曾见过有人把一门课程沙盘化，要用小半天的时间介绍游戏规则，以至于在学习规则阶段，学员的焦点就转移了。这样的游戏不仅没有用趣味性和挑战性吸引学员，却因其复杂的规则造成的外在认知负荷而让学员不胜其烦。还有的游戏场面设计得很热闹，但游戏过后学员不能有效地把游戏和讲师借助游戏想教授的知识结合起来，给学员的感觉是为游戏而游戏，为活跃场域而游戏。这样的例子也屡见不鲜。有的讲师说他太喜欢某个游戏了，而且每次玩都能博得学员喝彩，所以，在他的课堂上总喜欢用这个游戏，"学员喝彩"激励了讲师滥用该游戏的行为。不合时宜地用某种教学手段，很容易出现"手段绑架目的"的问题。

课堂上，学员必须把讲师所授的知识和技能跟其已有的知识和经验进行连接，从而完成属于自己的知识建构。我说过，**如果一个学员不能把讲师所授的知识同自己已有的知识和经验连接起来，讲师所授的知识对他来讲充其量是茶余饭后的谈资。**这句话反过来讲，**也就是没有人会罔顾其已有的知识和经验而无条件地接受外来新知。**

著名教育心理学家梅耶提出 SOI 学习理念：S 是选择（Select），每个人都是选择性地感受客观世界。O 是组织（Organization），感受完之后，还要把自己所感受的知识跟已有的知识和经验建立联系，组织在一起。I 是整合（Integrate），最后把新知整合到自己的认知系统中去，才完成一个完整的学习过程。组织和整合的过程是学员完成对知识建构的关键环节，而这个连接过程也必然造成另一种认知负荷。

关注学员的"内存"分配

在课堂上，学员的短期记忆区也有几个常规的任务在运行。每个人都有在课堂上当学员的经历，仔细觉察自己听课时的"内存"分配状况，不难发现，在听课的过程中大脑也有几个焦点时不时地在轮换。

1. 解码讲师所传授的内容

学员要有一个意识焦点在讲师所传授的内容上，这个焦点试图在理解讲师所传授内容的意思，判定其价值和意义。讲师所传授的内容到学员脑海里首先要解码，学员对讲师讲的每个词和每句话都要结合自己的知识和经验翻译成自己能理解的方式。比如，讲师讲"狗拿耗子——多管闲事"，每个学员的脑海中都会出现一只狗的形象，但不同学员心目中的狗是不一样的，有白狗、有黑狗、有花狗，有大狗、有小狗——跟每个人过往的经验相关。完成对每个词的个性化翻译之后，学员的脑海里再进行语意的翻译。当领会到拿耗子本来是猫的事，而狗却反常地拿耗子时，学员彻底理解了这句歇后语的意思。

2. 联系自己的经验

听课的同时，学员还会有一个必然的动作，就是跟自己的潜意识进行连接，把讲师所传授的内容跟自己已有的知识和经验进行结合。我曾经说过，如果一个学员不能把讲师所传授的内容跟自己的经验相结合，那么，有理由相信学员在未来的实践中不会运用所学的内容。如果讲师所传授的内容和学员已有的经验产生共鸣，学员便会受到激励，以更大的热情投入学习；如果情况相反，学员感觉讲师所传授的内容和自己的经验相左，则会产生疑问，造成学员的认知不和谐。毫无疑问，这个疑问也必然占用学员注意力的一个焦点，学员的意识就会跳出来，甚至开小差。

3. 关注讲师的表达方式

除关注讲师所传授的内容外，学员还应关注讲师的表达方式。用什么语气？说话时是什么神态？强调什么？喜欢什么？厌恶什么？用什么肢体语言表达？感受讲师讲课的细节和形式，觉察讲师讲话过程中的能量强度。美国传播学家艾伯·梅拉比安曾对沟通中的信息表达方式提出一个公式：

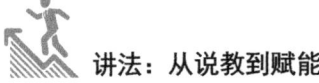

> 沟通时信息的全部表达=7%的内容+38%的语音语调+55%的肢体语言

可见，语音语调和肢体语言在沟通中的重要性。详细的描述和肢体语言有助于帮助学员产生生动的视觉画面，语音语调可以直接连接学员的情绪和价值观，讲师丰富的语音语调和肢体语言都能很好地驱动学员的潜意识工作。所以好的表达不仅是语言的表达，更重要的是情境的表达、情绪的表达。

4. 可能的情境想象

讲师的描述也可能引发学员的联系和想象。学员会用他的部分注意力进行视觉想象：展现出某种印证知识或应用知识的场景。图形是潜意识的主要存储方式，收录在潜意识里将是学员日后在工作和生活中成功应用所学知识的基础。

5. 自己的状态反应

有感触必然有反应，无论学员对讲师所传授的内容有共鸣还是有质疑，都会激发学员的反应。学员可能做记录、自己思考、举手提问等，有时还会引发学员之间的窃窃私语，这些学员自发的动作会占用学员的注意力。

6. 全班的氛围

课堂是一个临时组织起来的小社会，每个学员的表现都会受到课堂整体氛围的影响。学员还会时不时把注意力焦点转移到审视和感受全班的学习氛围上，而积极正向的氛围会激励学员更加积极地参与。

7. 突发事件

突发事件也会吸引学员的注意力。最典型的是学员的突然提问，有一个学员举手提问，会吸引全班学员的目光；讲师和个别学员的对话，会受到全班学员的关注。镜像神经会自动把发生在其他学员身上的对话跟自己的进行对照，有的学员会尝试回答该学员提出的问题，有的学员则可能和该学员有同样的疑问。当然，学员有质量的提问也会驱动讲师的潜意识工作，高质量的师生互动会激发出很多火花。所以，我经常说，好课堂是师生合作的结果，讲师再有料，也要靠学员有质量的问题来激发。

 让课堂成为能量交换的市场

课堂是学员完成建构的场所，课程是学员建构的主题。课堂上，每个学员都可能从其他学员那里获得新的信息，受到启发。某个学员有意无意地说些话，也可能成为另一个学员建构自己思想的素材。课堂就是建构主义所认为的意义协商环境。

社会背景的神奇作用

课堂也是一种临时组建起来的、为了特定目的的社会活动。社会心理学中的一些基本规律在课堂这样的社会活动中也起作用。

> 《世说新语·容止》记载：魏武帝曹操欲接见匈奴使节，他自觉自己形象不够威严，不足以慑服远方，便命令崔季扮成自己去接待匈奴使节。曹操自己则拿着刀站在座位的旁边假扮侍卫。
>
> 接见完毕后，曹操让间谍问匈奴来的使节："您觉得魏王这人怎么样？"匈奴使节回答说："魏王风采高雅，确实非同一般。但座位旁边那个拿刀的侍卫，更显得英气逼人，像个大英雄。"曹操听说此事，连忙派人追赶，杀掉了那个使节。

每个人身上都有气场。气场可以理解为自我形象透过潜意识的表达。在接待匈奴使节的过程中，曹操也许其貌不扬，但即便扮演侍卫，其高大的自我形象依然会透过眉目举止展现出来；崔季也许身材魁梧，但即便扮演曹操，其潜意识表达出的自我形象也只是个"风采高雅"而已。更微妙的是，曹操假扮侍卫，崔季假扮曹操，却不能改变曹操和崔季两个人的心理格局。可以想象，崔季想着身后那个带刀护卫的真实身份，会有多么不自在。有句话说："你的潜意识会出卖你。"匈奴使节正是透过微妙的气场来做出判断的。

人们在特定的社会环境下会表现出与平常不一样的行为。比如，小伙子第一次去丈母娘家的表现，员工去见面试官的表现就和寻常不太一样。那么，是什么力量让他们的表现扭曲呢？4D领导力的创始人查理·佩勒林认为存在一种微妙的社会环境的力量。这种力量属于四种基本力（万有引力、弱力、电磁力和强核力）之外，查理将其定义为社会背景。一群人在一起的时候，每个个体的自我形象都会透过其意识和潜意识来表达，即个体的气场。个体的气场相互作用就形成了社会背景，**社会背景的形成人人都有份，反过来，社会背景会影响每个人的心理和行为。**

凡是社会性活动的场所都会有神奇的社会背景在起作用。毫无疑问，课堂上也存在着这种社会背景的力量，这种力量在课堂上可以称为场域。场域是讲师和全体学员合力形成的，反过来，场域一旦形成，任何参与者的心理和行为都会受其影响。

人们进入一个社会环境里，很容易嗅出这个场域的特殊味道。我去过纽约的大教堂，当时正好赶上复活节。教堂的建筑非常高，仰望是蓝天、月亮和繁星的穹顶，四壁矗立着神像，到处点着蜡烛，里面的所有人都虔诚而肃穆。虽然我不是基督徒，但置身在那个环境里，立刻会感觉到人类的渺小，崇敬肃穆之情油然而生。受那个场域的影响，所有人都会默默地遵守那里的秩序，没人敢在教堂里造次，**环境对人的影响比我们想象得要大。**

中国古人把礼和乐相提并论，礼乐实际上就是给人制造一种仪式感。在这种仪式感的氛围下，所有人都会受到巨大的影响。古代农村同姓都有祠堂，很多重要的事情要在祠堂里面对着祖先的牌位进行。古代的文人举子考试要去拜文庙，皇帝要祭天……做这些事情的目的都是为了营造一个场域，用氛围来感化参与其中的个体。个体在这种氛围中会感受到无形的社会背景。有些培训一开始，先集体诵读一段《大学》："物有本末，事有终始，知所先后，则近道已……自天子以至庶人，壹是皆以修身为本。"其目的在于，一开始就营造一种崇尚学习的氛围。

在课堂"市场"上交换三维信息

我常说，在建构主义的课堂上，讲师就是主持人。主持人的重要作用就是营造并维系一个场。每个人都有逛商场、自由市场、集贸市场的经历，在那里，有人花钱买东西，有人把东西换成钱，进行着钱物交换，最后各得其所，满意而去。

课堂类似一个思想和情感交换的市场，这个市场也必须有其自然的秩序。在这个环境里，每个参与者都可以自由地去交换信息，发送和接收能量。课堂场域最重要的目标是确保信息交换的效率和质量。在任何社交场域里，参与者之间都会传递三个维度的信息。

第一个维度是思想。参与者想表达什么，语言表面的意思是什么，背后的意图又是什么，这些属于认知层面的信息交换，比较容易理解。

第二个维度是情绪。情绪既有方向（负面情绪和正面情绪）之分，也有强度之分。情绪的方向和强度都可以在这个场域里表达和接收。情绪信号又通过两种基本途径来表达，一种是声音，语音语调的轻重缓急中带着情绪。比如，我说这段内容"很重要"，我说话时把"很"字的音拉长，读重音强调，听众就能感受到我想表达的情绪。另一种是表情，当面对面交流时，表情能表达很丰富的情绪信号。

第三个维度更综合，也更微妙，我称之为风范。风范是很中国化的表达，只有中国古人才能用阴阳相生相克的智慧发明这个词。风是空气的流动形成的，范是指样式，一个人的行为造成空气流动的样式，称为风范。用"风范"

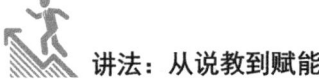

这个词来形容一个人带给其他人的感受再合适不过了。这个东西非常微妙，有时候两个人并没有多少接触，彼此都会感觉到志趣不投，当然也有一见如故、相见恨晚的情形。那些大师级的对话，甚至不用浅层次的语言表达，而直接深入到更高级的智慧层面。两个高手沉默对望，谁都不说话，各自带着自己的情感和风范，做眼神的交流。他们"目欲之，神往之，心语之"，一阵对视之后，心灵的默契就达成了。风范层面的对话更高深，更让人难忘。有一种说法，**人们甚至可以忘掉你跟他打交道的具体情境，但很难忘记你曾经给他的感受。**我深以为然。

好氛围比好内容还重要

在有些课堂上，营造好的氛围甚至比传授好的内容还重要。

2012年我应《商业评论》杂志的邀请，讲过几次幸福课。可以想象一下，如果靠传统灌输的方式喋喋不休地给学员传授幸福的概念会是什么效果。幸福本来是一个很主观的概念，每个人幸福与否，自己的感觉说了算。人人羡慕的成功人士也有自己独特的烦恼，人人小瞧的乞丐也会有"要三年饭，给个县令也不干"的幸福感。幸福实在如人饮水，冷暖自知。

在我的幸福课上，营造氛围就远比传授知识理论更重要。开始上课时，我就安排了一个叫作"幸福故事会"的研讨环节，让学员们轮流分享一个自己感觉很幸福的时刻。首先在小组内分享，然后每小组选出一个最好的故事上讲台分享。过程中放着舒缓的背景音乐，学员们逐渐打开心扉分享他们的幸福时刻：有人讲自己每天给父母打电话时很幸福；有人说早高峰连续多趟挤不上地铁，正在门口努力之际，门里伸出一只友好的手拉了他一把，让他一天都感觉很幸福；有人讲看到儿子的进步而感到幸福……很快，一种幸福祥

第5章 营造场域，促进交流

和的正能量就弥漫了全场，不少分享幸福时刻的学员流下了幸福的眼泪，场内自然出现了相互拥抱和喊口号相互鼓励的情境。最初动情的多是女士，到后来甚至40多岁的成功男士（看起来像大老板的）也禁不住哭了。

一位男士说："我感受到最幸福的时刻是有一天下大雨，我开车在路上，突然接到我儿子的一个电话，他说：'老爸，外面雨很大，你开车慢点！'我听完这句话，内心的幸福感喷薄而出，眼泪就唰唰地流下来。我把车停到路边哭了半小时，等雨小了才慢慢把车开回家……"等他情绪平静下来，他分享了一个看似平常的电话却引发他如此强烈情绪的原因。

原来，在孩子小学三年级的时候，他跟自己的前妻离婚了。孩子被判跟他，后来他再婚了。此后，这孩子就成了问题孩子：在学校不好好学习，打架斗殴；回到家里一脸冷漠，对谁都爱答不理，动辄就发很大的脾气离家出走。放暑假了，孩子也不愿意在家待着。他和孩子商量，给孩子报了一个国学修养夏令营。没想到，孩子学了三个星期，居然懂得感恩了，主动打电话关心老爸。这让他太意外了，能不激动吗？能不幸福吗？分享完好久，这位爸爸的情绪还不能平复。

就这样，等所有学员分享完，大家都沉浸在一种幸福状态的时候，我带领大家回归理性。分析这些让人幸福的时刻背后有什么共同的特征，引导全班学员共同归纳出幸福的公式：幸福=快乐+有意义。这正是本·沙哈尔教授多年研究的结论。然后再让所有学员回过头来用幸福公式检验自己分享的幸福时刻是否满足幸福的两大关键要素。

越是态度类的教学，营造良好的氛围越重要。师生只要努力营造一个好的氛围，这个氛围所形成的社会背景就会起作用。在这样一个氛围里，学员

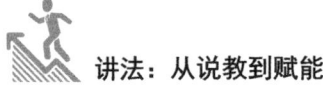
讲法：从说教到赋能

们相互影响，共同强化了对同一概念的认知。氛围促进了对同一认知的共同强化。

让能量在市场里充分流动

活跃的市场交易频繁，活跃的课堂也一样。氛围好的课堂如顺水行舟，每个参与者的神经元都非常活跃，信息交换的欲望都很强，信息的有效利用率很高。在这种场域里，师生的能量都能充分流动起来，师生们都很轻松、很舒服。理想的场域就是要让每个参与者的思维活跃起来，能量流动起来。

宏观地讲，学习是为了学员能够形成积极有价值的改变；而微观地从脑神经结构看，人们的每个改变背后都会有新的神经元连接。从这个角度看，学习还可以理解为促成并巩固个体有价值的神经元连接。那么，要促成有价值的神经元连接，首先要让参与者的大脑处于轻松状态，神经元处于兴奋扩张状态。

比尔·盖茨说过，**力量并不来自掌握的知识，而是来自分享的知识。**知识分享才能创造价值，一个人即便学富五车，但不与人分享，也不会创造价值。在理想的课堂上，每个人都异常活跃，又乐于分享，所以随便抛出一个问题都能激发参与者的联想和想象，而每个人的分享又都能激发其他人更多的延伸和更深入的思考。

美国贝恩公司客户忠诚度业务创始人弗雷德·赖克哈尔德在他的专著《终极问题》中提出一个重要的概念，叫净推荐值（Net Promoter Score，NPS）。净推荐客户是指那些忠诚又热心的客户自己购买了产品和服务后，还推荐给他们的朋友也购买的客户。当然，购买了产品和服务后贬低的人也可能有。净推荐值，是指推荐型客户的比例减去贬低型客户的比例。

把培训当作一个产品的话，培训的净推荐值才是一个讲师或者培训机构最应该关注的指标。我一直在思考一个问题：如何提高培训的净推荐值？那就要看学员有没有收获。如果学员没有收获或收获不大，下课后可能就变成

第5章 营造场域，促进交流

贬低型客户；如果学员收获较大，也可能自己满意度较高，但未必愿意推荐给他的朋友；只有那些感觉收获非常大的学员，才愿意主动推荐给自己的好朋友。

那么，什么样的学员才会有非常大的收获呢？我思索了很久，认为最重要的指标就是学员在学习过程中产生有价值的神经元连接的数量与质量，通俗点讲，就是学员产生醍醐灌顶、豁然开朗的感觉的次数和强度。**要给学员豁然开朗的感觉，除了讲师自身的知识渊博和见识独到，我认为还要靠营造能量充分流动的场域。**

有人问我："最理想的场域究竟应该是什么样的？"我觉得简单点说，就是要看多少人能在课堂上进入心流状态，即在课堂上忘记了自我，忘记了时间，意识处于一种不设防的流动状态。所有人都特别享受那种状态，所有人都进入一种特殊的催眠状态。在这种状态下，潜意识得到最大限度的激活和淋漓尽致的发挥。而这种状态是相互感染的，**一个人进入心流状态后能带动另一个人进入心流状态，讲师率先进入心流状态后会带动学员进入心流状态。**

我有多次进入过这种状态，无论学员提出什么问题，我只要开个头，相关的知识和经验就会脱口而出，有时连自己都惊讶于这堂课怎么产生了这么多有价值的顿悟。当课堂的能量充分流动起来后，你会发现大家畅所欲言，又能尊重差异。当然，学员也有观点的碰撞，但不同意见的学员都会照顾对方的感受，自觉来维护这种良好的氛围。这种理想的氛围是可遇不可求的，但我认为讲师一定要知道这种理想状态，并逐渐把学员引导到这种状态。

每个学员的意念力对场域的营造都起着微妙的作用，学员的意念力在学习中起着重要的作用。朱清时教授在解释量子力学时说："量子力学把人的意念力、意识作为一个变量，这是研究量子力学的基础。"量子力学里有一个最著名的现象叫测不准现象，即光子有波粒二象性。当你没注意它的时候，它表现为粒子；当你注意它的时候，它表现为看不见的波。当一个人注意一个物体的时候，他自己的意念力同时作用上去，意念力的作用造成了量子坍塌。

虽然现在还无从知晓学员的意念力在自己的学习中具体起什么作用，但我相信，每个人的意念力都会在课堂上透过潜意识充分表达，每个人的意念力都会对场域有微妙的影响。我更愿意相信，高质量的场域一定是众望所盼、众念所注才能形成的。

营造高质量的课堂场域

讲师站在讲台上与全班学员面对面，除传授内容外，还有两个很重要的任务：其一，要想办法吸引绝大多数学员的注意力；其二，要让绝大多数学员感受到你对他们的关心和关注。

讲师的场意识与调频

我常常在千人演讲的开始，用很大的声音向学员问好。很大的一声"大家好"，意在吸引所有学员的注意力，告诉他们我要开讲了。讲师需要场意识，站在讲台上一定要兼顾所有学员，让每个学员能感受到你在关注他，你在跟他对话，你在对他的参与表示感激。每演讲 15~20 分钟，要么提个问题，要么写写板书，要么讲个笑话，要么让大家鼓鼓掌，要么干脆把课停下来，鼓动学员一起做做拉伸运动。总之，要采取一些措施让大家的注意力再重新聚焦一下，这个过程我称为调频。调频也是维持课堂气场很必要的动作。

有的讲师在课堂上讲完一段内容后便说："学员们同意吗？同意的请鼓掌。"在很长一段时间内，我都觉得这种讨要掌声的做法跟表演二人转的演员一样俗，后来我发现了其中的道理，这个鼓掌就起到了注意力聚焦的作用。还有的课堂上，讲师大声喊："大家下午好！"学员说："好！很好！！非常好！！！"这种做法看上去俗不可耐，但实际上其调频的作用却妙不可言。

什么时候该"调频"呢？当讲师在讲台上讲课，发现学员的注意力逐渐

第 5 章　营造场域，促进交流

失焦时。全班的注意力聚焦水平是每个学员注意力聚焦水平的总和。当觉察到有学员在课堂上开小差的时候，讲师的工作记忆区就会受到一定影响。比如，讲师突然看见有学员在课堂上打盹儿或者趴桌子上睡觉，如果不及时干预的话，这个状况就会牵扯讲师的一部分注意力，从而挤占讲师原本用于精彩讲授的注意力。所以，当讲师发现有人打盹儿、有人看手机等失焦状况出现的时候，就应该不失时机地互动一下，重新聚焦学员的注意力。讲师永远要保证全班 75%以上学员的注意力聚焦在课堂上。如果低于这个比例，就要有聚焦动作了。

那些不聚焦在课堂内容上的注意力常常会对课堂正常场域造成干扰。有学员玩手机，其他学员会看到；有学员打瞌睡，他旁边的学员能觉察到。部分学员的失焦行为会影响到其周围学员的注意力，从而形成学习干扰。一旦这种干扰达到一定程度，讲师就必须干涉。

我有一句很重要的忠告给讲师：**永远要在大家注意力很聚焦的时候讲你认为重要的事情。**我常常在课堂上用这一招，说："下面这一句话值得你记下来。"于是看着学员齐刷刷地翻本子拿笔，我就一字一顿地讲："任何积极而持久的变化总是自内而外的……"然后说："可能有人没来得及记，我再重复一遍……"在课堂上，真的不在于讲师多么伶牙俐齿，讲了多少话，而更重要的是，学员真正听进去了多少话。**关键的结论，一定要一字一顿地送进学员脑海中。**

没经验的讲师常常会被个别学员牵着鼻子走。比如，某学员问了讲师一个问题，讲师做了解释，学员又追问："您这么讲……"很明显，他的问题并不是全班学员都关心的问题。如果讲师很投入地回答该学员的问题，课堂将演变成个人谈话，其他学员的注意力就会逐渐失焦。讲师永远要记住：抓住大多数人的注意力。有经验的讲师会及时洞察到其他学员的反应，当他发现这个问题只是个别人关心的问题时，就会简明扼要地结束，然后告诉提问的学员课后再做交流。当然，讲师也可以征求大家的意见："这个问题大家都感

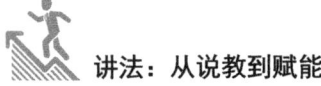
讲法：从说教到赋能

兴趣吗？"注意，征求意见的过程本身也可以起到聚焦的作用。如果大家都感兴趣，讲师可以继续讲下去。写板书也是聚焦的好办法。因为多数人的感官中最灵敏的是眼睛，所以讲师一写板书，学员的目光就齐刷刷地过来了。

场域要维持在合理的区间

我多次强调场域应该维持在一个合理的区间。太安静了不行，太安静就像中国传统的课堂，学员老老实实正襟危坐，一动不动；太活跃了也不行，太活跃就会失去焦点，像自由市场。

老子在《道德经》里有两句话堪称维持场域的法宝。他说："孰能浊以静之徐清？孰能安以动之徐生？"意思是说，安静久了就要动一动使其有生气；太活跃了就会出现混浊，混浊了又要使其静下来回归清净。课堂上，所谓"浊"的状态就是学员各干各的。当讲师在课堂上发现有人开始玩手机，有人开始交头接耳，有人开始打瞌睡时，就应该意识到要抓75%以上学员的注意力了，需要重新聚焦。用一个聚焦动作，让玩手机的把手机放下，打盹儿的清醒过来，这叫"浊以静之徐清"。场域静下来之后，又可能太安静了，缺乏活力。讲师又要采取策略来搅动搅动，比如，提个问题让大家讨论，鼓励大家发言，这叫"安以动之徐生"。

老子还说："保此道者不欲盈，夫唯不盈，故能蔽不新成。"劝诫我们，始终不要太饱满，不要走在两极，而要保持在中间，不使其滑出正常轨道。李克强总理的"保持经济运行在合理的区间"的提法，大概也是受这句话的启发。

讲师不仅要保持场域处在"收而不死、放而不乱"的合理区间，还要努力保证课堂在一种轻松积极的情绪状态下进行（前文已论述过情绪在学习中的重要作用）。这就要求**讲师在与学员互动中要充分照顾到学员的情绪与感受，注意自己回应学员的方式方法，还要注意在学员之间保持平衡，不偏不倚地照顾好所有学员的情绪。**

比如，在课堂上学员A和学员B就某个问题展开了激烈的争论。课堂上，有益的争论非常有价值，理不辩不明嘛。假如经过长时间讨论，最后全班一致认为A的结论是对的，这时候B就会有点尴尬，感觉没面子。作为讲师，首先要感谢B的参与，敢于扮演反派角色，让全班学员在争论中理解得更深、学到得更多。一台好戏总需要有正反两派，没有黄世仁的恶，就没法衬托杨白劳的善。其次，才是感谢A的贡献。只有充分照顾B的情绪和感受，才能激发后面更有价值的争辩，忽视B的感受，很多学员就会顾忌面子而不勇于争辩了。

 好场域提升课堂效果

说到底，场域是为课堂效果服务的。好场域是为了好效果，是手段，不是目的。我见过不少上课过程搞得很热闹，但下课后学员没有太大收获的课堂。这便是舍本逐末。好不容易营造出一个好场域，却有不少讲师不会利用这个好场域来提升学员的建构效果。那么，如何利用好场域呢？这里简单谈一下这个问题。

让学员带着积极情绪参与知识的建构

情绪是人类进化过程中对外界刺激的一种应激反应。这种应激反应是建立在过往经验基础上的。情绪背后都有某种诉求，是一种快速的应激反应，比本能的动作要慢一点，但是比大脑的反应要快很多，介于本能和大脑中间的这种反应模式就是情绪。

情绪背后主要是人的几大核心诉求满足与否的不同表现。人人都有一些基本的诉求，如有意义、有价值、被尊重、被赞赏、被肯定、被接纳、能自主操控等。课堂上，如果学员感受到这些诉求被满足，就会表现出积极情绪，

讲法：从说教到赋能

反之，如果学员感受不到这些诉求被满足，甚至被剥夺，就会表现出消极情绪。

有的讲师认为，在课堂上传授给学员一些有价值的知识才是最重要的，很容易不讲究形式、不照顾情绪地直接批判学员，陷入跟学员的争辩状态，然后讲一番自认为正确的道理。这就很容易引发学员的负面情绪。当学员的负面情绪被引发后，不管后面的内容讲师讲得有没有道理，他都不再继续听了。我说过，**给情绪高度唤醒中的人讲道理就是制造杂音。**

如今，在大多数的高校课堂上，学生选修某门课程的唯一理由是为了学分，老师调动学生学习的唯一法宝是考试。不可避免地，学生在选修某门课之前要问：学习这门课对将来的就业有没有帮助？学习这门课在将来的工作中能不能有用？当他们得不到满意的答案的时候，糊弄几个学分便是学习的唯一目的。这样的课堂，学生从头到尾带着一种糊弄的、抗拒的逆反心理，学习效果就好不了。

在我的课堂上，很多学员上课前就找我签名、合影，称他们慕名而来。在这种情况下，学员的积极投入就有保障，课程还没开始课堂效果就有了。有的学员非常讨厌某门课程的讲师，不欣赏其骄傲的样子，取笑其口头禅，甚至讨厌其长相。在这种情况下，讲师讲得再好，对这个学员来讲也没用。

任何人，只要参与一项活动，他的情绪也自然而然地参与其中。在课堂上，无论讲师理会不理会学员的情绪，学员都会带着他的情绪来上课，因为情绪是每个活生生的个体不可分割的一部分。如果讲师忽视了学员的情绪，甚至激发了学员的逆反情绪，学员的情绪就会成为学习的阻力；如果讲师善于营造积极的氛围，照顾学员的情绪，学员的情绪就会成为学习的动力。**情绪能量是重要的心理能量，情绪投入是学习的重要投入。**积极情绪是一种正能量，能够化解认知负荷；消极情绪是一种负能量，能够加重认知负荷。

促使顿悟发生

前文讲过，好课堂能促进学员更多、质量更高的有价值的神经元连接，外在表现上就是学员有醍醐灌顶、茅塞顿开、豁然开朗、顿悟的感觉，脑洞大开的感觉频度越多、强度越大，学员成功推荐客户的概率就越大。培训是一种最应该讲口碑的服务产品，真正好的课程不需要营销，靠的是学员们的口口相传。一堂课结束后，有顿悟感的人越多，说明学员的收获越大，未来潜在的推荐客户越多。因此，课堂上应该有促成顿悟这样的安排。

我在课堂上常常安排一个叫作"啊哈时刻（Aha moment）"的环节。在一个很轻松的氛围里，邀请每个学员谈一谈自己的收获、反思和行动计划。每个学员都会结合自己的经验谈几点最重要的收获和反思。有时还可以搞两轮，第二轮主要谈第一轮受他人的启发所获得的新的体悟。学员围成一圈，围绕一个主题放松地聊天，会很容易擦出火花。

让学员有豁然开朗的感觉是一个很高的追求，这就需要下功夫促进学员之间的深度连接。**讲师的作用就是尽可能激活学员的大脑，学员的大脑越活跃，神经元细胞越兴奋，产生有价值连接的准备度越好。**毕竟个体的脑力是有限的，所有大脑都需要被激活，再有准备度的大脑也需要一些多元化的材料来激发，才能最终促成有价值的神经元连接。

格式塔心理学认为，顿悟其实是一种知觉重组的现象。当猴子意识到把箱子摞起来就能够着挂在高处的香蕉时，顿悟就发生了。这一招最关键之处在于，猴子意识到装东西的箱子同时可以用来当作爬高的阶梯，知觉就重组了。不同的经历、不同角度的理解、不同视角的观察都是促成知觉重组的重要因素。只有在这样的学习过程中，雅斯贝尔斯所描述的"一棵树摇动另一棵树，一朵云推动另一朵云，一个灵魂唤醒另一个灵魂"才可能发生。

第 6 章
三脑驱动，五星导航

在学习新知的路上，讲师是导游，学员是游客，导游必须清楚每个景点以及何时、如何奔向下一个景点。讲师的脑海里必须有一个教学框架来引领教学过程。讲师应该清楚每个环节在整个教学框架中的位置、该环节的具体任务和要实现的教学效果。因为只有讲师知道要带领全班学员经历什么样的步骤，完成什么样的体验。

第6章 三脑驱动，五星导航

在教学框架里，我很推崇五星教学，一部分原因是五星教学本身就是戴维·梅里尔教授综合了多种不同教学策略的优点而总结出来的，另一部分原因是我在教学实践中不断揣摩，对五星教学有了更深刻的理解和发展性的应用。在《上接战略，下接绩效》和《精品课程是怎样炼成的》这两本书中，我对五星教学都有不小篇幅的论述。

在教学中，我也是用五星教学法讲授五星教学的。第一步，让学员回忆自己讲授的或最近听过的一堂课，思考教学过程中的基本步骤，以及为什么要分为这几个步骤。或者，干脆设计一个场景，设想让你用45分钟向初中生教授勾股定理，你将采取什么样的策略和教学步骤。这将把学员置身于问题中，即聚焦问题。

提出问题之后引发大家的讨论。教化学的老师说，他通常先演示一个实验，然后问学生为什么两种物质在这个条件下会有这样的反应，继而推导出化学方程式；物理老师在教授浮力的时候会先抛出"阿基米德要分辨皇冠是否真金做的"这一难题，引发学生讨论……这个过程即激活旧知。

讲法：从说教到赋能

在多个学员分享他们的教学过程之后，我会提一个问题："大家分享的这些教学过程有什么共性？能不能从中梳理出一个普遍性的教学过程？"学员就开始寻找共性。对多个学员分享的教学过程进行对比分析、相互补充后，就不难引导出教学过程的共性框架。这个引导过程非常平稳自然，以至于学员一点都感觉不到五星教学的伟大之处，反倒像全班学员临时在课上做总结。这个过程即论证新知。

接下来跟学员探讨如何把传统的以灌输为主的课程模式，轻松地改为五星教学的模式。时间允许的话，做个现场练习，这个过程即应用新知。当然，课堂上还会做融会贯通的努力，比如讨论如何在实践中变通、如何拓展应用等。

五星教学是一个很自然的教学模式，也是一个很容易掌握又能发挥巨大价值的教学模式。作为专业讲师，需要对五星教学进行更深入、更细致的理解。接下来，我结合自己多年的实践和反思，从学员注意力运用和能量投入角度分析五星教学更细腻的内在原理和教学中的实操要领。

聚焦问题：教学的本质是解决问题

在大多数情况下，讲师讲的内容应该是解决某类问题的答案。所以，讲师要问一下自己："我讲的内容到底能解决什么问题呢？"搞清楚所讲内容能解决什么问题，授课时就可以先提出问题，用问题吸引学员的注意力，带领学员探索和解决问题。问题解决了，知识自然就传授了。我常说一句话："**作为讲师，你没有资格在不问问题的情况下，塞给学员一堆知识。**"上课时纯粹给学员讲知识，就像给人讲故事只讲结果不讲情节一样，是一种不负责任的精神摧残。

第6章 三脑驱动，五星导航

为什么有的课程还没开始就注定要失败

假如你是高中生，即便最牛的老师给你讲四则运算，你也不愿意听。因为四则运算小学时就学会了。尽管老师授课时会聚焦问题，但是你不会感兴趣。那么，换一个内容，给你讲天体物理学。你也不会感兴趣，因为那些知识对于你非常晦涩，你没有任何知识基础。聚焦问题要聚焦在什么区域？既不能聚焦在学员已经掌握的知识范围内，也不能与学员现有的知识水平相差太远；要聚焦在学员最可能发展的知识区域内。这就是苏联教育学家维果茨基讲的最近发展区域（Zone of Proximal Development，ZPD）。最近发展区域是紧挨着学员已知区域外沿的一个带状区域。

有的课程还没有开始就注定要失败。常有人跟我讲："田老师，情况有点变化。本来这门课是为骨干员工安排的，但因为授课讲师是您，我们好几个高管也想听您的课，一些培训管理员和子公司的人力资源总监也都想来听。学员人数增加了一倍，我们好为难。反正，您一只羊也是放，一群羊也是赶，要不让他们都来吧。"这种安排注定了无论讲师怎么讲都会有人不满意，因为学员们的最近发展区域差异太大。董事长满意的时候，骨干员工就觉得太深奥了；骨干员工满意的时候，董事长则可能觉得太浅显了。

聚焦问题需要注意：首先，所聚焦的问题必须是学员关心的，是跟他的工作和生活息息相关的，他能找到有意义和价值的问题。马扎诺认为学习的第一道障碍就是学员看不到所学内容对自己的价值。其次，学员对所聚焦的问题有一定了解，有第一手的经验或具备相关基础知识，学员相信在讲师的带领下能够解决此问题。

聚焦问题看起来简单，要做到位其实很难。这个环节中最常见的错误是为提问而提问。很多初级讲师只意识到提问题可以使课堂变得互动、活跃，而学员常常对所提的问题不屑于回答。比如，有讲师问学员："'西红柿炒鸡蛋'这道菜有哪些原材料？"表面上看这也是聚焦问题，但没有学员愿意回答。为什么呢？纯粹为了互动而提出一个尽人皆知的问题，起不到激发学员

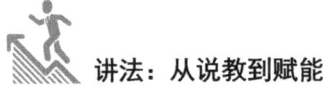
讲法：从说教到赋能

思考、吸引学员注意力的作用。学员不回答吧，是不配合讲师，显得情商太低；可是若回答这 3 岁小孩都知道的问题，明显被"侮辱了智商"。

开场最重要的事情是吸引学员注意力

没有脱离场景的问题和知识。所谓的知识，无非是前人的经验总结或解决问题方法的归纳升华，知识本身是在特定的背景下产生的，是为解决某类问题而总结的，传授知识时首先应该回到当时的场景和问题中。五星教学的聚焦问题是可以细分为两个小步骤的：一是，交代业务场景或背景；二是，提出问题。

聚焦问题是教学的第一步，上课的第一件也是最重要的事情是尽快把学员的注意力聚拢到课堂上。从学员注意力管理的角度看，学员刚坐到教室的时候，每个人都在忙着自己的事情，他们的注意力基本不在课堂上。那么，讲师如何用最快捷的方式把学员的注意力聚拢到课堂上？前文讨论过，要促成有效改变必须有驱动认知、行为和情感的三驾马车，将学员的这三部分能量都调动到课堂上来。那么，聚焦问题的过程又该如何驱动学员的三部分能量呢？详见表 6-1。

表 6-1 聚焦问题的教学工作要点

聚焦问题	教学工作要点
认知	问题造成学员认知不和谐，打开学员的认知缺口，激发学员的好奇心和参与意识
行为	学员有类似问题场景的经历，对问题有多触点的感觉；消除学员的畏难情绪；激发学员解决问题的动机
情感	场景描述能激发学员的情感共鸣，让学员感受到解决问题的必要性和迫切性，并使学员对后续课程充满期待

不难看出，在聚焦问题的交代业务场景环节，讲师需要用尽可能逼真的情节描述来激发学员的情感共鸣，激活学员对相关经历的回忆，从而成功地

第6章 三脑驱动，五星导航

使学员的认知脑、行为脑和情感脑都参与到课堂上。

开场是一个很重要的环节。培训也好，演讲也罢，没有人不想有一个好的开场，毕竟良好的开端是成功的一半。不少人总结出开场七式或者开场八大技巧之类的要点，但我看了总觉得肤浅。不在"道"的层面深入探究，只在"术"的层面罗列，掌握再多具体的"术"，在实践中面对多变的情境时仍难穷尽问题；只有把握了"术"背后的精神实质，才能做到以道驭术，灵活运用。凡事要先悟道、穷道，再修术、务术，道之不修，但务方术，不得长久。目的明确了，道理通了，方法就多了，而且可以灵活搭配。

那么，什么是开场之"道"呢？开场的关键就在于用尽可能短的时间吸引学员的注意力！无论用什么具体方法，满足学员认知脑、行为脑和情感脑的信息诉求，就能吸引学员的注意力。我常常在演讲的开头大声向学员问好，意在召唤学员对我的注意，告诉全场学员：我来了。

演讲者刚走上演讲台的时候，学员的认知脑处于评判状态，他们难免对演讲者品头论足，甚至了解演讲者的人还窃窃私语地八卦一番。**演讲者需要用问题激发学员的好奇心，把学员的注意力从对演讲者形象的关注转移到对演讲内容的关注上，把学员从评判状态引导到探索状态，这就牢牢地抓住了学员的认知脑。**

运用什么策略抓行为脑？抓行为脑就是要激发学员的参与动机，使学员以旁观者转变为参与者。常用的方法是让全体学员动起来，可以参考一些破冰游戏，以及一些拓展活动。整齐划一的动作本身就能起到聚焦学员的行为脑能量的作用。

运用什么策略抓情感脑？演讲刚开始的时候，学员的情绪是紧张的，演讲者的情绪也是紧张的。演讲者要尽快让自己的情绪放松，并带动学员的情绪放松，让全场处于一种放松的状态。人们只有在心情放松的情况下才能把全身心的能量投入学习中，学习内容的吸收率和转化率才会更高。放松心情之后，演讲者还要像魔术师一样让学员对后续内容充满期待，从而激发他们

讲法：从说教到赋能

参与的热情。比如，我经常说："如果用三句话让你把传统的课件改造成五星教学的课件，你们有没有兴趣学？"学员热切期盼的情绪就会被调动起来。利用温情故事、震撼画面、视频场景等手段抓情感脑，是为了引发学员的情感共鸣。在整个过程中，学员的情绪有一个从紧张到放松，再从放松到期待的转换过程。

> 我在2015年培训年会的演讲中是这样开场的：
>
> 大家下午好（大声，全场呼应）！中午吃饭的时候，跟几个老朋友寒暄，他们问我："田老师的分享总是人气爆棚，这是为什么呢？"我也在思考这个问题。有一点是可以肯定的，大家这么捧我的场，绝对不是因为我长得帅（全场笑声）。我想很大一部分原因在于我讲得很实在，很多人演讲的内容也许是他们听到的，或者在书上看到的，而我每年在培训年会上只讲我们做到的（掌声）。今天给大家分享用友大学如何用短短三个月组织上万人参加的规模轮训，并且借助规模轮训建立组织能力提升的内部生态。

我的开场先用"为什么我的演讲人气爆棚"这个问题抓认知脑，用"绝对不是因为我长得帅"这样自嘲的方式抓情感脑，让学员放松，用"只讲我们做到的"抓行为脑，最后点名演讲的主题——"如何组织规模轮训，建立组织能力提升内部生态"，开始聚焦正题，抓认知脑，顺利导入我们连续几年的规模轮训故事情节中。

无论开场怎么安排，无论从激发哪部分脑开始，开场有效果的标志就是：学员的认知脑、行为脑和情感脑都被充分地调动起来，更多的能量被聚焦在课堂内容上。掌握了基本原理，具体方法有很多种，不一而足。

激活旧知：旧知是消化新知的酶

人们总是用已有的知识和经验来解释新的事物。无论遇到何种外部刺激，人们都会自觉或不自觉地跟自己已有的相关知识和经验进行对比，这个过程是自然的且对学习新知而言是不可或缺的。

学习就像编织席子

激活旧知的目的是激活学员跟教学内容相关的那部分已有知识。**学习知识的过程就像编织席子**，激活已有知识的外沿相当于当前席子茬口的竹篾，新知就是学员要编进席子里的那个竹篾。激活旧知要把学员已有知识体系边缘的那些"竹篾"激活，以便把新知的"竹篾"编进其已有知识体系的席子里。讲师在课堂上讲，学员用他们已有知识的网兜接，只有接到他们网兜里的知识对他们来讲才是有用的。我还有一个比方：**旧知是消化新知的酶。只有成功地激活了旧知的酶，学员才能有效消化新知。**而新知，无非是在旧知基础上的拓展、延伸、综合和升级等。

> 高中数学里有一个"任意角"的概念。在此之前，学员理解的角的概念知识是角的度数在180度之内的，角分为锐角、直角、钝角。学员还有的旧知基础是：直线的旋转形成角。接下来，要把学员脑海里角的概念拓展到任意角，比如270度、360度、540度。任意角的概念无非是学员原来心目中角的概念的延伸。教学中讲师就先提问题：一条直线旋转了一圈半，形成的角是多少度呢？把学员置身于一个问题中，然后激活学员关于角概念的旧知，最后引入任意角的概念。

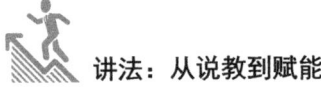
讲法：从说教到赋能

经常有学员问我："老师，五星教学的理念确实很好，但是不是也有个适应性的问题？比如，在给刚大学毕业的学员讲业务的时候，他们没有业务基础，是不是还是传统宣贯的方式好呢？"我的标准回答是："确实，最开始的'1+1=2'的知识也许是要告诉孩子的，因为授课中一些必要的信息输入非常必要。但是，在传授'2+1=3'的时候，学员就有了旧知，就应该在原来'1+1=2'的基础上去建构新知。"当讲师感觉到学员没有旧知基础的时候，问题的实质可能出在教学设计上，所授的内容并不是紧挨着学员最近发展区域的内容。如果教学内容里新知的比重太大，学员缺乏必要的旧知，讲师就只能用宣贯的方式上课。这样做，讲师确实可以把内容宣贯完，但学员的吸收率和转化率怎么保证？因为学员真正领悟的内容才是他们学到的内容。在教学过程中，讲师要坚信，你所讲授的内容的70%学员是知道的。为什么？假如讲师讲的一大半内容学员不知道，就说明聚焦问题环节的工作没做好，没有按照最近发展区域的原理设计课程。

激发学员全脑参与

在激活旧知环节，学员的注意力结构与聚焦问题环节的应该有所不同。在教学过程中，讲师要把握一些要点（见表6-2），引导学员认知、行为、情感三部分能量参与到课堂上来。

表6-2 激活旧知的教学工作要点

激活旧知	教学工作要点
认知	鼓励学员用已有知识解决问题，组织学员围绕问题展开充分联想和头脑风暴，降低学员理解新知的难度
行为	以学员为中心，让学员掌控课堂；让学员自由讨论问题，而非被动地听讲师传授知识
情感	邀请学员参与，鼓励学员充分发表意见，让每个学员都感受到被欣赏、被尊重，有参与感和成就感

从认知层面看，激活旧知是先充分激活学员的大脑中跟课堂所要解决的问题相关的已有知识和经验，因为试图用已有知识和经验解决遇到的问题是人类天然的倾向。旧知是学员理解和掌握新知的基础，激活旧知实际上是为学员理解新知打基础，降低学员直接理解新知的认知负荷。新知被掌握的标志就是它和旧知被牢牢地编织在一起。激活旧知也是为了方便学员完成大脑内在的"编织"。当学员已有的知识结构被激活时，新知就比较容易被"编织"在学员已有的知识结构里。

从行为层面看，在这个环节中，学员切实能感受到自己是课堂的主人，上课时更像大家在一起解决问题，而不是被动地听讲师传授知识。要让学员感受到他们对课堂的掌控感！

从情感层面看，激活旧知的要点是让学员在课堂上找到参与感。讲师鼓励每个学员发言，至少要对每个学员的参与精神表示赞赏，肯定每个学员的旧知对解决问题的贡献。每个人的内心都渴望被欣赏，而赞许能激发学员参与课堂。讲师用持续的表扬和赞许鼓励更多人参与，课堂就很容易处在一个轻松活跃的氛围中。**当每个学员的大脑都兴奋起来的时候，神经元就处于舒展状态，学员们的发言能够彼此激发，激荡出很多对解决问题有贡献的观点。**激活旧知环节是调动学员参与感的最佳时机，充分地激活过程让每个学员都感受到被欣赏，有参与感和成就感。

爱因斯坦说："这个世界最神奇的是它竟然是可以理解的。"**如果说可理解是认知脑的诉求，那么，被欣赏是情感脑的诉求，能掌控则是行为脑的诉求。**

 论证新知：成为新知的主人

在聚焦问题环节，提出问题造成学员的认知不和谐，从而激发学员探索问题的好奇心。学员带着问题激活旧知，试图通过旧知解决问题，填补认知缺口。那么，论证新知环节的任务就是通过多种维度最终解决问题，填补学

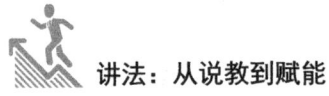

员的认知缺口，使得学员重新进入认知和谐状态。

潜移默化地转移知识的所有权

因为有激活旧知环节的充分铺垫，论证新知会变得容易一些。因为学员相关的旧知都被激活了，新知也许就是在学员已经激活的旧知基础上加以综合、延伸、拓展罢了。这个阶段的最佳效果甚至可以是学员感觉不到新知的新鲜。我在讲授五星教学的时候，让学员回忆自己授课或参与学习的课程的基本过程，把多个学员分享的教学过程加以类比、分析、综合后，逐步引导出五个步骤。当将五个步骤呈现给大家的时候，我才说这正是梅里尔教授研究了 11 种教学框架后总结的赫赫有名的五星教学框架，此时学员们不会有半点惊叹，似乎在感叹：大师总结的比我们在课堂上总结的也没高明多少。我就赶紧补充说，与其说梅里尔总结的五星教学框架是一种发明，不如说是一种发现。尤其是当我把麦克卡锡的自然教学八步法与五星教学框架进行类比之后，学员们都有大道相通的感觉。

当学员觉得大师的理论不过如此，并没有什么了不起的时候，说明激活旧知环节做得很成功，温故而知新，论证新知就变成很自然、很容易的事情。好的讲师总能潜移默化地转移知识的所有权，使学员一点儿都不觉得讲师的理论高深，似乎感觉新知并不是讲师传授的，而是学员们相互协助、共同参悟出来的。这种讲师就接近了老子所谓的"太上，不知有之"的名师境界。教学效果达到了老子所谓的"功成事遂，百姓皆谓：我自然"的境界。**当学员感觉自己拥有了新知的所有权的时候，我们有理由相信，学员除了对新知的理解，还多了一份认同和喜欢。**

此外，讲师要用多种手段、从多个维度来论证新知。加德纳认为："一个人只有能以一种以上的方式来表征知识，才可以说他很好地理解了一个概念。他在运用这个概念时才能带来令人信服的理解表现。"一个人能用多种符号体系、图式和框架来表述同一知识，才算掌握这种知识。当学习的时候能从多个维度理解和论证新知，我们就给知识赋予了多个线索，新知就被更加牢固地"编织"到学员的知识体系中。

从知识提取的角度看，知识被掌握的重要标志之一就是学员能够有效提取它。如何做才能有效提取知识呢？一种办法是给它捆一条很粗的绳，这就是持续强化；另一种办法是给它捆多条绳，这就需要多个维度的论证帮助学员理解新知。**新知和旧知连接的维度越多，日后被提取出来的可能性就越大。**当学员能够同时运用直角坐标和极坐标证明同一定理时，我们有理由相信他对该定理的理解更深刻。据说，勾股定理有 300 多种证明方法，如果一个学生掌握 10 种以上的勾股定理证明方法，那么这些证明方法不仅能帮助他加深对勾股定理的理解，甚至能够促进其对平面几何问题解决方法的理解和升华。

注重学员的学习体验

今天重新理解五星教学框架会发现，**五星教学框架不仅是讲师传授知识的策略框架，更应该是学员快乐、高效学习的学习体验框架。**在教学中，讲师不仅要传授学员知识，还要注重学员学习过程中的情感体验。

在论证新知环节该如何有效调动学员的注意力呢？

从认知角度看，这个环节是最烧脑的，学员的理解、分析、推理等高级思维需要被充分调动。而且，这一系列论证过程要与聚焦问题环节的问题不偏不倚地相扣。论证过程层层递进，使每个环节都能够被学员理解。举例说明是最好的论证方式，举例最容易让学员从概念中获得最直接的体验。前文已经说过，用多种手段、从多个维度论证新知是非常必要的。

变革大师科特认为，人们总是从两种不同的模式促进改变，一种是"分析—思考—改变"，另一种是"目睹—感受—改变"，而后一种模式通常比前一种模式更直接、更有效。如果说前者主要靠认知脑完成，后者则主要靠情感脑和行为脑完成。

倘若要学员的行为脑充分参与论证新知的过程，则需要讲师提供比较直

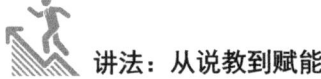

讲法：从说教到赋能

观的演示。演示不仅是更直观的论证手段，也能激发学员的模仿行为。尤其是在动作技能的传授中，示范甚至是必不可少的环节。比如，生物老师讲人脑的结构，照着书本讲人脑分若干部分，每个部分叫什么名称，远没有拿一个人脑的模型直接演示效果好。人脑模型的大脑皮层可以被打开，学生能触摸到前额叶、顶叶、枕叶、颞叶、杏仁核、海马体、小脑等这些"器官"。

从情感角度看，**有效论证填补了聚焦问题环节造成的认知缺口。只要心里的一块石头落地，学员就有释然的快感。**当然，如果讲师的引导过程能做到巧妙地转移知识所有权的话，学员还会多一份成就感和对新知的认同感。

简要总结一下论证新知环节激发学员认知、行为、情感三脑充分参与课堂的教学工作要点，如表 6-3 所示。

表 6-3 论证新知的教学工作要点

论证新知	教学工作要点
认知	引导学员从旧知的基础上得出结论，实现知识所有权的转移；用多种手段、从多个维度论证新知；与"聚焦问题"相呼应，填补认知缺口
行为	必要的动作示范；邀请学员亲自体验
情感	引导学员享受填补认知缺口的释然快感（恍然大悟的感觉）；激发学员自主解决问题的成就感；激发学员对新知的认同感

 ## 应用新知：形成"认知—行为—情感"正循环

苏格拉底说，未经审视的人生不值得活。论证新知完成后，学员自然会产生"试一试"的冲动。比如，讲师引导学员论证了如何把故事讲生动的技巧。紧接着，讲师就安排学员运用刚才学到的技巧来讲一个故事。于是，学员就有意识地尝试用刚刚所学的技巧讲一个故事。

学员讲完后可能有两种效果。一种是故事的感染力提高不少，学员就会

第 6 章 三脑驱动，五星导航

受到激励，流露出满足、喜悦的情绪，那么这个过程就是强化练习。另一种是学员讲完后效果并不明显，就开始质疑——是讲师教的技巧无效，还是我没学会？讲师就需要对个别学员进行指导，找出技巧无效的真正原因，辅导学员再练习，直到练出效果，学员表露出满意情绪，这个过程叫纠偏。如果学员试用新知没有效果，又得不到相关指导，就会选择抛弃新知。

应用新知的理想效果是能够促进学员的认知、行为、情感三者形成相互促进的正循环。理解了新知就打算试一试，试了试新知果然有效，就很开心，于是决定更深一步地钻研新知，更大范围或更大胆地应用新知，得到更开心的情感体验……

大家不妨复盘一项你个人的特长或爱好，有人喜欢打羽毛球，有人喜欢弹钢琴，有人迷上打游戏。那么，一项特长是不是因为认知、行为、情感三者形成相互促进的良性循环，经过长时间持续的能量投入才练成的？而应用新知就是形成这个循环的重要开始，就像滚雪球时最开始的一层。

比如，我在刚走上讲师这条路时，认为某些知识有价值，就尝试给人讲，没想到收获了热烈的掌声和诚挚的感谢，这激励我钻研更多有价值的知识，更踊跃地讲课，当然又收获了更热烈的掌声，得到了更积极的情感体验……逐渐就形成了正循环。实际上，学员对讲师的认同是讲师继续促进"认知—行为—情感"正循环的需要。

讲师教授学员知识的同时，也在持续修炼自己的讲课水平。甚至有时候，讲师比学员更需要讲台。难怪阿基里斯说："感谢我的学生，我从他们身上学到更多。"我对五星教学框架不断升华的理解，也是从我自己的教学实践中不断总结提炼得来的；上课是讲师自我建构的必要环节。讲师帮助学员建构知识框架的同时，学员也在帮助讲师持续改进教学方法和升级课程。

针对理论性很强或者不好展开练习的知识，以及不方便当堂展开练习的知识，有一种应用新知的替代练习方法，即在课堂上引导学员把所学的知识与其过往的经历建立连接。我经常说，如果学员不能把讲师所授的知识和自己过往的经历连接上，基本上可以断定在未来的工作和生活中，他不会去应用所学知识。用刚学的新知去解释身边的很多现象，也是一种应用新知。

在应用新知环节，讲师要给学员提供及时和足够的指导，解决学员在尝试过程中遇到的困难，纠正在应用过程中的偏差，鼓励学员取得的点滴进步，逐渐放手让学员独立去干，让学员在实践中逐渐找到可以掌控的快感。**注意洞察学员内心那个"认知—行为—情感"正循环是否形成。这个正循环一旦形成，学员就很容易走上强化知识的轨道，知识技能的掌握和应用就有了自驱力。**俗话讲，师父领进门，修行在个人。要想纯熟地掌握任何一种技能，都必须靠学员的自驱力来最终实现！

应用新知的高级阶段，讲师还要逐渐增加练习的强度和难度，促进学员去解决变式问题。比如打乒乓球，最初教练发球总会把球送到固定的位置，让学员练习杀球。慢慢地，教练故意让发过来的球比原来的位置高一点或低一点，发球速度快一点或慢一点，激励学员灵活运用所学技能解决变式问题。当学员能够顺利应对各种花样的发球时，我们有理由相信其掌握的程度更高。

简要总结一下应用新知环节激发学员认知、行为、情感三脑充分参与的教学工作要点，如表6-4所示。

表6-4 应用新知的教学工作要点

应用新知	教学工作要点
认知	引导学员有意识地练习和应用新知；帮助学员解决问题，消除其应用困惑
行为	指导学员应用行为细节；引导学员把新知与经验相连接；持续强化练习，变式练习
情感	鼓励支持，放大学员成就感；消除学员的困惑，使其恢复信心；促进"认知—行为—情感"正循环的形成

第6章 三脑驱动，五星导航

 融会贯通：达到"无意识、有能力"的状态

五星教学法的最后一个环节叫融会贯通。融会贯通是学习完成的状态。学员彻底掌握新知的标志是新知和旧知完全被整合在一起，分辨不清什么是新知、什么是旧知。所以如果一个司机念着口诀倒库移库，说明他是新手，因为老手倒库移库的时候全凭感觉和行为惯性，就把车停到车库里。你若问他停车的动作要领，他反倒要想半天。

达到融会贯通水准的学员可以做到潜意识反应，达到"无意识、有能力"的状态。达到融会贯通水准需要一个比较漫长的过程。动作技能达到融会贯通的境界通常需要大量的刻意练习。

课堂上的融会贯通

课堂上要促进学员对新知的融会贯通，最直接的方法就是组织讨论。讲师讲授一段时间，带领学员讨论建构一段时间，让学员分享新知学习的收获和感悟，跟已有的知识和经验相连接，思考如何将新知运用到将来的工作中。如果学员不能把讲师讲的知识跟他过往的经验进行连接，这个知识对这个学员来讲就是一种传说。讲师要引导学员做各种各样的连接，并且组织学员分享自己的连接，通过学员们的意义协商提高学员的领悟水平和应用动机。

> 最近给内部兼职讲师讲授讲师的"内存"管理。我先花了一个半小时讲了讲师讲课过程的工作记忆区负荷等基本概念。然后分小组讨论20分钟，之后每个小组派一个代表谈工作记忆区负荷（我隐喻为大脑的"内存"）管理对自己的启示。学员们的发言非常精彩。
>
> 学员甲：我突然理解了为什么时间管理强调"要事第一"，重要的事情没做，它就始终占你一块"内存"，做完了心里就轻松了。

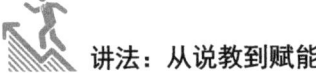
讲法：从说教到赋能

学员乙：对，我在沟通中常常有想说又没机会说的话，它们就一直占据着"内存"，以至于我不能专心倾听对方。

学员丙：我觉察到自己很紧张的时候，常常跟我的紧张对话，告诉它我要腾出更多的精力表现出最佳水平。今天才知道，这么做是为了不让情绪占我更多的"内存"。

学员丁：我演讲的时候常常因为说错一个词而纠结，这份纠结占了我的"内存"，导致后来的表现更差。下次我要提醒自己，放下已经过去的小瑕疵，未来才会更精彩！

学员戊：我常常用写日记的方式整理我的思路，这种整理能起到释放"内存"的作用！

学员己：演讲时，刚上台的一分钟的紧张情绪会占我的"内存"。所以，我不断在脑海里彩排开场白，让我演讲的时候更从容。

在每个小组发言完后，我都做一个简短的点评。学员们的思维越来越活跃，每个人的发言都很精彩，罗列了很多"内存"管理的具体应用情境。我反倒从中学到了很多。

讨论结束后，我问大家："今天上午的内容分为前半场和后半场。前半场是我讲，后半场是讨论。采访一下大家，你觉得前半场给你的启发大还是后半场给你的启发大？"学员们异口同声地说："后半场的启发大。"

我开玩笑地说："前半场可是我这个名师在讲，你们一点面子都不给呀？"学员们相视而笑。

我点评："很多时候，**营造一个好氛围比讲好内容更重要！**如果你的讲课水平没超过我，你更应该组织好研讨建构。"

实践中的融会贯通

达到融会贯通水准是一个较漫长的过程，需要学员课后持续地努力。前

第6章 三脑驱动，五星导航

文讨论过，任何知识和技能的彻底掌握，都免不了长期持续的"认知—行为—情感"循环强化过程。在课堂上，学员对某种知识或某项技能有了新的认知，新的认知引发新的行为，新的行为带来新的积极的情感体验，积极的情感体验又激励更深入的钻研，加深的认知引发更大胆的实践……如此循环往复。在每个循环中，都有增量的认知、增量的行为、增量的情感体验，最后当学员达到融会贯通的境界时，对知识的应用不仅可以信手拈来，而且能够灵活迁移。

最重要的是，保持"认知—行为—情感—Δ认知—Δ行为—Δ情感"这个良性循环的持续迭代。初步的理解是讲师在课堂上传授的，更深入的理解则要靠持续的实践和反思。

在教学实践中，融会贯通环节激发学员认知、行为、情感三脑积极参与的教学工作要点如表6-5所示。

表6-5 融会贯通的教学工作要点

融会贯通	教学工作要点
认知	课堂上引导学员做各种连接，组织学员分享自己的连接，学员相互、激发提高领悟水平；要求学员课后复盘并持续钻研，追求增量的认知
行为	课堂上多跟工作经历与过往实践相联系；持续增量地实践
情感	课堂上学员相互启发，促成顿悟；增量的认知与行为带来增量的情感体验

事实上，我对五星教学法的理解也是在实践中螺旋上升的。最初是看了介绍五星教学法的书，然后就大胆应用。遇到困难的时候有两种办法：一种是继续钻研别的教育学、心理学著作来补位；另一种是凭自己的感觉和想象做创新。实践完了再复盘，分析哪些措施在教学中是有效的，哪些措施是需要改进的。就这样不断地领悟、创新、改进、实践，逐步逼近融会贯通的境界。

第 7 章
完美陈述,激活全脑

第7章

完美体验：演讲之魂

多少人渴望自己的演讲能够掌声雷动，渴望自己的表达能够深入人心？又有多少人困惑自己讲得如此精彩却少有人听，纳闷道理说得如此透彻而对方却无动于衷？这些问题的权威答案就在认知心理学中。本章结合我的实践和对认知心理学的建构，力图深入浅出地剖析这些很重要的问题。

第 7 章 完美陈述，激活全脑

区别对待大脑的五大机能

2015 年的一个周末，我宅在家里读了一整天的《认知心理学》，满脑子充斥着心理学的实验和结论。晚饭后，我带着凌乱的充实感去散步，内心还慨叹上天把人脑设计得如此神秘而复杂，让多少人望而却步，又让多少人乐以忘忧地沉浸其中。试想，只要大脑处于工作状态，这些不同器官就都在工作。简单来说，大脑分为左脑和右脑，左脑和右脑又分别包括额叶、顶叶、枕叶和颞叶，另外，还有杏仁核、海马体、丘脑、下丘脑、脑干、小脑、基底神经等。想到这么多各司其职的器官，再看那么多复杂的插图，很多人会发蒙。我想，这大概就是《认知心理学》虽好，培训界却少有人深入研读的深层次原因。

我开始琢磨怎样才能用最简单的方式将这些非常有用但艰涩难懂的知识传授给别人，如何让这些知识变得容易被人接受和应用。这个教学设计的命

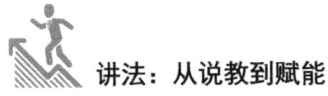

题，激发了我的兴趣。

既竞争又合作的五个内在小孩

突然想起一本情商管理的书中把情绪比作人的内在小孩，认为人的情绪是身体内那个没长大的内在小孩的反应。从大脑结构看，情绪仅仅是颞叶、杏仁核、海马体等部分器官的机能。如果能够把情绪比作一个内在小孩的话，那么，其他部分器官的机能也可以比作其他类型的内在小孩。在我们身体的内部岂止一个内在小孩？

受内在小孩概念的启发，我决心探索一下除了情绪，大脑内部并行工作的其他几个机能。大脑的物理器官比较复杂，而且需要器官相互配合来实现某些机能。如果把大脑的主要机能都隐喻成内在小孩，那么，教学过程岂不是演变成讲师要同时满足多个性格不同、兴趣各异的内在小孩的不同诉求了吗？用这种隐喻的方法，可以把复杂难懂的大脑器官屏蔽在后台，而把这些器官组合完成的大脑机能以拟人的方式呈现在前面，非常符合我的教学主张：把复杂和专业留给讲师自己，把简单呈现给学员。

综合很多心理学研究成果之后，我尝试融会贯通地整合出一个给表达者的应用模型：当受众在听演讲者的演讲时，其大脑内部的各种机能在并行工作。而演讲者最根本的任务是采用不同手段满足受众不同大脑机能的信息诉求。最后，我总结出演讲者必须调动受众大脑的五大基本机能。为了方便大家掌握，我将其隐喻为五个内在小孩。

- 感受：受众的感觉器官接收的外在、直观的信息和感觉。我将其比拟为其中一个内在小孩，称为小感。
- 思维：包括归纳、演绎、推理等逻辑思维机能。这部分机能拟人化为另一个内在小孩，命名为小思。
- 情绪：调动受众情绪。内在小孩的创意最初来源于情绪机能，我把代表情绪的内在小孩称为小情。

- 想象：演讲者要充分调动受众想象力，使其有身临其境的感觉，想象是与感受相对的范畴。我称之为小想。
- 觉察：满足受众对意义的探求。姑且把代表探求意义和价值的内在小孩称为小觉。

人们在听讲的时候，其实大脑中的五个内在小孩都在听，但每个内在小孩对信息的诉求是不一样的。作为演讲者，唯有让受众大脑中的五个内在小孩都满意，才能牢牢抓住受众的注意力。就好像幼儿园阿姨要同时给五个小朋友喂饭一样，而且每个小朋友爱吃的食物不一样。阿姨要轮番给不同小朋友喂不同的食物，五个小朋友才都会满意。只要大脑清醒，五大机能就同时处于工作状态。大脑还有一个神奇之处在于它非常勤奋，每个机能都闲不住。如果某个内在小孩得不到他想要的信息，就索性自己找乐趣去了。所谓的开小差，其实不是大脑懒惰的表现，恰恰是大脑很勤奋的表现，因为它总要找事情干。

演讲者靠什么抓住受众的注意力？凭借语言、情绪和肢体表达。丰富的语言是人类大脑皮层充分进化后发展出来的重要大脑机能。我们可以方便地利用语言驱动他人富有成效地思考，可以透过语音、语调和肢体表达传递情绪和感受。

为什么有人讲话干巴巴？为什么有人讲话啰里啰唆？为什么有人却能把极其普通的事情演绎得惟妙惟肖？秘诀就在语言技巧上。有高超语言技巧的人能通过一张嘴把大脑的各个机能逗得高高兴兴，而有的人则完全不懂其中的奥妙，单调的模式引起受众脑海中那些没有被照顾到的内在小孩造反。

感受机能：小感专抓直观线索

感染力强的表达能够用语言驱动大脑的感觉中枢和运动中枢。感觉中枢和运动中枢在大脑皮层占据的面积很大。演讲者激活受众感觉中枢和运动中枢的策略分两大类。

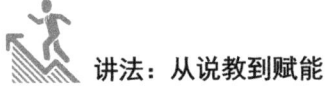
讲法：从说教到赋能

1. 运用肢体语言

渲染情绪的时候可以运用拟声的手段，传递感受的时候可以运用拟态的手段。有人很困惑地问我："我演讲的时候，常常不知道两只手放哪里。怎么办？"实际上，古人早就洞悉其中的道理了。《诗·大序》曰："情动于中而形于言。言之不足，故嗟叹之。嗟叹之不足，故咏歌之。咏歌之不足，不知手之舞之足之蹈之也。"大意是说，**演讲中最重要的是演讲者的激情。演讲者的激情能表现在其话语中，话语不足以表达就感叹，感叹还不足以表达就歌唱，歌唱还不足以表达就手舞足蹈。**

当演讲者感觉自己手忙脚乱、不知所措的时候，根本原因是演讲者没有足够的激情，没有全情投入，表达的感染力打折也是很自然的事情。当演讲者没有全情投入的时候，突然意识到自己的双手不自然，然后有意识地想让自己表现得自然一点，但奇怪的是，越刻意想表现得自然，越显得做作。为什么？因为演讲者越刻意留意自己的手势动作，这份留意就会占一部分"内存"，而那些被挤占的"内存"原本可以用来让你的表达更有张力。

如果一个人在演讲中刻意地算计：讲到这里该举一下手，讲到那里该往前跨一步，当"内存"全部被这些无关紧要的事情挤占后，演讲的效果就会越来越差。相反，当一个演讲者手舞足蹈地慷慨陈词之后，你问他："你刚才在舞台上的动作简直帅呆了。请问，你是怎样练习肢体语言的？"对于这个问题，演讲者自己也回答不了，因为他的所有表现都是自然流露。演讲到激动之处时，他甚至忘了手脚的存在。他因为全身心地投入演讲，已经进入一种很浓的情感状态，若要表达强烈情感时，肢体动作自然就出来了。

2. 多用动作词汇

心理学家浩克等人在2004年就借助功能性核磁共振技术观测、比较被试在真实做一件事和阅读同样动作的词汇时的大脑皮层反应。结果发现，当一个人真实做一个动作（如用脚踢）和阅读动作词汇（阅读"踢"）时引发了相同的脑区活动，只不过真实动作引发的大脑皮层范围更广。

很多文学作品对刻画动作的用词都非常讲究。广为人知的有"僧敲月下门"和"僧推月下门"的"推敲"过程；"春风又绿江南岸"的"绿"字形容词的动词化应用。至于"二月春风似剪刀"这种既运用类比又动感十足的妙句，能够激活更多的脑区。尽管古人并不懂脑科学，但历经多年能流传下来的千古名句，都是因为具备某些激活脑区、让人动心的特征。

既然动作词汇能够激活大脑的感觉中枢和运动中枢，那么，要让小感同学专心听讲就好办了。**优秀的演讲者在选用动作词汇时比较讲究，他们选用的词汇动感十足，能够在大脑内部激发一个动感画面。**比如，"一闪"就比"一晃"给人在速度的感觉上更快一些，"踹"似乎比"踢"更猛烈一些。动作词汇的发音也会因效果渲染需要而特意强调，甚至能激起情绪反应。

思维机能：小思同学爱思考

思维机能主要是指逻辑思维机能。大脑左前额叶负责理性思考，姑且称这部分的内在小孩叫小思。小思同学最善于理性思考。他有极强的好奇心，喜欢问为什么，凡事总想探个究竟；他认为凡事都有其背后的道理；他喜欢条理清晰、符合常理的表达。不合逻辑或者条理不清的表达常常会让小思失望。

问题最容易抓住小思。有经验的讲师总会一开始用问题把小思从平和态调到问题态，用心理学家费斯廷格的理论讲，就是制造认知不和谐。五星教学法的第一个环节叫作聚焦问题，其目的也是先牢牢地抓住小思。

已故作家陈忠实史诗般的巨著《白鹿原》的第一句话："白嘉轩后来引以为豪的是他一生娶过七房女人。"一句话就牢牢地抓住了小思的好奇心，小思会想：什么样的男人会娶过七房女人？于是作者就如数家珍，娓娓道来。等读者把七房女人都搞清楚了，蓦然发现已经一口气读了50多页。

在信息泛滥的时代，标题党大行其道，微文必须有一个吸引眼球的标题，才能诱人打开。标题党最爱骗小思，有的给他抛个问题，如"70%的车祸居然是因为……"；有的给他一个价值诱惑，如"老中医三个秘方让你多活十年"；有的直接威胁他，如"再不看就来不及了"；有的激发他的好奇心，如"史上最悲催的十大皇帝"。标题党尽管吸引了小思，文章被点开，但是如果其具体内容不能给小思一个满意的结果，小思是会失望的。所以，**诱人的标题若不能配上相称的内容，无异于扬汤止沸。**

当遇到问题，形成认知缺口时，小思就能吸引大量心理能量参与，直到得到令人满意的答案。问题解决了，认知缺口弥补了，小思才会释然。

悬而未决的问题会占据人们的"内存"空间。假如你在饭店吃饭，中途唤来服务员，问："我们点的红烧肉怎么还没上呀？"服务员说："我帮你催催。"这个问题进入服务员大脑，就造成他的认知缺口，占用他的"内存"，服务员一直要惦记着催你点的那盘红烧肉。尽管他手上没有笔和纸，但总能记得第八桌的红烧肉没上，第六桌的鱼香肉丝没上，第三桌的红烧鲤鱼没上……当他一旦把红烧肉端到第八桌的时候，他的认知缺口就被弥补了，被占用的"内存"立刻得到释放。心理学家做过实验，上菜几分钟后采访服务员："刚才哪一桌点的红烧肉迟迟没上？"服务员已经忘得一干二净。这是缺口理论的一个著名实验。

小思最害怕没有条理的人。东拉西扯既不知道他要表达的核心思想是什么，也不知道他引用的论据和论点是什么关系。如果碰到这样的对手，小思就抗议了。麦肯锡的《金字塔原理》以及大家惯用的脑图都是让小思满意的方法。小思认为，讲东西背后总需要一个框架，论证观点，总需要论点、论据和可信的逻辑。这是因为，大脑用语义网络的形式对琳琅满目的大千世界进行分类映射。比如，麻雀和喜鹊都是鸟，鸟和兽都是动物，动物和植物都是生物……大脑内部保持并维系着一个层级结构。有了这个层级结构后，人们再遇到新事物，总希望能够把它放到合适的类别中去。脑图这个工具之所以被广泛接受，就是因为脑图的形式跟大脑语义网络的层级结构非常类似。

情绪机能：小情简单而热烈

我们称情绪内在小孩为小情。感谢小情，正是受她的启发，我才给她构思了四个小伙伴，小情对应的脑区有颞叶、杏仁核、海马体，以及脑岛（脑岛位于颞叶与顶叶结合部位的里层，跟负面情绪关系极大）。

情绪是人们在进化过程中逐渐形成的对外界刺激的应激反应，是动物捍卫自己的地盘、保护自己和同伴免于伤害的应急机制。任何情绪背后都有积极的动机，其动机都是保护自己免于受伤害或者更好地活着。所以，情绪背后连接着价值观，情绪是价值观的外显。

所以，小情是一个简单而热烈的孩子。她常常被放在与小思对立面的位置，没道理可讲的那部分似乎就是小情。其实，小情也有小情的逻辑，只不过她的逻辑很简单，那就是积极和消极（正面情绪和负面情绪），得到了就积极，失去了就消极；被欣赏就积极，不被欣赏就消极；被接纳就积极，不被接纳就消极；有希望就积极，没有希望就消极；能控制就积极，不能控制就消极。

人们说话的同时也表达着情绪，以语音、语调和肢体语言来表达情绪。轻松的时候语调明快多上扬，悲伤的时候语调缓慢而低沉。声音的长短、快慢、轻重的组合变幻能够表达丰富的情感。沟通高手的声音中常常带着很强的情绪能量，总能巧妙地运用各种情绪来提高其讲话的感染力。

我看到很多讲授 TTT 的讲师，在训练学员语音、语调上很下功夫。我以为，语音、语调的背后是情绪，练习语音、语调是一种自外而内的方法，而任何积极而持久的改变都是自内而外的。《庄子·渔父》中有一段话："真者，精诚之至也。不精不诚，不能动人。故强哭者虽悲不哀，强怒者虽严不威，强亲者虽笑不和。真悲无声而哀，真怒未发而威，真亲未笑而和。真在内者，

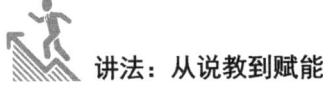
讲法：从说教到赋能

神动于外，是所以贵真也。"**真情不需要矫饰，内心的状态会自然流露。**

有学员问我："老师，您讲课时很有激情，抑扬顿挫掌握得很好。我讲课总是很平淡，怎样训练语音、语调呢？"我说："表面上看，是你的声音缺乏感染力，抑扬顿挫运用不好。骨子里是你讲东西时不能很好地调用你的情绪能量。"情绪是一种能量，而且是很强的能量。我经常比喻说，沟通中所传递的思想是弱电，5伏或12伏，而情绪是强电，220伏或380伏；传递的形式比传递的内容要消耗更多的能量。

我认为在解决表达感染力的问题时，比刻意练习语音、语调更重要和更紧急的事情是：先学习带着情绪说话，或者说话前先酝酿情绪。演员在表现角色的愤怒情绪的时候，自己要先进入愤怒状态，这叫进入角色。情绪状态有了，语音、语调自然就跟上了。沟通中不会酝酿和运用情绪，只练习语音、语调，我认为是舍本逐末。

又有学员问："我这个人天生平淡，不会表达情绪怎么办？"我反问："你哭过吗？你伤心过吗？你哈哈大笑过吗？我相信每个人都有过极端情绪。这些情绪你都有，只不过你不轻易把它们用在你的表达中。这本质上是一种价值观选择，而不是缺乏能力。"情绪是一种能量，更是一种影响力资源，谈话中注意酝酿和控制情绪，表达的感染力就会自然流露。控制情绪是初级技巧，酝酿和运用情绪才是高级技巧。当然，也不能夸张地运用情绪。**当你夸张地运用情绪时，你的潜意识会出卖你，会给人造成矫情的印象。**

一个初三学生请教我，说："老师说我写的作文思想性很好，常常立意深刻，说理透彻，条理清晰，缺点是细节描写和人物情感描写不足。我该怎么改进？"我说："假如你要描述一个很感人的场面，先不要急着下笔。你要先把那个感人的场面投射到你的脑海里，揣摩主人公在那个场面的情绪，感悟那份感动。当你进入角色，甚至感觉自己鼻子都有点酸的时候，再下笔把真实的感受描写出来。你的情绪系统会帮你表达到位。"

要表达某种情绪，先尝试进入这种情绪状态，当情绪状态出来时，语音、语调的问题自然就解决了。

剧情常常在冲突下进行，冲突是情绪的源头。没有冲突，就不容易激发情绪。表达中满足了受众脑海深处的情绪内在小孩——小情对情感的诉求，实际上，也就成功调动了对方的颞叶、杏仁核、海马体和脑岛的参与。

想象机能：小想喜欢看动漫

演讲者说："对面跑来一只眼露凶光的黄色大狼狗。"受众大脑的想象机能就开始工作了，他们的脑海里闪出一只狼狗的轮廓，黄毛，怒目圆睁，伸着舌头，忽闪忽闪地喘着气。如果演讲者能够用语言帮小想"看见"真实的事物，小想同学就满意了。这就要求演讲者**能够用语言给人画面感**。

为什么 Flash 这种表现形式非常受欢迎？就是因为它很好地满足了小想的诉求。姜昆和唐杰忠合说的相声《虎口遐想》被制作成 Flash，一谈到老虎，画面上立马闪出一只卧着的大老虎，眯瞪着眼睛，尾巴一摇一摇的，大家看了就很满足。在讲到这个的时候，受众的又一个内在小孩小想特别需要一只老虎的形象。我们能够从很多优秀的文学作品中见识到作者用语言描述画面的能力。去年夏天我看《聊斋志异》，发现作者抓人注意力的功夫极深，不仅故事扣人心弦，而且描述非常到位。比如，描述一处风景用了八个字：松柏翳日，芳草如织。换成现代文：松树和柏树高可参天，遮盖了太阳。地上的芳草像织出的毛毯一样。八个字就勾画出了活灵活现的美景。

有人说："我好像天生这方面的能力就很弱，描述一个生动的画面对我来讲很难。"前文讲过，如果说话不会抑扬顿挫，那么先不用刻意练习语音、语调，而要学会酝酿和运用情绪，有了情绪状态，语音、语调自然就表现出来了。同样的道理，如果表达缺乏画面感，从练习视觉想象做起，先把你要描述的画面投射到大脑里，再试图把它用语言描述出来。这叫反求诸己。给人讲故事的时候，先把场景画面投射到自己的大脑里，再把你"看到"的画面如实地描述出来。

描述的时候也有技巧，先给一个总体轮廓，再找两三个细节特征。比如，面前矗立着三间厦房，青砖碧瓦，雕梁画栋，古香古色。"三间厦房"是总体轮廓，"青砖碧瓦，雕梁画栋"是两个细部特征，"古香古色"则是总体印象。实际上，任何具体的物体，都可以看作在该物体的基本原型图式的基础上加上该物体的具体特征。比如，五官是人的图式不可或缺的轮廓，但具体到张三其人，只需要描述两三个张三的特征就行了——浓眉大眼，隆鼻阔口。

心理学家谢泼尔发现，**当人们阅读故事时，故事中的位置变换、人物变换等都能引起人们脑区活动的变化。**用建构主义的语言说，**人们在阅读的过程中同时在大脑里建构故事所描述的情境。**听故事和阅读故事的情况类似。比如，我说："我正在我的书房读书，书桌上亮着台灯，背后是我的书架。"受众的脑海里就会建构出我在书桌前、台灯下读书的场景。我又说："现在我走出书房，走进客厅。"我的话音刚落，我的故事情境中的位置变换就会引起受众脑区活动的变化，大家又开始在脑海里建构客厅的场景。

觉察机能：小觉专爱探究深层意义

马克斯·韦伯说："人类是悬挂在自己编织的意义之网上的动物。"小觉是个思想深邃的孩子，堪称五个内在小孩的班长，因为他不仅想得长远，而且关注更深层次的意义。讲师刚上课，学员大脑中的小觉常常会率先跳出来。他的撒手锏问题是：WIIFM，即"我能从中得到什么"（What In It For Me）。WIIFM 要么能够让小觉感受到好处，要么能够把他从某种痛苦中解救出来。如果小觉找不到自己的 WIIFM，就会开小差。小觉总喜欢探索具体现象背后更接近本质的道理。比如，老师讲狐狸吃葡萄的寓言故事，小觉就要挖掘故事背后的道理：人们常常为自己的失败找借口。

第 7 章 完美陈述，激活全脑

小觉考虑问题多数时候是以自我为中心的：对我有什么价值？对我意味着什么？能帮到我什么？我回去该怎么干？小觉要找的意义和价值总是和受众本人自我形象、个人愿景密切相关的。我常常收到各种演讲邀请，对方说明来意，我大脑中的内在小孩小觉就跳出来问：我能从中得到什么呢？如果这个问题没有得到很好的回答，我拒绝的概率就很高了。

小觉在人们有效学习和持续进步中扮演着最重要的角色。小觉最喜欢反思。**反思的根本目的是在经验中萃取有价值的元素，从而优化自己的思维模式和能量运用方式。反思实际上是心智模式的持续迭代过程。**

如果演讲者能够成功地调动受众的觉察机能，那么演讲结束才是受众真正收获的开始。要让演讲对受众的价值更大、影响更持久，演讲者更要充分调动受众的觉察机能。

讲师常用的调动不同内在小孩的策略如表 7-1 所示。

表 7-1 调动内在小孩的常用策略

大脑机能	常用策略
感受机能（小感）	课堂物理环境、轻松氛围、肢体语言、带受众一起活动、拟态
思维机能（小思）	抛问题、制造冲突、激发好奇心、结构框架、逻辑分析
情绪机能（小情）	酝酿情绪、运用语音语调、引导学员情绪相互影响、煽情音乐视频
想象机能（小想）	轮廓+特征描述、形象类比、简笔画、Flash、邀请受众想象
觉察机能（小觉）	意义价值、总结结论、提炼主题句、激活反思

最后要特别说明的是这五个内在小孩不是大脑机能的全部，比如运动机能、知觉机能、语言机能等都没有提及，这里所讲的仅仅是在听演讲这个特定情境下常被调动的大脑机能。

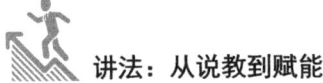

让五个内在小孩共舞

市面上介绍关于演讲技巧的图书有很多,如向乔布斯学演讲、向奥巴马学演讲、向马云学演讲……似乎谁名气大、影响力大,就要向谁学演讲。这类书里一般会列举这些名人演讲的案例,并列出几个要点。这些东西都是术。那么,真正的道是什么呢?就是如何抓受众的注意力。

借用不同款式的手套探索手的样子

2018年年初我又做了一次主题阅读,主题聚焦在成功影响人和促人改变上。如何成功影响他人?如何制造流行?如何让人迷恋?如何促人改变?我读了十几本书,每本书都建立在大量实验的基础上,作者们介绍了很多有用的招数。读完这些书,我又做了一项工作,就是尝试用我的五个内在小孩的理论来解读这些招数,这个工作给我带来了新的收获。

一方面,这个工作让我更加自信五个内在小孩是对的,因为这些书可以从不同侧面印证五个内在小孩的正确性和全面性。另一方面,正如老子所说:"夫物芸芸,各复归其根。" **招数凡是有效果,都是因为它们符合了人类基本的认知规律,这些"术"背后都有道。如果说"术"是不同类型的钻头,那么"道"就是要打的那个眼,了解要打的眼才能找到合适的钻头;如果说"术"是不同款式的手套,那么"道"就是手,了解手的样子才能织出合适的手套。**

我把多位名家的著作当作不同款式的手套,借助对不同款式手套的对比,来探索手的样子。同样的道理,借助各类书中介绍的影响成功的招数的类比和归纳,来印证五个内在小孩这个隐喻的合理性。

首先,介绍这次主题阅读中的几本好书。

第一,斯坦福大学组织行为学教授奇普·希思和他的弟弟丹·希思合著

第 7 章 完美陈述，激活全脑

的**《粘住：为什么我们记住了这些，忘掉了那些？》**，作者总结出要让创意更有黏性的六大要点：简单（Simple）、意外（Unexpected）、具体（Concrete）、可信（Credible）、情感（Emotional）、故事（Stories）。

第二，这两兄弟 2014 年出版的**《瞬变：让改变轻松起来的 9 个方法》**，他们借用了乔纳森·海特的类比，把意识比作骑象人，把潜意识比作大象。他们认为有效指挥骑象人的做法有：找到亮点，制定关键举措，指明目标。激励大象的做法有：找到感觉，缩小改变幅度（让每个小改变容易完成，易有成就感），影响他人。营造路径的策略有：调整环境，培养习惯，召集伙伴。

第三，美国作家马尔科姆·格拉德威尔在他的流行著作**《引爆点》**一书中将产品爆发流行的现象归因为三种模式。

- 个别人物法则：交际广的传播者、专业而权威的内行，以及能够简单快速影响他人的推销员是制造流行的三种重要角色。
- 附着力因素：受众之间连接程度高、实用性大的信息附着力强，容易流行。
- 环境威力法则：信息与社会环境的热点和趋势合拍，容易借势流行。

第四，宾夕法尼亚大学沃顿商学院市场营销学教授乔纳·伯杰著的**《疯传：让你的产品、思想、行为像病毒一样入侵》**一书（乔纳·伯杰在他的书中明确指出受奇普·希思的影响比较大）。这本书介绍了产品、思想和行为疯狂传播背后的六个关键要素，称为 STEPPS 原则。

- 社交货币（Social Currency）：人们炫耀身份、构建形象的话题。
- 诱因（Triggers）：激活客户内心对产品渴望的线索。
- 情绪（Emotion）：激发情绪，提升感染力。
- 公众（Public）：制造流行，引爆模仿。
- 实用价值（Practical Value）：给人带来真实价值。
- 故事（Stories）：把要传播的信息隐藏在故事情节中。

第五，莎莉·霍格斯黑德的**《迷恋》**是影响决策的最有力量的方法。迷

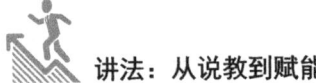

恋比营销、广告或其他形式的交流更具说服力。而迷恋的产生，就源于七个触发器：欲望、神秘感、警报、威望、权力、罪恶和信任。

此外，变革大师科特在他的**《变革之心》**一书里强调，促进人们改变的通路除了显而易见的"分析—思考—改变"，还有被人重视不够的另一条通路"目睹—感受—改变"。荣获诺贝尔经济学奖的心理学家卡尼曼在他的**《思考，快与慢》**中，把人们感性部分概括为系统Ⅰ，理性部分概括为系统Ⅱ。系统Ⅰ通常反应迅速，但不够理性和准确，根据经验进行匹配和决策；系统Ⅱ虽然理性精确，但喜欢处理新奇特怪的情况，常规的情况就授权给系统Ⅰ。

然后，问自己一个问题：书中介绍的这些招数分别能够调动受众大脑中的哪个内在小孩？我尝试将其各从其类，如表7-2所示。

表7-2 书中的招数能够激活的内在小孩

书 名	感受机能（小感）	思维机能（小思）	情绪机能（小情）	想象机能（小想）	觉察机能（小觉）
《粘住》	具体（直接感官刺激物）	简约 意外（认知缺口） 可信（逻辑严密）	可信（感觉可靠） 意外（情感冲击） 情感	具体（画面） 故事（画面）	故事（寓意） 可信（结论有用）
《瞬变》	找到感觉 培养习惯	指明目标	缩小改变幅度 召集伙伴 影响他人	调整环境	找到亮点
《引爆点》	传播者 推销员（给感觉）	附着力	内行（易被信任）	附着力（知觉线索）	推销员（给价值）
《疯传》	社交货币		情绪	诱因（知觉线索）	实用价值

续表

书　名	感受机能（小感）	思维机能（小思）	情绪机能（小情）	想象机能（小想）	觉察机能（小觉）
《迷恋》	欲望 罪恶	警报(问题) 神秘感	威望(易信任) 信任	权力	警报（意义）
《变革之心》	目睹	分析 思考	感受		隐含的价值
《思考，快与慢》	系统Ⅰ	系统Ⅱ	系统Ⅰ	系统Ⅱ	系统Ⅰ和Ⅱ

这些都是名家著作，从中不难发现，他们描述的语言不同，使用的概念不同，但不同表述和说法背后指向的含义是大致相同的。套用托尔斯泰的话：有影响力的表达都是相似的。那就是兼顾了五个内在小孩的诉求；缺乏影响力的表达是各有各的缺陷。

顺便说一下，主题阅读和比较分析相结合的方法非常有价值，常常带给我意外的惊喜。主题阅读是发散的过程，能让我从不同角度去看问题，对拓宽知识面很有帮助；比较分析是收敛的过程，能让我从多样性背后找同一性，归纳总结出起作用的元素，而归纳是为了更灵活地运用；术中求道和以道驭术的结合运用，相得益彰。

用语言驱动全脑思维

无论是演讲、授课，还是一对一地沟通，一定要清楚一点：你不是对一个人讲话，而是对五个性格各异、爱好不同的小孩讲话。你要设法满足每个小孩的信息诉求。五个内在小孩就像同班同学，在认知中是竞争又合作的关系。在决定是否接受外界影响上，五个内在小孩也是"民主投票"的。当他们的意见统一时，他们就容易接受外界影响而改变；相反，当他们的分歧较大时，他们机会相互制约，能量发生内耗，莫衷一是。

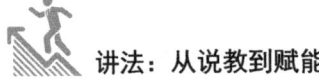

讲法：从说教到赋能

下面是一个我讲了很多遍的故事，我一直刻意用一个故事练习自己语言表达的黏性和感染力。写这段文字稿的时候，我的内心其实是在讲故事，尽最大可能让文字的语境和讲故事的语境相同。

孙老师的口才超级棒。我很好奇地问他："你是怎么练就一流口才的？"他向我分享了自己的成长故事。

孙老师是地道的农村娃。班主任（兼任语文老师）跟他父亲私交不错，所以在学习上对他非常照顾。最明显的照顾就是，班主任每年安排他代表学校去参加全县的演讲比赛。孙老师在小学三年级时，班主任骑自行车带他去县城参加全县中小学生演讲比赛，这也是孙老师第一次进县城，满眼的新鲜，满脑子的兴奋。走进比赛的礼堂，他先吃了一惊：哇，黑压压全是脑袋，比全村人都多。农村孩子哪里见过这阵势，他内心就先打起了鼓。

该他演讲了。一登台，全场观众的目光和台上耀眼的灯光让他更加紧张，孙老师浑身发抖，口干舌燥，大脑一片空白。他只好磕磕巴巴，前言不搭后语地胡乱应付一番，在一片倒掌声中灰溜溜地下台。比赛结果让他非常沮丧：全县倒数第一。

第二年，班主任说："小孙呀，去年是因为你太紧张，能力就没发挥出来。今年学校还派你去，把去年的失利扳回来。"孙老师说："老师，我就怕再丢人，你还是换个人吧。"班主任说："我就觉得你行，有爆发性潜力。就你吧。"孙老师将信将疑地勉强答应了。第二年又去了，还是那个礼堂，还是那么多人，还是在台上莫名地紧张，还是在一片倒掌声中灰溜溜地下台，结果还是那么悲催：全县倒数第一。

第三年，班主任还要派孙老师去。这回孙老师死活也不愿意去了，说自己根本不是那块料。班主任说："你实在不想去，我也不勉强，只要你能过你爸那一关，咱就不去了。"放学回家，孙老师走近

第7章 完美陈述，激活全脑

家门，他的父亲已经堵在那儿了，<u>黑风脸拉得老长，眼珠子能瞪出眼眶</u>。那根熟悉的鞭子已经在旁边伺候着了。父亲老远就吼："不识好歹的东西，老师是看得起你，才让你去的，你竟敢把老师顶回去。你是去参加比赛，还是找抽？"说着拿起鞭子就要冲过来。孙老师多次领教过那鞭子的滋味了，早已经***浑身起鸡皮疙瘩***，心想好汉不吃眼前亏，忙说："别打了，我去。我去还不行吗？"于是，孙老师又去了。还是那个礼堂，还是那么多人，还是那样莫名其妙地**紧张**，还是在一片倒掌声中***灰溜溜地下台***，结果当然还是那么**悲催**。这样，<u>同样的故事一直从小学三年重复到初一</u>。

初二那年，孙老师照例又去参加比赛，<u>事情有了转机</u>。眼看就轮到他了，他**紧张**得还要再去一趟厕所。农村的厕所非常简陋，<u>几面矮墙围起来，顶上搭点秸秆，男女厕所也就一墙之隔</u>。六月的天气，***臭味刺鼻，绿头苍蝇乱窜***。本来就因为紧张才去的厕所，到厕所却迟迟尿不出来。这时，<u>有状况了</u>，隔壁女厕所传来***嘤嘤的哭声***。他想，是不是有流氓欺负小女生了，要不要冲过去英雄救美？要是因为见义勇为而耽误了演讲，倒也是个交代。正在犹豫的时候，又传来一串"***咯噔、咯噔***"***的高跟鞋声音***。高跟鞋走进了女厕所，大声喊："马上要上场了，你躲在厕所哭什么呀？""老师，我害怕。"原来，是另一个跟自己一样紧张的小女生躲在厕所哭。

"<u>怕什么？</u>你看人家一中那个黑不溜秋的矮个子男生，年年倒数第一，年年都勇敢地参赛。有他垫底，你最次也是个倒数第二吧，有什么好害怕的？"说着就连拖带拽地把小女生拉出厕所。

这个黑不溜秋的矮个子男生在隔壁听得真真切切。他先是**怒不可遏**："敢情我已经是全县人民的笑柄了。"慢慢又冷静下来想："那女老师说得也有几分道理，我已经铁板钉钉地倒数第一了，<u>还有什么好紧张的？</u>"他开始分析自己这些年紧张的原因。发觉自己一直

147

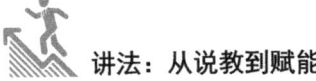

讲法：从说教到赋能

背着很重的包袱在参赛，老师的厚望、父亲的威慑、连年失利的阴影压得他喘不过气，从来没有洒脱地表现出真实的自己。他想："反正已经是倒数第一了，豁出去了，索性洒脱走一回，我要完美地表现出自己，管别人怎么看！"想到这里，一股莫名的**力量**油然而生，他竟掏出背了很多遍的演讲稿，撕了个粉碎，扔到茅坑里，冲出厕所，奔向礼堂。

进礼堂门的时候，主持人正在念他的名字："下一个选手是县一中的孙某某同学。"话音刚落，满场的倒掌就先开始了。孙老师却异乎寻常地**冷静**，大步流星地跨上讲台，紧张感荡然无存，多年来认真准备却没用上的素材竟然行云流水般地流到嘴边，妙语连珠，手舞足蹈，慷慨激昂地即兴发挥起来。他第一次注意到原来赛场后面还拉着横幅，第一次看到台下评委们的面孔，过去那么多次竟然紧张得从来没有看见过。

结果，孙老师是那一届演讲比赛最黑的黑马，荣获全县第一，他**喜极而泣**！从此孙老师悟出了一个道理：无论环境如何，最重要的是，表现出完美的自己！从那以后，在大大小小的演讲辩论赛中，他从来都是第一。因为他总能做到排除一切干扰，表现出完美的自己！

在讲这个故事的过程中我是伴随着肢体语言的。我特意把故事中给五个内在小孩的刺激信息用不同的标记标出来了（解释见表7-3）。读者可以通过这个例子，再体悟一下驱动五个内在小孩一起工作的策略。也可以尝试把自己常讲的故事拿出来，植入吸引不同内在小孩的元素，讲给你的朋友，试试效果。

第 7 章 完美陈述，激活全脑

表 7-3 故事中对五个内在小孩的刺激信息解释

大脑机能	故事中的刺激信息
感受机能（小感）	楷体加粗斜体。第一次，去县城的新鲜感—礼堂很多人的紧张—台上浑身发抖—第二次，班主任动员的难为情—第三次，父亲恐吓的鸡皮疙瘩—厕所臭味—高跟鞋老师—撕演讲稿—大步流星，登上讲台—手舞足蹈，慷慨激昂
思维机能（小思）	下画线。怎么练就一流口才—意外的失利—父亲是否同意的悬念—接连倒数第一还坚持—初二出现转机—厕所哭声—高跟鞋—理性思考
情绪机能（小情）	黑体加粗。第一次去县城的兴奋—台上的紧张—结果的沮丧—紧张与悲催循环—厕所的愤怒—力量感—冷静—喜极而泣
想象机能（小想）	波浪线。礼堂黑压压，全是脑袋—父亲怒容满面—简陋的厕所—黑不溜秋的矮个子男生—赛场后面的横幅、评委的面孔
觉察机能（小觉）	双下画线。不是那块料—背着很重的包袱在参赛—没有洒脱地表现出真实的自己—表现出完美的自己

 从有意觉察到自然反应

觉察你的内在小孩

我认为提高演讲水平的第一步是提高对五个内在小孩的觉察力。幸运的是，我们每个人既可以是演讲者，也可以是受众。要提高对五个内在小孩的觉察力最好的方法是当受众，在听别人演讲时觉察自己的五个内在小孩的反应。

比如，你在听一个人演讲，口若悬河，舌灿莲花，唾沫星子横飞。突然，你的内心有一个声音："你到底想说什么呀？"这是小思的声音，他找不到中心思想，有点不耐烦了。

讲法：从说教到赋能

倘若演讲者慢条斯理，有气无力，始终一个调，你的内在又来一个声音："一点激情都没有，太乏味了。"这是小情的声音，她觉得不够热烈。

演讲者引经据典，语录满天飞，又有内在声音响起："别光讲大道理，讲讲这些道理在实际中怎么用呀！"这是小想的抗议，他要实际应用场景。

老师讲抽象概念：既能在水里生活，也能在陆地上生活的动物叫作两栖动物。内在小孩又跳出来了："能不能找一个具体的两栖动物看看呀？"这是小想的声音。他需要一个具体的图像，于是老师以青蛙为例，小想就满意了。

老师对着恐龙化石给学生讲古生物，学生脑海里有个问题："恐龙走起来是什么样子的？它的叫声是什么样子的？"这是小感的声音，他需要动作和感觉。

觉察是改变的第一步，你永远只能控制你意识到的事情，你没意识到的事情反过来制约着你。**养成跟自己的五个内在小孩对话的习惯，你就更容易掌握他们的兴趣和爱好，从而更好地照顾好他们。**

一段时间练习一项技能

有人问："你讲的五个内在小孩很好，怎样才能在演讲中做到兼顾五个内在小孩呀？"这是一个从觉察到应用的问题。我认为，对每个内在小孩的觉察和照顾都是演讲者的一项成分技能。

任何一项高级技能都可以分解为若干项成分技能。比如，用拼音打字这个简单的技能，第一，要识字；第二，要会拼音，能把字分解为拼音组合；第三，要熟练地把拼音组合化成敲击键盘不同按键的动作；第四，要在诸多候选字里选择你要的字；第五，要会阅读，不仅会打字，还要能读有意义的文章。每个成分技能都要提高，打字的速度和正确率才能提高。

在这个技能形成的过程中，受工作记忆容量的限制，要想每个成分技能同时练习，大脑的"内存"就不够用了，难免顾此失彼。同样的道理，想一下子做到游刃有余地照顾好五个内在小孩，挑战比较大。所有复杂技能的练习，可行的方法是，某一段时间只练一项成分技能。经过反复强化后，再刻意练习另一项成分技能。这样，"内存"负荷不会太大，而且容易出效果，获得成就感。

逐渐过渡到"无意识，有能力"的自动化状态

理解了在你脑海里有五个内在小孩同时在工作的道理，还可以带着这个框架有意识地觉察一些文学作品和名人演讲。

曾经很长时间里我对小说不是很感兴趣，我认为读小说不如读历史，至少历史全部都是真实的，而小说全部都是虚构的。后来，我就换一种视角读小说，看作者是如何用语言吸引和打动读者的，并且尝试把作者的描述跟我的五个内在小孩相对应，会有更进一步的发现，那就是不同作者运用能量的风格不同，有的走脑，有的走心……找到独特的看点，读小说的乐趣也多了一些。再如，听评书或相声，听名人演讲，都可以用五个内在小孩的理论去觉察他人是如何迷住受众的。**任何表演其实都是一种形式的能量传递，能量信号至少通过多种不同的刺激传递，不同刺激激活的是人们大脑不同区域的反应。**

当所有这些成分技能都练习到位时，就达到了一种不需要刻意准备就能自动反应的"无意识，有能力"的状态。达到这个状态时，演讲者只需讲自己的，而五个内在小孩会轮流出来提建议。一会儿小思说：该提个问题了。一会儿小想说：该提示个画面了。一会儿小感说：该做个动作了……

第 8 章
强力提问，打通关节

学习的目的是改变。改变意味着能量运用方式的优化。中医认为身体上的不适多因经脉不通，即所谓的"痛则不通，通则不痛"。治疗的目的是把身体中堵塞的经脉打通。同样的道理，当人们思想不通就会有精神烦恼，那么，学习的目的就是疏通思想。思想通达了，行为也就通达了。

上一章讲了五个内在小孩。人们特别容易被自己的某一两个内在小孩绑架，从而进入一个很偏执的状态，然后能量被一个内在小孩大量消耗。当人们进入这个状态的时候，用来思考的仅是大脑中的一小块区域，遇到任何外界刺激，都是一样偏执的思维模式，表现在行为上就是偏执。有一类人，不管你跟他说什么，他的第一反应都是："这不可能！""不可能、不同意、不能够"已经成为他的反应模式。无论你说什么，他都先反对，再找反对的理由。还有一类人的反应模式固化成抱怨态，张口自己很冤枉，闭口自己很倒霉。用佛家的语言来说，一切烦恼皆因执着。执着造成了很多烦恼，只有在通达的状态下，人们才不执着、不着相。

第8章 强力提问,打通关节

 提问激发学员思考

提问的目的是帮助学员富有成效地思考,把他们从思维的泥潭里拉出来。好的问题能帮助学员用不一样的方式去思考——以前只用大脑的某块区域思考,现在尝试用多块区域思考;以前被一个内在小孩"挟天子以令诸侯",现在要求五个内在小孩都参与意见,民主决策。

当一个人处于愤怒状态的时候,就被小情这个内在小孩绑架了。解救他的办法就是尽快把小思、小感等其他内在小孩召集起来,一起决策。讲师技术里有一个工具,叫作度量尺。比如,学员很愤怒,讲师对他说:"你看上去很愤怒。"学员说:"我都快被气死了!"于是,讲师在纸上用笔画了一个数轴,说:"如果1分代表很平静,10分代表极其愤怒,那么你现在的愤怒程度是几分呢?"注意,这个

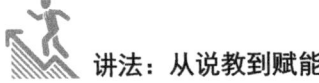
讲法：从说教到赋能

工具的微妙之处在于让人对自己的情绪程度进行评估。当学员看着纸上的数轴，准备评估的时候，另一个内在小孩小思就成功被激活了，学员的理智得到了部分恢复。假如学员说："我现在的愤怒程度是10分。"讲师就会问："发生了什么事，惹你这么愤怒？"这个问题就成功地把另一个内在小孩小想激活了，驱使学员回想当时的情景（回忆和想象调用同一块大脑机能）。

讲师也可以尝试引导学员的思维进入想象状态。比如，讲师问学员："假如你的这些设想完全实现了，将是什么样的景象？你又是什么样的心情？"又驱动学员去想象一个画面。

提问可以让人换一种方式去思考。所以，上一章讲的五个内在小孩非常有用，他们本身就可以当作一个很好的提问框架。提问的目的就是让学员换一种跟当前方式不一样的方式去思考，从而帮助学员建立新的神经元连接。

什么是强有力问题

遵循从感性到理性的认知规律，我们首先列举几个强有力问题的案例，然后分析强有力问题背后的共同元素。

案例一：德鲁克和韦尔奇的巅峰对话

这是世界第一咨询师彼得·德鲁克与世界第一CEO杰克·韦尔奇的高端对话。德鲁克有个怪习惯，那就是在开始咨询之前，客户必须先回答他三个问题，即著名的德鲁克三问。韦尔奇本来想草草地把这三个问题应付过去，没想到，德鲁克总是一个问题追着一个问题，越问越深。韦尔奇始终没有向德鲁克提问的机会。世界级的咨询大师最会用提问的方式促动客户深度思考。

直到吃晚饭的时候，韦尔奇才有机会向德鲁克请教他真正关心的问题。他问："我旗下有一个塑胶企业，市场占有率排名是第五、第六的样子，经营班子很有信心，让我追加投资。你说，我到底是追加投资还是把它卖掉？"

德鲁克这时最不能做的就是给出建议，因为他既不了解背景，也缺乏深层次的思考。大师习惯向别人提问，于是，他习惯性地选择了用**问题回答问题**。他反问道："假如社会上有这么一个塑胶企业，市场占有率排名是第五、第六的样子，经营班子很有信心，**现在想卖给你。你买还是不买？**"

这显然是一个好问题，好问题能够促动对方富有成效地思考。这个问题让韦尔奇盘算上了，他想：今天的通用电气已经是世界一流的企业了，如果让我买我也会买一个门当户对的企业，而它现在只是第五或第六的水平，恐怕不值得买。于是他回答："我不买。"

德鲁克的大师水平体现在下面这个发问上。他又问："刚才**我问你的问题对你想明白自己的问题有没有帮助？**"这个问题再次让韦尔奇陷入沉思。他又想了一会儿，一拍大腿说："我想明白了。我要卖掉它，然后再买一个比它好的。"

韦尔奇著名的"数一数二"战略就是这样被大师问出来的。后来在他任期的20年里，通用电气总共卖掉了价值600多亿美元的资产，买了价值160多亿美元的资产。请问，德鲁克的这个问题值多少钱？

案例二：格鲁夫一个问题重塑英特尔

英特尔最初主要是靠研发和生产存储器发家的。后来，日本和韩国公司的技术迎头赶上，他们销售的存储设备不仅性能好，而且价格便宜，对英特尔造成了很大冲击。到了1984年，英特尔陷入了经营危机，存储业务给公司带来了大面积亏损。当英特尔的经营管

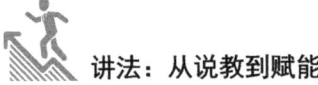

讲法：从说教到赋能

理层讨论要不要放弃存储业务时，一些高管坚决反对，他们说："不做存储的英特尔还能叫英特尔吗？"意见严重分歧，会议不欢而散。

格鲁夫预感到他们一手创立的企业到了生死关头。有一天，他问了另一位创始人摩尔一个问题："如果董事会把我赶走，**然后换一个新的CEO，你觉得这个新的CEO会怎么做？**"摩尔想了想，说："他可能会放弃存储器。"格鲁夫想了一会儿，说："与其等人家上台这么干，不如我们自己先这么干！"他们最终做出艰难的决定：放弃英特尔最大的存储业务，转而从头开始，设计并制造最好的微处理器。这个强有力的发问，挽救了英特尔。

案例三：乔布斯的好问题胜过千言万语

还有一个广为传颂的强有力问题，是1983年乔布斯为了让当时的百事可乐总裁约翰·斯卡利加盟苹果提出的。在斯卡利犹豫不决的关头，乔布斯问："您是想卖一辈子糖水，**还是想抓住机会改变世界？**"

乔布斯的问题，让斯卡利感觉就像有人往他肚子上狠狠揍了一拳，除了默许，他无言以对……后来斯卡利加盟了苹果。假如不用这个问题，任凭乔布斯巧舌如簧、千言万语也未必能撼动斯卡利做出这么重要选择的决心。

案例四：用问题让失恋男子重新开始

一男子恋爱八年的女友，临结婚前却跟他的哥们儿好上了。面对吃了他、喝了他却一脚踹开他的女友，面对连朋友妻也抢的昔日哥们儿，男子恨不得找把刀把两人都捅了。讲师用问题把男子从被情绪绑架的状态中救了出来。

讲师：两败俱伤的局面是你想要的吗？

男子：我咽不下这口气，就是要杀了他！

讲师：向他展示你的匹夫之勇？别人怎么看你？

男子：我不管，我就是难解夺妻之恨！

讲师：那你究竟想要什么？要她再回到你身边？

男子：我才不会再要她呢。

讲师：**那你除了以牙还牙，还有更好的办法让你咽下这口气吗？**

男子：我要活出个人样给她看！

讲师：你怎样活出个人样给她看？

男子：君子报仇，十年不晚。咱们走着瞧。

强有力问题的四大特征

感受了前面几个强有力问题的故事后，接下来思考一下：为什么这些问题有神奇的效果？这些问题背后的共性是什么？只有深入理解了强有力问题背后起作用的元素，在实践中才可能灵活应用。

提问题的方法有很多种，但检验问题质量的标准只有一条：问题能否成功激发受众不一样的思考。总结起来，强有力问题有四个典型特征。

第一，把受众引向一个**新的情境**。对斯卡利来讲，"卖一辈子糖水"是现有模式的继续，"改变世界"则把他的思维引向一个新的情境，情境的变换激活了大脑的不同区域。"如果换一个新的CEO，他会怎么做"这个问题成功地让格鲁夫进入新的角色情境，换位为一个新的CEO，从而让他甩下历史包袱，看清当前迷局。"如果塑胶企业卖给你，你买还是不买"这个问题把杰克·韦尔奇置身于一个他从来没有设想过的情境下思考。用全新的情境激发大脑思维进入另一种模式，是强有力问题的第一个特征。

第二，强有力问题是**指向未来**的。人们不是在抱怨过去，就是在担忧未来，很少有活在当下的。"市场占有率还可以，领导班子不错""卖糖水""赖以起家的存储业务""背叛的女朋友和夺妻的老朋友"等都是过去和当下的"锅碗瓢盆",但生活不只有锅碗瓢盆,还有诗和远方。当局者常常被"锅碗瓢盆"牵扯了全部精力,没有精力再思考"诗和远方"。当人们重新梳理自己的目标时,会重新审视现在的遭遇和拥有的资源。

第三,驱使受众"**非同凡想**"。成功地让受众进入一种新的思维模式,激活受众大脑的另一部分去思考,从而让受众探索更多的可能性,激发他们新的神经元连接,让受众的内在能量活跃起来,让知识和经验流动起来。只有流动起来的知识和经验才会创造价值。更具活力地思考才能让决策更加合理。"改变世界"把斯卡利的思维从患得患失的评估状态拉到有无限想象空间的联想状态;"新的 CEO 接管英特尔,他会怎么做"把格鲁夫的思维从焦虑状态拉到想象状态;"除了以牙还牙,还有更好的办法让你咽下这口气吗"把失恋者从强烈的野蛮报复心态拉到积极开创事业的建设心态上。

"非同凡想"的目的是让人们的"气血"更加顺畅。中医认为:"气为血之帅,血为气之母。"气是血的先锋,人体血液循环是靠气先打通,血再跟着流动。对应到思考上,那些已有的知识、经验、素材可以类比为"血",而强有力问题可以类比为"气"。用问题牵引受众的思考方向,然后相关的知识、经验、素材都将被连接上。中医认为疼痛是气血不通所致。如果某个地方长期气血不通,那里的组织细胞就得不到滋养,气滞则血塞,表现为疼痛、麻木和肿瘤。思想上想不通的时候也要靠强有力问题去激发。

第四,**留有余地**。强有力问题可以牵引思考方向,却不直接给受众建议,而是给受众留下足够的思考余地和最后的决策权。"卖一辈子糖水"和"改变世界"是两种不同的选择,尽管乔布斯有明显的倾向性,却没表现出推销、胁迫的意思,而是把掌控权留给了对方。人人都喜欢购物,但是谢绝推销。人们讨厌推销并非不喜欢推销者的产品,而是不喜欢受人胁迫的感觉。推销者要想成功,必须尽快把对方从"受胁迫"的状态中拉到对利益的探索状态中。

掌控感是幸福感的基础,渴望掌控自己的生活和工作是人的基本诉求。提问者永远要尊重对方的独立性,给对方掌控感。

课堂上，**讲师最大的任务是让学员进入富有成效的思考状态中，因为学员的点滴收获都是他自己建构的结果。**只要讲师能够让学员富有成效、"非同凡想"地思考，课堂就成功了。至于学员最终理解的结果和讲师的主张或者正确答案是否相同，反倒不是最重要了。

问题背后有框架

我曾经做过"如何提问"的主题阅读，看了很多讲提问的书，但遗憾的是，鲜有让人满意的。最让我不满意的是，大部分书的套路都停留在术的层面：列举几个提问方法，以及提问方法的例子，缺乏更深层次的剖析。我看完后有一点启发，但不是令我很满意。

中国哲学背后的阴阳转换、相反相成的思维驱使我换一个角度思考问题：提问的方法可以有很多种，但大脑的思维方式就那么几种，检验好问题的标准也只有一个，那就是驱动受众不一样地思考。

用问题驱动内在小孩传球

爱因斯坦说："解决问题的公式比结果还重要。"我经常讲，我们遇到的问题，可以没有答案，但不能不知道用什么样的方法和框架寻找答案。提问也要有一个逻辑框架。在课堂上，讲师内心有框架就好比外出旅游手里有地图一样，知道现在的位置，也清楚要去的景点，还知道怎么走可以到要去的景点！有框架的提问就有章法，有套路。没有框架的提问就是瞎蒙，当有效果时也不知道为什么有效果，当没效果时也不知道为什么没效果。每个提问的目的是什么也不是很清楚。一个问题问完了再现抓另一个问题，完全没章法，没套路。

如果提问最重要的策略是成功驱动受众大脑里的五个内在小孩玩传球游戏，那么五个内在小孩本身可以成为一个很好的提问框架。如果把五个内在

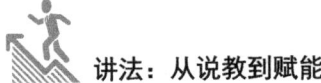
讲法：从说教到赋能

小孩隐喻为大脑思维活动的五大系统，那么，提问就要：

从小感到小思：你怎么看发生的这一切？

从小思到小想：能不能描述一下他当时的样子？

从小想到小情：那一刻，你是什么样的心情？

从小情到小思：你看上去很愤怒，你的愤怒程度是几分呢？

从小思到小觉：你从这个事件中学到了什么？

从小觉到小感：接下来你准备怎么办？

……

《战国策》中触龙说赵太后的故事就很典型。爱子心切的赵太后脑海里的内在小孩小思把派其小儿子做人质理解为巨大牺牲。这个限制性信念被多次强化后，小思和小情结成了很强的同盟，表现为："谁要是再劝我，我就唾他一脸。"对被极端情绪控制了的赵太后讲任何道理都是没用的。在这种情况下，任何正面的讲道理只能引起她更强烈的防御心理。

聪明的触龙先不谈正事，而用拉家常的方式消除了赵太后的防御心理（太后之色少解）。然后提出为自己小儿子谋差事的请求，把赵太后的思维引到另一个场景（球传给小想）。赵太后说："都说我怜爱少子，连你这个老男人也懂得怜爱少子？"触龙说："甚于妇人。"赵太后以为终于找到一个懂自己的人了，情感便共鸣了（小情被收买）。等场景换了，防御消除了，情感共鸣了，触龙开始挑战赵太后的小思，用"我以为你爱闺女甚于爱儿子"的论断（反论，反者道之动）抓住赵太后的好奇心，从而引出"为之计深远"的大爱论断。最后驱使赵太后用不一样的视角重新审视这个做人质的问题，"为之计深远"的大计是"令其有功于国"。

我曾经说过 ORID 是一个简单而实用的框架，它对应的是意识的四大动作，即 O 对应感知，R 对应联想，I 对应评估，D 对应决策。把 ORID 当成一个提问框架也是很好的选择。讲师可以向大家提问：感受到什么？联想到什么？如何理解和评估？该怎么做？学员感觉问题是随机提出的。但在讲师内心有一个 ORID 框架，讲师很清楚自己的每个问题在这个框架中的位置，也知道下一个问题的方向。这就是框架的力量：**手握框架，内心不慌**。

上堆下切促思维改变

另一个我比较喜欢用的提问框架是罗伯特·迪尔茨的逻辑层次。思维逻辑层次是神经语言程序学重要的理论基础，最初是由格雷戈里·贝特森提出的，称为 Neuro-Logical Levels。贝特森最初恰恰是从学习和改变的基本层次入手进行研究的。他定义了四个学习层次：学习层次 I 是人们面对特定刺激的行为反应方式的改变，假设方法不变，优化行为；学习层次 II 是行动方案和策略的重新选择，选择另一种方法；学习层次 III 是行动方案和策略组的改变，选择另一套体系；学习层次 IV 关系到更大系统的改变，进入更大的体系审视。

后来罗伯特·迪尔茨在贝特森的基础上发展出今天的逻辑层次模型（见图 8-1）。逻辑层次是指人类所体验的各种要素之间的等级层次关系。无论是实物还是概念，大脑都用自己的等级层次进行分层和分类，高层次的功能都是综合、组织和指导其下面层次的各种相互关系。在高层次上发生的改变，将必然向下"辐射"，从而在低层次上产生相应的改变。在低层次上发生的改变，却不一定能够影响到高层次。

环境：人类的活动总是在特定的环境下进行的，环境给人们提供了支持，同时限制了人们的行为。环境因素回答行为和关系发生在"何时（When）、何地（Where）"的问题。

行为：行为因素是指具体的身体动作，通过活动我们与周围的人和环境互动，为了成功而采取的具体行动步骤。行为因素回答"做什么和如何做（How）"的问题。

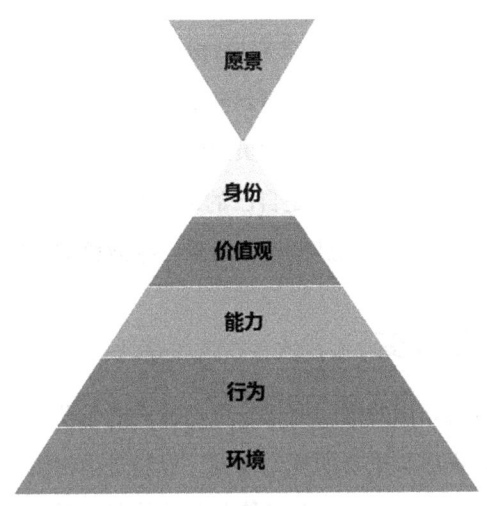

图 8-1 逻辑层次模型

能力：涉及通往成功之路的心灵地图、计划、策略。能力因素回答"需要什么（What）能力才能成功"的问题。

价值观：价值观是指关于自己、他人和周围世界的基本判断和评估，为支持或阻碍特定的能力和行为提供了强化过程。价值观支持了行为的强化过程。价值观因素回答"为什么重要（Why）"的问题。

身份：关系到人们对自己的角色和使命的定位。身份因素回答"我是谁（Who）"的问题。

愿景：关系到人们如何看待自己所属的更大系统以及在该系统中的角色和地位。愿景因素回答"为了谁（For Whom）"以及"为了什么（For What）"的终极问题。

爱因斯坦说过，不能在制造问题的层次来解决问题。逻辑层次恰好给人们一个符合大脑认知规律的层次划分，最大的好处是它能够帮人们从更高的层次看问题，在实践中非常有用。如今，逻辑层次已经是我工作、生活中不可或缺的框架和工具。我常常回想没有逻辑层次的那些年是怎么过的，就像现代人很困惑没有互联网的那些年代是怎么过的一样。

应用逻辑层次的第一步是通过对方（可以是学员、受众等）的表现判断其问题所处的层次。比如,有人说:"我很不喜欢啰里啰唆的表达。"这是一个价值观层次的反应。有人说:"我这人总是丢三落四的。"这是一个身份或者自我形象层次的表达。第二步,当了解对方所处的层次之后,我们可以运用"上堆下切"的策略帮助对方从不同层次思考和觉察自己的问题。

"上堆"是一个归纳总结的收敛过程。比如,有人说:"我很愤怒,恨不得砸了那家商场。""要砸商场"是一个行为层次的表达,那么我们就可以上堆,问一个能力层次的问题:"你一个人能砸得了吗?"如果对方觉得能力不够,也许就放弃了这个念头。如果对方说:"我一个人不行,但我可以叫上我那些好哥们儿一起去砸。"这时,可以再问他一个更高层次的问题:"你这么做是想要得到什么更重要的东西呢?"这是一个价值观层次的问题。如果对方意识到泄愤并不能解决问题,也许就放弃了这个想法。假如对方说:"我就是要出口恶气,争个面子。"还可以从身份层次继续追问:"假如成功砸了这家商场,出了这口恶气,你还是现在的你吗?"引导对方思考泄愤之后的自我形象。如果对方一贯的自我形象是正派善良的,他可能就意识到砸商场的想法太冲动,不应该去干这种事,就此打住。这就是一个不断上堆的过程。

"下切"是一个相反的从抽象到具体的过程。按照理查德·班德勒的说法,大脑在处理信息时常常采用了扭曲、删减、概括的方式而形成限制性的信念。比如,"我真笨"是一个身份层次的表达,当然也是一个高度概括,甚至扭曲的结论。可以下切到能力层次去问:"你觉得你的笨具体体现在哪些方面?"对方可能回答:"我老是算不清账。"算不清账显然只是智力的一个方面,完全用不着给自己扣一个"笨"的大帽子。等对方觉察到其结论含有扭曲、删减、概括的成分后,我们还可以引导其发现其被扭曲或删减掉的亮点。比如,也许你在算账方面不太擅长,但善解人意是你的强项。

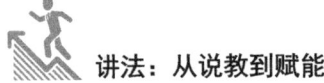

讲法：从说教到赋能

就这样，把逻辑层次当成一个提问框架，需要对方思维收敛的时候上堆，需要对方思维发散的时候下切。用上堆下切的策略，可以让人从更多层次、更全面地审视自己的问题，从而激活更多脑区工作。我之所以推崇逻辑层次，是因为我感觉**五个内在小孩是用大脑物理块区的形式促进人们全面思考的，而逻辑层次更像把大脑虚拟成同心圆，驱使人们用地毯式搜索一样的思考。**

一位领导听了我的课，不久就反馈说："我用上堆下切的策略成功挽留了一位想辞职的女员工。逻辑层次简直太神奇，太好用了。"她的故事背景是：公司迁址后，一位表现很不错的女员工向她提出辞职的想法。她跟这位员工有这样一段对话。

员工：领导，公司离家实在太远了，我想辞职。（行为）

领导：辞职？你想另谋高就，还是回家休息？（行为）

员工：我想在家修整一段时间，工作的事以后再说。（行为）

领导：你不上班可以吗？家里经济条件好呀？（能力）

员工：我先生是某集团高管，收入不低，我不工作也是完全可以的。（能力）

领导：这么说，你是要做全职太太？（身份）

员工：我没想好，先在家歇着，等以后想工作再说。（行为）

领导：十多年寒窗苦读，难道就为了当家庭主妇？（身份）

员工：我没想那么多，就想休息休息，反正不愁生活，何必上班那么辛苦呢。（行为）

领导：我在想，家庭条件好固然让人羡慕，可是经济不独立，家庭地位就不会高。（价值观）

员工：也不是啦，可能只是暂时的。等过段时间后我再找工作。（行为）

领导：等过段时间，你工作的心气就没了，工作的内容也生疏了。（能力）

员工：看来我把事情想简单了，让我再想想吧。（行为）

领导：人都想安逸，可是人的上进心又在鞭策着我们。关键是你想成为谁。（身份）

员工：您说得对。我不是贪图享受的那种人，我应该有我自己的事业。（身份）

领导：祝贺你，重新找回了自己。环境的改变不应该是放弃梦想的理由。（身份）

员工：我想困难是暂时的，一定能找到解决问题的方法。（行为）

领导：我非常欣赏你这股顽强精神。（价值观）

 用提问提高能量的自由度和流动性

人和人的差距其实是能量分配和运用方式的差距，教育的本质实际上是干预一个人的能量分配方式和使用习惯。学习意味着改变。改变什么呢？就是改变学员的能量分配方式和使用习惯。

能量层级与能量自由度

大卫·霍金斯博士提出了能量层级的概念。他根据能量的震动频率将能量划分为不同的层级（见图 8-2）。比如，当能量层级为 20 时叫作羞愧，在此状态下能量的震动频率很低，接近死寂。能量层级再高一点的内疚自责、冷漠、悲伤、恐惧等都是震动频率很低的能量运用。我理解，能量层级低于 100 的人把全部能量用于保全自己，用把自己收缩得很紧的方式只求安全地活着。能量层级在 100~200 的人，把全部能量用来捍卫自己的边界，用于证明自己，其能量状态是扩展的，但其边界感是非常强的。能量层级在 200 以上的人才有了大爱和进取精神，一方面开始模糊了自己的边界，另一方面想做点惠及社会的事业。能量层级在 400 以上的人，逐渐彻底模糊了自己的边界，有家国情怀，以天下为己任，活出圣人、伟人的状态。随着能量层级逐级上升，能量的流动性更好，自由度更高，生命的价值、意义更大。当达到佛的慈悲和基督的博爱的境界时，能量层级最高。

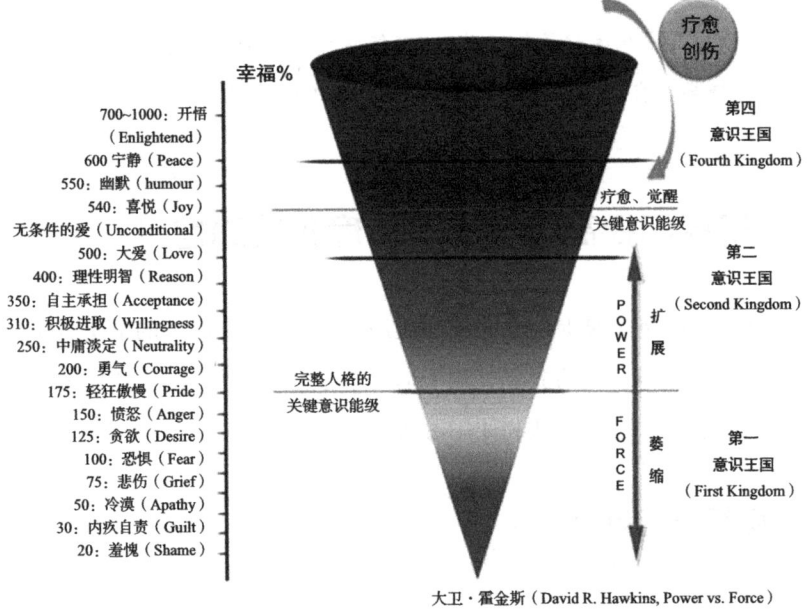

图 8-2　霍金斯能量层级模型

我认为，把提问和能量层级结合起来，从能量运用的角度看，提问的目的就是提高对方能量的自由度和流动性。这两个概念也是我最近提出来的，而且是很重要的概念。

什么叫能量的自由度？人们每天从外界摄入的能量，其中有多大比例是按自己的独立意志自由运用的？有多大比例是受环境所迫、被欲望操纵、为维护自我形象所不得不消耗的？比如，不得不写作业，不得不上班，所有这些"不得不"的能量运用，自由度就不高。大卫·霍金斯理论中那些低层级的能量也是自由度很低的能量。

什么叫能量的流动性？人是一个耗散结构系统。我们每天都要从外界摄入能量以维持生命，同时把自己的能量耗散出去，即能量的运用。耗散结构系统始终要维持一个能量增量和存量的动态平衡。换句话说，人必须保持和外界的能量交换。跟外界的能量交换越畅通、越广泛，能量的流动性越好。人体是全息的，人体的每个细胞也都是一个耗散结构系统，也都要摄入能量和耗散能量。人体的全部细胞110天就代谢一遍，通俗点可以这么理解：从物质的角度看，今天的你和110天的你是两块完全不同的物质。同样的道理，**人的思想也应该流动起来，只有流动起来的思想才能产生价值。**如果一个人的思想常常被某个内在小孩绑架，其流动性就会较差。

身体流动起来，人就不会生病；思想流动起来，人就不会纠结。如果说运动是让身体流动起来的手段，那么，思考就是让思想流动起来的办法，尤其是用不一样的方式思考。提问恰恰是为了促成不一样的思考发生。

其实，每个人都可以分析一下自己的能量状态。例如，在一天中的所有活动中，哪些是你喜欢做的？哪些是你不喜欢却不得不做的？像孔子这样的圣人，达到"年逾七旬，随心所欲而不逾矩"境界，其能量运用的自由度很高，能量层级也很高。能量的自由度是一个人内心的感受，是自己的掌控感。曼德拉被关在监狱里，其能量的自由度却很高；一些看似自由的人，其能量的自由度却可能很低。一个家财万贯的守财奴，其能量的自由度却可能很低；一个今朝有酒今朝醉的叫花子，其能量的自由度却可能很高。

改善能量的自由度

提问就是借助强有力问题把一个人的能量朝自己的梦想、未来、低防御、自己能掌控的方向拉，把一个人从低自由度的能量状态往高自由度的能量状态拉。

当一个人遇到威胁或挑战的时候，本能的防御机制就会启动，能量层级

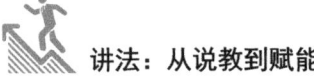
讲法：从说教到赋能

就高不了。置身事外的旁观者，则可以借用问题来干预当事人的能量运用方式，使其能量的自由度较高——朝吻合个人梦想、更自主、更能掌控的方向运用能量；使其能量的流动性更好——更自由、更通畅的能量交换。

比如，有人会陷入抱怨的能量运用方式，整天跟怨妇一样。抱怨是一种防御性的能量运用，如同痛苦的人用呻吟来缓解疼痛一样，抱怨会给抱怨者暂时的慰藉。当一个人把能量用于抱怨而获得暂时的慰藉时，就不会投入能量去适应和改变现状，不做适应和改变的努力，情况会更糟，抱怨者只能用更大的抱怨来慰藉自己……抱怨使抱怨者收缩得越来越紧，能量的自由度和流动性越来越差，能控制的范围越来越小。怎么办呢？冰冻三尺非一日之寒，只能一点一点地把能量层级往高处拉。努力使抱怨者看到，在当前背景下还能做点什么，把目光聚焦在自己能做出的改变，而不是自己不能做出的改变上。

每个人都可以调侃和抱怨北京的雾霾，都可以抱怨有钱人开车，却鲜有人主动选择骑自行车上班。也许每个人都有自己的理由：光我骑自行车上班有什么用？全国那么多人不改变，凭什么我做出改变呢？但是，在这种局面下，作为个体，你唯一能做出的努力就是选择绿色出行。当然，你还可以在网上晒出你绿色出行的照片，呼吁更多的人绿色出行。要坚信，一小群人的努力会改变世界。事实上，世界正是这样被改变的。做好自己能控制的，然后努力扩大影响圈，这是提高能量运用自由度和流动性的有效手段。人人都抱怨雾霾而不作为，雾霾会越来越严重，而要解决问题只能等风来。提高自由度，就要主动做出选择，而不是受制于环境；提高流动性，就要打破自我和环境的限制，让能量更通畅地流动起来。

同频发射，同频返回

一位无助的母亲向心理咨询师求助："我非常痛苦，快被我儿子整疯了。我儿子成天打游戏，各门功课都不及格，在学校里打架，

第8章 强力提问，打通关节

甚至偷偷地抽烟。我刚说了他几句，他竟然一摔门离家出走了……简直逆天啦！我该怎么办呢？"

咨询师说："您讲了这么多孩子的不足，能不能分享几个他的优点？"

母亲想了半天，说："他讨厌透了，我实在找不到他有什么优点。"

咨询师说："您连孩子的一个优点都找不到，我可没法帮助您。麻烦您回去观察他一周，至少发现他身上的三个优点后再来找我。"

过了一周，这位母亲又来了，说她终于凑齐他的三个优点了：他吃饭不挑食、爱运动、字写得不错……说话时，母亲脸上的忧郁神情消退了。

咨询师说："太好了！请您回去向您儿子表达您对他优点的欣赏，并在下一周内再找出他的另外三个优点。"

就这样，过了几周，这位母亲很开心地说："最近儿子的变化很大，优点越来越多。"

咨询师说："那是因为您把注意力转移到他的优点上，用欣赏替代了批评，儿子自然就从防御转向了绽放。您的能量运用方式改变了，也带动儿子的能量运用方式改变了。"

家长把注意力放在孩子的缺点上，家长眼里的孩子就一无是处，而家长的责备必然引来孩子的自我防御。当孩子把能量用于护短（自我防御）的时候，就没有能量再去发挥特长。于是，家长眼里孩子的缺点就会更突出，家长就会更猛烈地批评孩子，孩子自然会更激烈地防御和反抗，事态进入恶性循环。家长的低能量（抱怨、指责）导致了孩子的低能量，可见一个人的能量状态受周围环境的影响很大。打破循环需要从家长开始。家长努力寻找孩子的优点，并表达欣赏和赞许，孩子就不再把全副精力用于自我防御，就会腾出精力发展爱好和发挥特长。家长会看到孩子身上更多值得赞赏的优点，而家长的赞赏会激励孩子更加投入地发展爱好和发挥特长，施展出更多的才

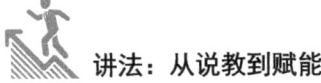

华，事态逐渐进入良性循环。

心理学上有个著名的踢猫效应。一位父亲在公司里受到了老板的批评，回到家后就把沙发上跳来跳去的孩子骂了一顿。孩子心里窝火，就狠狠去踹身边打滚的猫。猫逃到街上，正好碰上一辆卡车开过来。司机为了避让开猫，却开车把路边的老板撞伤了。人的负面情绪会沿着社会地位由强到弱的链条依次传递，由金字塔顶层一直扩散到底层，无处发泄的最弱小的那一方会成为最终的受害者。

大卫·霍金斯的研究显示，1994年的测量结果是世界上85%的人能量层级处于200以下。2006年，78%的人能量层级处于200以下。1994年，全人类的平均意识能量层级为207，2006年是204，2007年是205。我想全社会的能量状态波动背后一定有踢猫效应在起作用。如果地位显赫、影响力很大的人物能量层级较低，他的一次发飙可能引起全社会的能量层级走低的连锁反应。

所以，**作为讲师，无论在什么场合，坚持传递正能量很重要。讲师的高能量层级会带动学员的能量层级走高。**正如美国著名人类学家玛格丽特·米德所说的，**永远不要怀疑一小群坚定的人能够改变世界，事实上，世界正是这样被改变的。**

第 9 章
问答相应，教学相长

满堂灌的讲师基本用不上有效回答学员问题的策略。他们上课就像表演一样从头演到尾。下课铃一响，他们就鞠个躬，宣布下课，然后夹着书扬长而去。学员没有机会向他们提问。当然，这种讲师也害怕学员提问，因为他们只准备了自己所要讲的内容，而学员的问题五花八门。学员一个出乎意料的问题，就有可能把讲师问尴尬了。讲师只管讲、学员只管听的课堂能量就流动不起来，讲师不关心也不知道学员有没有听，是不是听懂了。学员也没机会表达不同意见、汇报其掌握的程度，所以常常身在课堂，心在课外。

古人把学和问组合起来，叫学问。学问学问，边学边问，课堂应该是一问一答的。孔子的《论语》就是师生对话的摘录。中医讲：气为血之帅，帅为气之母。用中医理论类比学问的话，学就是"血"，就是内容；问就是"气"，是问题。用问题做先导，吸引学员的注意力，课堂所传授的内容应该就是问题的答案。讲师没有资格在不提问题的情况下给学员灌输自己认为有用的知识。

第9章 问答相应,教学相长

 从回答问题看讲师的段位

我认为,对讲师水平的划分有一个重要标志,就是讲师对学员提问的态度。换句话说,是用防御的心态还是用欢迎的心态面对学员的提问,可以看作区分讲师水平高低的标志。

教学相长需要讲师付出更大的努力

前文讲到,**培训的本质是干预学员的能量运用方式,提高学员能量的自由度和流动性。**要提高学员能量的流动性,首先讲师能量的流动性要好。如果讲师用防御的心态面对学员的问题,怎么可能提高学员能量的流动性?害怕学员提问或挑战的讲师,其能量处于防御状态,这种状态的长期积累只会让讲师的课越教越枯竭。热衷于跟学员探讨的讲师,其能量的流动性就好,

讲法：从说教到赋能

讲师就有机会借助学员的问题不断提高自己对授课内容的理解，改进自己的课程和授课方式，从学员的分享中收集大量的鲜活素材。教学相长才会真正变为现实。

建构主义认为，任何人的学习都是把从外界获取的信息与自己已有的知识和经验进行整合加工的建构过程。在填鸭式的课堂上，真心想学的学员是可以主动把讲师所传授的结合自己的知识和经验进行建构的，但讲师自己却不能由此建构自己的知识体系。教学对这样的讲师来讲就是一个纯粹的输出过程，讲师自己要想在教学实践中持续提高就变得非常困难。

阿基里斯有一句名言："感谢我的学生，从他们身上我学到更多。"我相信这句话没有半点客套的意思，而是阿基里斯教学最深刻的感悟。要做到教学相长，是要讲师付出更多努力的。我经常说，一堂课讲完后，**学员要有收获，讲师也要有收获，课程还要有升级，课堂应该形成一个学员、讲师、课程三者互相促进和提高的良性循环。**

有的讲师不习惯回答学员的问题，面对学员提问会很紧张。也许，讲师的知识储备和相关经验还是很丰富的，但这份紧张挤占了他的"内存"空间，使他不能用全副精力在课堂上整合自己的知识和经验，临时建构一个让学员满意的答案。如果讲师在慌乱中随便应付几句，又怕引发学员的不满。学员也许会追问，而学员的一再追问会让讲师更加紧张……这样就形成一个恶性循环。这种"刺激—反应"模式的强化，会让讲师更加害怕学员的提问。

学员的问题是讲师提高的机会

首先，讲师要在心态上欢迎学员提问。因为**学员的问题恰恰是讲师在课堂上进行建构的机会**。学员的问题反过来会让讲师陷入思考，即讲师可以借助学员的问题，将自己散落在大脑各处的关于该问题的知识和经验等素材加以连接和整合，然后分享给学员，再邀请学员分享自己的相关知识和经验。只有这样，能量才可以在师生之间流动起来，才可以进入师生相互促进的良

第9章　问答相应，教学相长

性循环。课堂上，讲师帮助学员建构知识和能力的同时，学员也在帮助讲师建构更深刻的理解，提供更丰富的素材。要做到这一点，讲师能做到放空自己、不设防线才是关键。

我在课堂上经常很自恋地跟大家说："站在你们面前的这个人，不仅有 20 多年的管理经验和教学经验，而且每年读 100 本书，我很期待你们提出各种各样的问题并与你们一起探讨。即使我的知识和经验不够用，不是还有在座的各位嘛。我相信大家能够共同探讨出比较满意的答案。"

在课堂上，我总是努力把自己放得很空，让自己很轻松，营造一个很宽松的交流氛围，迎接学员高质量的问题。正是在回答学员问题的过程中我在课堂上才有机会建立新的神经元连接，常常使自己有豁然开朗的感觉。所以，我经常说："在每一堂课上会生产什么效果是有缘分的。我自己都非常期待。"

最近几年，我在上课时也常常不用 PPT，不准备课程，只限定一个主题，上课一开始就征集问题。比如，某次领导力课程主题是如何提高团队凝聚力。我首先征集大家在提高团队凝聚力上遇到的问题，然后选出最突出的问题，继而用微行动学习的方式跟学员们开放式探讨，对每个学员的发言做点评，最后引导大家形成比较一致的结论。整个过程之后，我自己总会从中学到更多。在实践中，我逐渐领略到杰克·韦尔奇在通用电气克劳顿维尔上课的真谛。

 用问题回答问题

《孙子兵法》说："百战百胜，非善之善者也；不战而屈人之兵，善之善者也。"把这句话借用在教学上，可以理解为：百问百答，哪怕滴水不漏，这

讲法：从说教到赋能

并不是高水平的讲师；不回答学员的问题却能解决学员的困惑，这才是高水平的讲师，达到"不答而解人之惑"的境界。

学员提问题是好现象，说明学员的注意力在课堂上。如果讲师对学员的问题有比较现成的答案，给学员一个完满的解答似乎也不赖。但太多的时候，在第一时间讲师的脑海里还没有建构出比较满意的答案。那么，这时候的最佳策略是用问题回答问题，引导学员进行更深层次的思考。

老师没有直接给答案的权利

西方教育格言说：**"学生有提问的权利，老师没有直接给答案的权利。"** 为什么老师没有直接给答案的权利？因为学习的目的是让学生改变，而学生点滴的改变都要靠他自己努力去建构。老师直接给答案反倒阻碍了学生富有成效地思考。

在大学的《离散数学》里有一道题：有13个大小和形状相同的鸡蛋，其中一个坏鸡蛋的重量与其他12个不同。允许用天平秤三次，怎么找到那个与众不同的坏蛋？这个问题困扰了我好久。我曾经反复思考了好几个月，最后才得出正确答案。直到现在，我对当时自己的思考和解答过程依然记忆犹新。

后来，我儿子上到小学五年级的时候，我就给他出这道题，发现他思考得非常吃力。后来我就津津有味地给他讲起我当年的思考过程和最后的答案。又过了两年，等我儿子上初中的时候，我再次跟他提起这道题，他竟然一点印象都没有。我非常纳闷，很多年过去了我对这道题还印象深刻，而且两年前给他讲这道题的场景也还历历在目，他怎么就能忘得一干二净呢？其实，一点都不奇怪。我记忆犹新是因为我曾经在这道题上投入过巨大能量，而他从来没有自己认真思考过这道题。在讲师直接给学员答案的过程中，学员并没有太多的思考,其大脑里并没有建立跟该问题相关的神经元连接,所以印象不深是很自然的事情。由此可见,投入能量地思考在学习过程中是很重要的。

前面提到的德鲁克回答杰克·韦尔奇的提问堪称用问题回答问题的经典案例。杰克·韦尔奇问德鲁克:"到底是卖掉塑胶企业,还是追加投资呢?"德鲁克并没有正面回答他的问题,转而问韦尔奇:"假如社会上有这样一个塑胶企业想卖给你,你买还是不买?"**他用问题让韦尔奇陷入更深层次的思考。**

问答可以像拉风箱一样来回进行。柏拉图的《理想国》中记录了很多苏格拉底和他的学生们的问答过程,问答过程能让参与者的能量流动起来。今天的人们在阅读《理想国》的时候,还依稀能感受到那些对话背后的能量。

用逻辑框架转化学员问题

上一章讲到讲师提问时心里要有一个逻辑框架。只要讲师能够找到学员的问题在其逻辑框架上的位置,就能很容易地转到自己熟悉的逻辑框架上,反过来,可以利用逻辑框架向学员提问。比如,有学员问:"老师,有人说未来大部分培训将借助互联网完成,面授这种形式或将淘汰。您怎么看?"这是一个问哪种形式的培训更有价值的问题,在迪尔茨的逻辑层次上属于价值观层次的问题。讲师定位了学员问题所在的层次后,就可以用"上堆下切"的方法反过来问学员了。

如果讲师选择下切,就可以到行为层次,反问:"你对现场培训和在线培训有什么不同的体验?"引导学员分享两种不同的体验,并自行进行比较。如果讲师选择上堆,就可以到愿景层次,反问:"形式服务于目的。哪种培训方式更有效要看培训的目的是什么。"这个问题引导学员思考培训的目的。如果培训的目的是让学员做出积极的改变,那么,**学员的点滴改变都需要学员自身能量的投入,这个问题就转化成:哪种方式更能促使学员投入更多的**

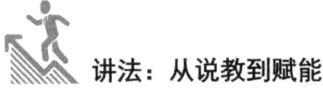
讲法：从说教到赋能

能量？

引导到这里，也许学员自己就明白了。无论哪种形式的培训都需要学员在学习上投入更多的能量。现场培训在促进学员投入上可以更直接；如果在线培训也能让学员自觉自愿地投入，当然可以替代现场培训。问题的关键是如何促进学员在学习上投入更多的能量，而不是表面上的培训形式选择之争。讲师用提问让学员进入更深层次的思考。

用问题回答问题的另一个显而易见的好处是：讲师不仅可以用提问让学员更深入地思考，更重要的是，为自己赢得思考时间。学员思考的同时，讲师可以从容地思考学员所提的问题。等学员回答完问题之后，讲师也可以把自己的思考分享给学员，供其参考。

连环问更有力

我非常喜欢苏格拉底的连环问，他的问题一个接一个。问答过程就像拧螺钉一样，每问一个问题，答案就向结论前进一步，最后逻辑严谨地得出结论。连环问就像盘桓上陡坡，一个问题扣着一个问题，逐步一点一点逼向真理。实际上，问答过程中的每一问都是通往结论的台阶，既降低了学员直接理解结论的难度，又能够步步紧逼，牢牢地抓住学员的注意力。我经常在培训中使用连环问。下面举例说明。

讲师：学习的目的是什么？

学员们可能有多种回答：出绩效、应用、能力提升、解决问题、陶冶情操等。

讲师：谁能用一个词把大家的这些答案都概括进去？

学员：改变！

讲师：对，学习的目的就是改变。不以学员改变为目的的培训都是耍流氓。那么，人容易改变吗？

学员：不容易。

讲师：怎样才能促进学员改变呢？

学员们又开始头脑风暴，最后各路观点趋向统一：最好是让学员内心自觉自愿地改变。

讲师：对，任何积极而持久的改变都是自内而外的。那么，怎样才能做到让学员自内而外地改变呢？

学员：让他自己思考，自己探索。

讲师：对，怎样才能促进学员自己思考和探索呢？

学员：提问，折腾他们。

讲师：对，学员的点滴收获，都是自己投入能量折腾出来的。

这是一段典型的连环互动式问答。对话从学习的目的入手，落脚到有效的培训应如何进行。把重要的结论镶嵌其中，作为对学员互动的回应和点评。**连环提问的方式能够让学员从头到尾都在思考，最后的结论自然是学员思考所得，是自己折腾的结果，学员会有"功成事遂，百姓皆谓：我自然"的感觉。**

用隐喻回答问题

有个学员请教我："老师，我特别爱买书，见了书就走不动，常常一买一大堆，但买回来后又看不过来。尽管家里还有很多没看过的书，但见了好书我禁不住还想买。你说，我该怎么办？"

我略作沉默，回答说："你问这个问题的时候，我脑子里忽然闪出古代皇帝的样子。皇帝们都有很多老婆，三宫六院七十二嫔妃，却常常一个都不用。皇帝娶那么多老婆仅仅是满足了他的占有欲。不知道我脑子里刚闪过的这个画面，对你的问题有没有启发。"学员

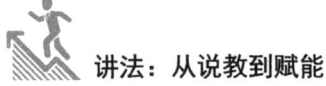
讲法：从说教到赋能

陷入了思考。

我没有直接回答学员的问题，而是给他一个和他的问题有点连接的画面（也可以是故事），然后转而问他："我的画面或故事对你有什么启发？"这是一个似答而非答的回答，这个回答也能让学员陷入更深层次的思考。而这种回答问题的方式，古今中外并不鲜见。

周易的以象喻意及"你懂的"

曾经有一件比较纠结的事情，在不知进退的关头，我就自己课了一卦。得水雷屯，六三爻变。爻辞说："即鹿无虞，唯入于林中；君子几，不如舍，往吝。"意思是说，没有准备的去打鹿，见野鹿跑到树林中，盲目地去追，不如放弃，继续追逐必有憾惜。理解了爻辞的意思，我就决定放弃，不再硬争。

《周易》的爻辞多是隐喻性的。因为问卦的人很多，所问的事很杂，《周易》就采用了以象喻意方法。《周易》卜卦，不能告诉你一个非常确切的建议，而常常给你一个场景：打猎的时候你没有准备，见鹿跑到树林里去了，你追下去不如放弃，因为继续前往会有危险。这就是一个隐喻。无论问卦者是问官司输赢还是男女姻缘，它都给你一个似懂非懂的象，需要问卦者自己把遇到的情境跟爻辞中的隐喻做连接，用类比的方式得出结论。这就是"以象喻意"的智慧。再如，坤卦的初六爻辞说："履霜，坚冰至。"意思是下霜了，快要结冰了。无论问卦者问什么，得到这一爻，就会自己联想这句话要给他的启示。《周易》的每一爻的解释都体现着普世的价值观，都有劝诫作用，似懂非懂的爻辞给问卦者留下巨大的想象空间。仁者见之以为仁，智者见之以为智，仁者智者都觉得有道理。

圣人立象以尽意。立象以尽意就是一种隐喻的手段，不一定是卦很灵，而是问卦者的想象力让卦很灵。孔子对这种方式的评价极高，他说："其称名也小，其取类也大，其旨远，其辞文，其言曲而中，其事肆而隐。"《周易》虽然描述的是细小而具体的卦象，但可以类比的事情很多，托小象而喻大理。其旨意很远，其措辞文雅，其语言曲折委婉却一语中的，其用典直切要害却义理深幽。

星座也好，属相也罢，凡是算卦的事情，多采用投射的原理，故意描述得含混模糊，留下较大的想象空间。**每个人都会结合自己的经历和体悟进行建构，去填补那个空间。**庄子说，天下人都知道"有"的好处，却很少人知道"无"的妙用。

在培训中，讲师回应学员的提问，也完全可以采用"其言曲而中"的策略，用朦胧模糊的语言回答学员的问题。在很多时候，用"你懂的"这三个字做回应，常常会收到意想不到的效果。简析如下。

（1）学员问讲师的问题，其实不少学员是有答案的，只是想从讲师那里得到证实。这个回答等同于讲师给学员证实了。

（2）学员问讲师的问题，自己只掌握了一些素材，还没整合成答案。这个回答可以有效驱动学员思考，让他自发完成答案的整合。

（3）学员自己想明白的才是自己的。这个回答可以促进学员朝着他自己想要的方向去建构，形成自己对问题的理解。

（4）万一学员说："老师，我真的是不懂才问你的，别把皮球踢回来呀。"这时候，讲师可以谈一些跟学员问题相关的原则或理论，然后回答："结合我刚才所说的你再好好想想，就会懂的。"

禅宗大师的参话头

禅宗里的参话头非常盛行。大师总喜欢用一些似懂非懂的话来点播弟子开悟。大师这种似答非答的对话常常让那些苦苦思索的弟子豁然开朗。先看一个参话头的故事。

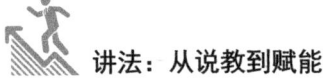
讲法：从说教到赋能

弟子心中一直有个困扰："佛究竟是什么？"他百思不得其解，决定去问师父："师父，你能告诉我，佛究竟是什么吗？"

师父大概深谙老师没有直接给答案的权利的道理，知道弟子的点滴开悟都须他自己证得，于是，理也不理弟子，一门心思地在理他手上的乱麻。弟子等了好久，见师父无动于衷，禁不住又问："佛究竟是什么？"师父瞥了一眼弟子，自言自语道："这团乱麻重五斤。"这简直是一个牛头不对马嘴的回答，弄得弟子一头雾水。

午后，执着的弟子又去问师父。师父正拿个扫把打扫厕所，弟子又来了，问："师父，佛究竟是什么？"师父瞟了一眼弟子，看着自己的扫把头，漫不经心地说："佛就是这块干屎橛。"弟子更加纳闷了，心想："神圣的佛怎么可以是干屎橛呢？"好学的弟子穷追不舍，继续问："师父，我还是没搞明白佛究竟是什么。"这时候，一阵大风吹来，房顶上"啪"地掉下来一块瓦，师父随口说："佛就是这块瓦。"

弟子陷入了更深层次的思考：师父理麻的时候，佛是乱麻；师父扫厕所的时候，佛是干屎橛；当墙上掉下来一块瓦时，佛又是瓦。难道，佛就是当下？弟子终于开悟了。佛就是当下，既不要执着于过去，也不要空想未来，此时此刻，此情此景，是最真实的存在。弟子因此证得了《金刚经》中的那句话："过去心不可得，未来心不可得。"

禅宗里有很多大德高僧悟道因缘的故事。禅宗的参话头和《周易》里的以象喻意类似，都是用含蓄的答案促人另辟蹊径地思考。当一个人被问题困扰的时候，他的大脑就被小思完全控制了。小思最期待的是对方也用论述的方式回答问题，而**参话头恰恰是用情境或描述的方式回答问题，这就激活了提问者大脑里的另外几个内在小孩，往往促成提问者的顿悟。**

《庄子·知北游》有一段关于"道是什么"的论述。

东郭子问于庄子曰:"所谓道,恶乎在?"庄子曰:"无所不在。"东郭子曰:"期而后可。"庄子曰:"在蝼蚁。"曰:"何其下耶?"曰:"在稊稗。"曰:"何其愈下耶?"曰:"在瓦甓。"曰:"何其愈甚耶?"曰:"在屎溺。"东郭子不应。

庄子用蝼蚁、稊稗、瓦甓、屎溺来阐述道无处不在的道理。

渊博的知识常帮倒忙

有时候,学员需要的并非知识渊博和智慧高深的回答,也许仅仅需要一面镜子。有一个撒手锏的办法让你能够回答学员的任何问题,那就是把自己放空,把自己的大脑当成一面镜子,看学员的问题在你的镜子里能成什么样的像。比如,在学员问题的刺激下,在你的大脑里突然闪现出一个画面,突然想起一段往事,突然飘来一句名言,突然唤醒一个故事。你就如实地、不做任何加工地把这它们分享给学员,然后问对他有没有启发。这就是靠直觉用隐喻回答问题,而只有**放下思考,直觉才会出来。**一个人的注意力是有限的,当讲师用全副精力去思考如何回答学员问题的时候,他的感受就被屏蔽了。须知,**感受也是一种思考!**

讲师渊博的知识反倒成为促进学员富有成效地思考的障碍。学员提出一个问题,讲师却滔滔不绝地说了一堆,有的**回答很高深,而学员却领悟不了。**讲师渊博的知识并不总是对教学有帮助的,有时反而扼杀了好问题。

屏蔽了知识、经验,暂时搁置理性的思考,用感受回答问题,也许会取得意想不到的效果。奥修说:"思考越多,感受越少。"《楞严经》一开始就从摩登伽女迷惑阿难的故事说起,展开丝丝入扣的论辩,借助活生生的故事情境弘扬佛法大义;《圣经》从头到尾都是故事;庄子更是讲故事的高手……用故事来隐喻高深的道理是古今中外通用的手法。

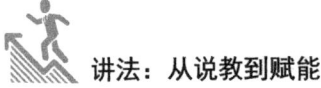

修炼隐喻能力

有学员问我:"你用隐喻的方式讲道理对我确实有启发,但现实的问题是,面对学员突如其来的问题,我如何快速找到一个恰当的隐喻故事呢?"

这就需要对隐喻进行深入的剖析。比如,儿歌里有一句:"我的脸蛋像苹果。"听众听到这句话时,脑海里会闪出脸蛋的画面和苹果的画面。大脑又会自动寻找二者的共同点:圆圆的,带点红。又如,急得像热锅上的蚂蚁。听众会联想到蚂蚁在锅周围焦灼打转的场景,并据此来想象"急"的程度。好的隐喻本身就能激活大片脑区。一个隐喻进入大脑后,主体的形象和客体的形象会激发大脑的形象思维,最重要的是,主体与客体的共通点会激发大脑的想象和类比思维。

仔细推敲会发现,《周易》里的爻辞恰恰是把普世价值观场景化或者故事化了,隐喻背后都有一个价值观,反过来,每个价值观都可以用隐喻的方式来表达。价值观是一个很抽象的概念,而人们总是借助场景来理解抽象的概念。比如,复卦的初九爻辞说:"不远复,无祗悔,元吉。"意思是,出发没多远就返回了,不会造成大的遗憾,吉利。意在提醒人们做事多检视,做人多反思,及时纠偏,才不至于造成大的过错。这个隐喻只是一个普遍真理的场景化表达罢了。

既然各种价值观都有隐喻式的表达,就可以在平时有意识地开发和收集各类价值观的隐喻故事,不断提升自己的隐喻能力。高登·莱维特说:"**构成这个宇宙的不是原子,而是故事。**"讲师何必不做一个有故事的人?丹尼尔·平克把故事力作为领导者决胜未来的六大能力之一。我有一个专门收集和整理故事的小本子,把听到和看到的各类故事用极其简短的语言记录下来,并且给每个故事打上价值观的标签。

积累得越多,课堂上的应对也就越从容。试想,讲师在讲台上,怀里揣着上百个经典故事,面对学员的提问,讲师的脑海里只需做两个动作。首先找出学员所问问题背后的价值观;其次在自己脑海里找一个与之匹配的故事,故事一旦开个头，就可以交给潜意识了。**把功夫下在平时，临场自会应对自如、左右逢源、八面玲珑。**

有学员在课堂上问："我最近很纠结，究竟应该四平八稳地在现单位混下去，还是大胆辞职，趁年轻出去创业呢？"这是一个价值观的选择，即问题的背后是舒适地平庸和勇敢地开创之间的选择。我略加思索，就回答道："你这个问题让我想到一个场景，你去旅游，面前有两条路。一条道路很平坦，游客极多，一路上的景色也很平常；另一条道路崎岖，少有人走，景色却迷人，独有一番风景。假如把你的人生比作一次旅行的话，你内心深处更愿意走哪条路？"我用隐喻让学员陷入沉思，至于她最终得出什么样的结论，做什么样的决策已经不重要了。

用故事提高自己的影响力是一门大学问，不仅开发一个好故事需要花很多的精力，而且把故事讲生动需要下更大的功夫。

 让问答接力下去

课堂的问题不是只提给讲师的，而是提给全班学员的，任何人都可以回答。谁规定，讲师必须亲自完满地回答学员的每个问题？即便讲师能够回答学员的每个问题，难道讲师的作用就只是个搜索引擎？

课堂上的开放式讨论

讲师回应学员问题的一个常用策略是发动全班学员共创一个大家都能接受的答案。某学员提出一个很好的问题，讲师可以征求全班学员的意见："全班一起探讨这个问题有没有价值？"如果问题是共性的，大家就开始探讨。

讲法：从说教到赋能

讲师可以邀请多位学员阐述各自的观点，把多位学员的观点整合起来，也许就是一个不错的答案。这就把一个需要讲师有足够知识储备才能回答的问题，转化成只要讲师具备一定引导技巧就能回答的问题。

在引导过程中，讲师可以尝试把每位学员发言中有贡献的地方提炼出来，作为学员发言后的点评。当然，在讨论过程中，讲师也一直在对该问题进行建构，可以把自己的观点透过点评或总结分享出来。等学员们都发言完了，讲师可以把所有学员有贡献的地方归纳和整合，形成一个相对完整的答案。这个过程非常锻炼讲师的脑力，当然，讲师的收获也比较大。从《论语》中的"子路、曾晳、冉有、公西华侍坐"一篇可以看出，孔子也用这种策略，当一个学生问他一个问题时，他先问另外两个学生怎么看，最后他对三个学生的回答做点评，形成结论。

建构主义主张学员是学习的主体，学习是学员主动探索的过程。讲师在回应学员问题时要充分考虑到学员能量运用的自由度和流动性。讲师无须给学员很具体、很确切的答案，而要给学员留一定的思考和决策空间。每次的分享（包括讲师的分享）也都是学员建构的素材，学员接受多少、采纳多少是学员自己的事。正如当代建构主义大师杰根说：**"我说的每一句话都没有意义，除非你认为其有意义，反过来也一样。"** 讲师的答案越具体、越绝对，学员采纳的概率越低；讲师的语气越肯定、越强势，学员逆反的概率越高。要把这个问题的决策权和操控权留给学员，这就符合老子的主张："有之以为利，无之以为用。"讲师对问题有现成的答案固然有利于讲师回答问题，但学员就不会努力思考了。面对问题，讲师也没有答案，才正好方便大家集思广益地去寻找答案，这就是"无之以为用"的意思。老子的"有无相生"的含义深远：**名师讲得很通透固然方便学员的理解和吸收，但没有名师指导的学员却可以发展出很强的自学能力；有严格流程和配方的西餐大厨，遵循流程和配方固然可以做出标准的西餐，但没有严格流程和配方的"火适中，盐少许"才更有利于天才大厨的发挥。**

第9章 问答相应，教学相长

永远不被问倒的诀窍

问题通常是由学员的内在小孩小思发出的，学员的预期是讲师也用理性的、逻辑的方式回应他的问题。如果讲师偏偏不用理性的、逻辑的方式回应，而采用别的方式回应（讲师不激活自己的小思，而是激活别的内在小孩），学员反倒会感到意外，从而激活了自己的另一个内在小孩。

学员问一个问题，讲师至少可以有多种回应。

回应 1：从你提问的语气判断，问题给你的工作带来了很大困扰。能否分享一下该问题最让你困扰的场景？（从情绪入手，转向场景，驱使学员想象）

回应 2：你的问题让我浑身发紧，汗毛都竖起来了。能否谈谈你当时的感受？（从感受入手，询问感受和情绪）

回应 3：你提问的时候，我的脑海里突然闪出来一个画面（讲师分享画面）……不知道这个画面对你有没有启发？（从画面入手，询问启发）

回应 4：你的提问让我想起我朋友李明的故事……（从情境入手）

用问题回答问题实际上是学员的小思与讲师的小思之间的对话，用论述说理回答问题也是学员的小思与讲师的小思之间的对话。用画面、用故事、用情绪、用感受回答问题，会激活师生之间不同内在小孩的对话。

第 10 章
妙用暗示,转移思维

科技的发展一直在诱导人们追求极致的感官刺激。现在平面的电影已经落伍了，多数电影都是 3D 版的，在迪士尼甚至有 4D、5D 电影，近两年又开始流行虚拟现实技术。3D 电影给人全方位立体的感官刺激，让人感觉事情就发生在眼前；4D 电影用震荡的效果，可以模拟刮风下雨的环境，创造身临其境的感觉。在高科技的发展和竞争压力的双重作用下，服务业在推崇一个理念：给人极致的体验。

评书是另一种艺术形式，这种形式则不需要丰富的感官刺激，只凭说书人的一张嘴，口若悬河，舌灿莲花，也照样可以让受众感受到剑拔弩张的紧张、看到春暖花开的画面、听到小桥流水的声音……说书人用语言激发和引导听众的想象力。想象力是创造力的源泉，人类最伟大之处在于能够用想象创造一个世界。

有意思的是，**外部感官刺激和内在想象力共享大脑的工作记忆空间。**注意力用于感受就顾不上想象，外界的刺激越丰富，内在越缺乏想象的空间，人们想象的机能会越退化。老子说："五色令人目盲，五音令人耳聋，五味令人口爽，驰骋略猎令人心发狂，难得之货令人行妨。"越追求极致的体验，越容易让人心发狂，令人行妨。辩证地看，丰富的感官刺激未必好，极致的感官体验反倒抑制大脑想象机能的发挥。只有夜幕降临的时候才能看到露天电影，闭着眼睛才能做梦。屏蔽了感官刺激，想象力才得以激活。

第 10 章 妙用暗示,转移思维

 教学也要适当留白

倘若我们把给人们的感官刺激称作明示,那么,激发人们的内在想象堪称暗示。明示和暗示的相互关系非常微妙。老子在《道德经》第二章就讲了"有无相生,难易相成,长短相形,高下相倾,音声相和,前后相随"的道理。其实,我觉得还可以补上一句,叫作明暗相合。有很多讲师非常自豪自己把某个知识讲得很透彻,很透彻到底是好还是不好,却要辩证地看。

感官刺激和内在想象的合作

老子说:"有之以为利,无之以为用。""有"给人带来便利,人们可以借助 3D 画面、7.1 声道的音响享受极致的感官刺激;却没有给人留下想象空间,调动人类的天赋——想象力工作。课堂上,假如讲师提出一个问题,并给学

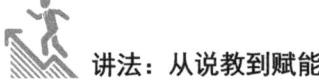
讲法：从说教到赋能

员一个标准答案，告诉学员："努力背过这些答案，考试就能得高分。"这就把本来需要思考的学习过程转化成机械的记忆过程，把本来很有趣的探索过程变成了很痛苦的背诵过程,讲师成功地把学员的大脑变成了陈旧知识的"停尸房"。这些陈旧知识除了考试，再也没有派上用场的时候。

天下皆知"有"的好处，却很少有人深谙"无"的妙用。"有""无"的妙用无处不在。尽管现在的电影可以把光电效果运用到极致，剧情上又处处设置悬念，用悬念牢牢地抓住观众的心，但电影的最后一个镜头一般会留给观众一个悬念，让观众在想象的状态下离开影院。

我们把睁开眼睛看到的世界称作外视觉，把闭上眼睛想象的世界叫作内视觉。显然，内视觉和外视觉是既相互竞争又相互合作的关系。内视觉和外视觉都要挤占有限的注意力资源，挤占同一块工作记忆区,但又能相互协作、相互补位。人们在丛林里看到一个老虎尾巴，就知道那是一只老虎。实际上，看到的只是露在外面的尾巴，其余部分都被草丛挡住了。但强大的内视觉可以通过想象将其补充完整，让人意识到那是一只老虎。八大山人的画常常是寥寥数笔，却价值连城，因为他善于留白，留白会给人留下更多想象空间。同样，在教学上，讲师不仅要给学员必要的外部刺激，更重要的是，要给学员留下想象的余地。当讲师不留余地地把话都讲完时，学员会感叹"这老师真厉害"；当讲师留有一定余地时，学员通过自己的思考完成最后的建构，才会有"功成事遂，百姓皆谓：我自然"的效果。

更深一点讲，所有的**外部感官刺激最终都要转化成内在表象来起作用**，即外因通过内因起作用。既然"有无相生"，教学中就要恰到好处地把握"有"和"无"之间的度，正如我们在讲强有力问题时所强调的，要给学员留下想象和决策空间。

用暗示指引思考的方向

教育的目的是促进学员改变。学员内在驱动的改变才是持久的改变。外

第 10 章 妙用暗示，转移思维

力越强迫人改变，人往往越难改变。要促成学员的内在改变，显然，驱动学员思考要比命令学员顺从更奏效。暗示和提问有异曲同工之妙，也是让学员朝着指引的方向更富有成效地思考。学员思考的时候，他的几个内在小孩都将被激活，产生新的神经元连接的机会就会增多，改变的可能性就会提高。

学习的乐趣在于学员能够全过程地思考，有思考、有体验才有乐趣。暗示的妙处恰恰是把受众的思维往某个方向引领。比如说，你外表的冷静难以掩饰内心的火热。这句话的重心落在"内心的火热"上，就会引导对方的思维有意识地觉察自己内在的热情。当意识一旦把注意力聚焦在探索内在的热情上时，就会向潜意识发送一个请求：我热情吗？哪里表现出热情了？潜意识接到意识的请求后自觉搜索"内心火热"的证据，大脑内部跟"内心火热"相关的素材就被激活了。相反，如果说，你外表的冷静似乎在提醒你，热情背后还是有一些隐忧的。这句话的重心落在"隐忧"上，就引导对方的思维有意识地觉察他的那些隐忧。当意识一旦把注意力聚焦在隐忧上时，就会向潜意识发送一个请求：我有隐忧吗？哪里有隐忧？潜意识接到意识的请求后自觉搜索"隐忧"的证据，大脑内部跟"隐忧"相关的素材就被激活了。

这就是暗示的威力。我们虽然不能驾驭一个人思维的具体内容，却可以利用暗示来引导其思维的方向。

明示是用陈述的方式表达一些思想和价值观，给别人知识和信息。而暗示是给学员一个问题、目标和思考方向，让学员大脑里的五个内在小孩把球传起来。只要内在小孩把球传起来，传得遍数越多、跨度越大，说明学员能量的流动性越好，越容易走出僵化的思维模式。

 用暗示实现能量转移

人们在研究大名鼎鼎的催眠大师米尔顿·埃里克森在教练过程中的用语后发现，这位大师的语言很有特色，他总是说一些模棱两可的话，听起来像废话。恰恰是这些看似什么也没说的废话，却能起到很好的治疗作用。因为这种语言正是一种暗示语言，能够有效驱动学员的想象力，激活其更多脑区。后来人们在埃里克森语言体系的基础上发展出埃里克森暗示法。埃里克森的聪明之处在于，他能够用介乎自言自语和对话之间的、看似模棱两可、实际上却有很强暗示作用的语言，驱动学员的五个内在小孩传球。

知困，然后能自强也

区分是暗示的第一步。区分当事人现在的思考方式和能量运用方式。找到当前的能量运用方式，才好确定要通过暗示将其思维引领到哪个方向。庄子说："物无非彼，物无非是，自彼则不见，自此则知之……是亦彼也，彼亦是也。彼亦一是非，此亦一是非，果且有彼是乎哉？果且无彼是乎哉？"借用大脑的五个内在小孩传球游戏的隐喻来说明，区分的实质就是找到传球游戏中正在控球的那个内在小孩。

人们常常把自己局限在某种思维模式下，只用大脑的一部分工作。人的能量是有限的，而且常常是互斥的。注意力用于找借口，就不会找方法；注意力用于抱怨，就不会反思；注意力用于悲伤，就看不到希望；注意力用于缅怀过去，就看不到未来；注意力用于猜忌，就不会有信任；注意力用于吹毛求疵，就会对优点视而不见……

区分是要诊断当事人的能量状态，判断其能量被困在哪里（见表10-1）。借用《礼记·学记》里的话："学然后知不足，教然后知所困。知不足，然后能自反也；知困，然后能自强也。"要转移学员能量，必须先知道学员当下的能量缺在哪里，困在哪里，然后才能自反、自强。**从能量自由度的角度看，能量自由度高的人自我效能也高，会把目光投向自己可控的方向和未来；而能量自由度低的人自我效能也低，认为自己的能量都受制于环境。**从能量流动性的角度看，能量流动性高的人，更积极、开放，更喜欢创新；而能量流动性低的人更消极、保守，更喜欢坚持原有的模式。

表 10-1　能量状态

低能量状态	高能量状态
受环境控制	自己做主
保持固有模式	拥抱变化
关注过去和当下	关注未来
消极	积极
无能为力	更多可能

当能够准确把握一个人所处的低能量状态后，就不难找到与其对应的高能量状态（事情的另一面），然后选择恰当的暗示方式就可以转变其能量状态。

比较式暗示话术

在地下车库，我眼看着一位刚学会开车的同事费了很大的力气才把车倒进了停车位。下车后，她看着我有点尴尬地说："我的车技总是没有进步。"我回应说："表面上看你的车技一般，可实际上你已经有很大进步了。"当她说车技总是没有进步的时候，满脑子都是那些不敢并线、不会倒库移库的场面，我用一句话将她的思维指向"已经有很大进步"，使她开始搜索车技进步的场面。她兴奋地说："可不是嘛，我刚从驾校出来的时候都不敢上路，现在我上路已经很轻松了，也敢并线了，就是停车稍微生疏点。"

我使用的"表面上……实际上……"正是一种暗示句式。讲师能从学员的反应中洞察学员的能量状态。当我们找到一个人被卡住的低能量状态后，就可以试图引导其把注意力往高能量状态转移。只要用恰当的对立连接语把两种相反的状态连接起来，引导对方关注自己以前没有意识的另一种状态就可以了。惠特莫尔说："你只能控制你意识到的事情，你没有意识到的事情控制着你。"提高一个人的觉察力，使其注意力转移到自己以前不曾意识到的地方，不一样的思维就会发生，积极的改变就值得期待。下面列举几个对立连接语。

- 表面上……实际上……
- 你的意识……而你的潜意识……
- 感觉上……而直觉上……
- 你嘴上说……其实……
- 从一个角度看……从另一个角度看……
- 一种可能是……另一种可能是……
- 按道理说……可实际上……

"你嘴上说没听懂，其实你已经懂了很多。"——引导对方转而盘整自己学懂的内容。"你的意识担忧明天的演讲会不会搞砸，而你的潜意识早已经胸有成竹。"——把注意力转向已有的准备，消除紧张，提升信心。"按道理说不应该一上来就给你这么大的挑战，可实际上你早已经具备了应对这个事件的能力。"——把注意力从关注困难引到关注能力和资源。"从一个角度看你是缺乏经验，从另一个角度看你也没有包袱呀。"——把注意力引向积极因素。

凡事都可以一分为二地看。只要能分成两个方面，就可以用这种对立连接的句式把一个人的注意力从一个方面引向另一个方面。**注意力是改变的源头，精力投在哪里，收获就会在哪里。**讲到这里，不引用老子的另一段精辟的论述不足以阐明比较式暗示的精微之理。老子说："弱者道之用，反者道之动。"道常常以守柔为用，自然有自己本来的秩序，天地万物皆循道而行，人类建立的秩序只是人类眼中的秩序，甚至常常是对自然秩序的破坏，所以要循道守柔。老子认为柔弱者，生之徒；刚强者，死之徒；强梁者，不得其死。因此，他主张无为而治，"我无为而民自化，我好静而民自正，我无事而民自富，我无欲而民自朴"。强力干涉是反自然的教学方式。更精辟的是，道常常向相反的方向运动。老子说："大曰逝，逝曰远，远曰反。"天道好还，物极必反，困住了就往相反的方向探索，必有所得。而比较式暗示恰恰是"反者道之动"的具体操作方法。

嵌入式暗示话术

讲师技术里有一个很重要的原则就是不给建议，原因是直接给人建议很容易引起对方的防御心理。而实践中常常是当局者迷，旁观者清，让旁观者忍住不给建议也是很困难的事情，但是旁观者一给建议，当局者就会产生逆反心理，有独立意志受胁迫的感觉。能否做到既给对方合理建议，又使其不感到逆反的办法呢？先看以下几个样例。

- 我很好奇，这件事情背后有没有另一种可能。
- 我在琢磨，如果你暂时离开这个城市一阵子会不会好些。
- 我不知道你能不能彻底打开心结跟他谈一次。
- 我在问自己，你能不能放下过去，让一切重新开始。
- 我不确定你能不能做到停止这件事对你的继续伤害。
- 不知道你还能不能回忆起跟他在一起的愉快时光。
- 我相信你很容易能够做到让自己完全放松。

仔细分析不难发现，这些例句有一个共同特征，就是讲师把自己的建议巧妙地镶嵌在一个句式中，如"我很好奇……""我不知道你能不能……""我在琢磨，如果你……""我相信你很容易能够……"等。**讲师把自己的建议打包到一个句式中，既会消除意识的受胁迫感，不至于引起心理防御，又能牵引对方的思维进入另一种情境，思维进入另一种情境也就意味着大脑的不同区域被激活，思维方式发生了转变。**

比如，"不知道你还能不能回忆起跟他在一起的愉快时光"这句话就试图把当事人的思维牵引到"愉快时光"的回忆上来。又如，讲师想让当事人放松，如果采用指示的方式说"请你放松"，当事人可能更加不知所措。讲师如果把自己的意图包装一下，采用暗示的方式说："我相信你很容易能够做到让自己完全放松。"表达方式很委婉，当事人就很容易接受和配合。

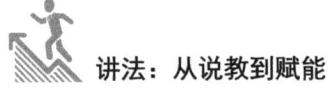
讲法：从说教到赋能

所以，这种打包句式的前半句（包装用语）有两个作用：第一，软化语气，完全消除指示的味道。与其说是建议，不如说更像自言自语，让意识不设防。第二，激发好奇。"我不确定你能不能""我很好奇""我在问自己，你能不能"之类将信将疑的语言，很容易激发当事人的好奇心，激励他去探索新的可能性。

后半句也有两个作用：第一，指明方向。"愉快时光""重新开始"之类的语言，指引对方思考的方向。第二，让潜意识开始工作。既然指明了方向，潜意识就开始接受暗示，在记忆中搜寻"愉快时光"的画面，或者在头脑中构造"重新开始"的场景。激活对方潜意识朝另一个方向、按另一种方式、收集另一类素材，才是这种方式真正的微妙之处。

概括性语言

概括性语言的巧妙之处是给学员一个框架，使每个学员都能够把这个框架跟自己的经历相连接，激发学员产生最适合他自己理解和需求的特定意义。比如，以下的表述方式：

- 让你难忘的幸福时刻
- 对你影响最大的一个人
- 你最重要的财富
- 那种非常满意的感觉
- 最完美的表现
- 你最好的朋友
- 你最想接近的那个人

上述表述都用了一个**概括性总结，引导学员按照该标签在记忆中搜索特定的人物、场景、地点、时间**。每个人都能依据引导找到自己记忆中的幸福时刻，而每个人所找到的幸福时刻都不一样。**概括性语言是说给意识的，一旦意识接受了这个结论，就会向潜意识请求具体的场景**。概括性地叙述本身是一个索引标签,会帮助学员沉浸于内在探索中。指示是普遍性的,个体搜索的内容又是多样性的。概括性语言像一个容器,提供了一个框架,每个学员都可以填入自己具体的内容。《周易》的爻辞就用了概括性语言,所以才会有见仁见智的效果。

老子"有之以为利,无之以为用"的主张又一次得到完美的印证。语言的框架为讲师提供了便利,概括性地表达又为学员装入自己的经验提供了空间。

 ## 神奇的"假如"框架

意识的防卫既保护了我们,也限制了我们。巧妙的语言常常能够让人暂时绕过意识的防卫,打开思维的另一扇门,进入一个新的境地。先看一个例子。

假如能便宜,还能便宜多少

青年小刘疯狂追求心仪女生,久攻不下。恰逢女生过生日,小刘想给她一个惊喜,一咬牙打算送她一个 LV 包。小刘走进 LV 专卖店,看上一款包。可能是因为这款包太流行了,店里只剩下最后一个样品。

小刘问店员:"这款包多少钱?"

店员:"2 万元。"

小刘:"最后一个样品了,能便宜点吗?"

店员:"我们的包都不打折,便宜不了。"

小刘:"给你们老板打个电话吧,商量商量看能不能便宜点。"

店员给老板打了电话,说:"老板,咱们那款 LV 包就剩最后一个样品了,有个客人想便宜点买。你看能便宜点吗?"

老板在电话那边说:"便宜不了,咱们的包多紧俏呀!他要是不

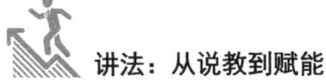
讲法：从说教到赋能

要，一会儿准有人买走。"

店员挂了电话，双手一摊，表示没办法。

小刘仍不死心，问："假如这款包能便宜，请问能便宜多少？"

店员不耐烦地说："不是说了不能便宜吗？还问便宜多少？"

小刘："我问的是'假如'。'假如'你懂吗？又不是真让你便宜。"

店员："什么'假如''假如'的？你把我搞蒙了。"

小刘："要不你再请示一下老板，说我问的是'假如'。"

店员又给老板打电话，说："老板，还是刚才那个客人。他问，假如那款包还能便宜，能便宜多少？"

老板可能正在打麻将，电话里不耐烦地吼："什么？不是说了不能便宜吗？还问便宜多少？"

店员委屈地说："我也这么回答他的。可是，客人问的是'假如'能降价，降多少？'假如'你懂吗？"

老板也被问蒙了，不耐烦地说："那就便宜100元吧。"把电话挂了。

小刘用19 900元买下了那款LV包。

当然，这只是一个笑话，意在说明谈话中用"假如"的威力。小刘用"假如"发问，巧妙地绕过店员和老板的意识防卫，把潜意识强拉到另一种可能。意识一个很重要的职责就是安全防卫和捍卫规则。在谈话中，**用"假如"暂时麻痹意识的防卫，从而绕过意识而激发潜意识的想象力，让潜意识开始建构另一种可能，而这种可能正是以前在意识的防卫下从来没去想过的。**

"假如"背后的框架

如果把不同形式的假如问题归拢到迪尔茨的逻辑层次框架下会发现，"假如"也可以按照逻辑层次划分的。"假如"是以提问方式进行的暗示。

第 10 章 妙用暗示，转移思维

1．环境假如

问对方，假如换一个环境，情况会有什么不同。人们的思维常常受所处环境的限制，假如换一个环境，就会有不同的感受。用"假如"问题暂时解开环境对一个人的束缚，或者设想在另一个环境下问题怎么解决。时间的转移也属于环境变化的一种。

- 假如这件事发生在美国，将怎么处理？
- 假如倒退十年，你选择创业还是打工？

2．行为假如

假如做了某事或假如没做某事，假如去做某事或假如不去做某事，情况会有什么不同。行为的假如可以让人设想另一种行为的可能结果。面向未来的行为假如，可以让人们大胆设想采取某种行为的可能后果；面向过去的行为假如，可以让人们设想当初没选择某种行为的可能后果。

- 假如你去和他深入地谈一谈，会有什么结果？
- 假如你加盟这家公司，会有什么不同？
- 假如当初选择下海创业，到今天会是什么结果？

3．能力假如

人们常常受制于某种能力或资源的限制而感到无力。能力假如的目的是暂时去掉这些限制，假如某人已经具备了某种能力或资源，让人们设想情况会怎么样。当然，也可以有反向的能力假如，让人们设想突然受到某方面的限制，情况会怎么样。

- 假如你有足够的钱，面对这个情况你该如何决策？
- 假如你能够考上哈佛大学，你将如何度过你的大学四年？
- 假如今天是你生命的最后一天，你选择做什么？（乔布斯问）

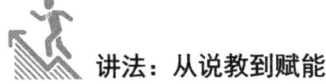

4. 价值观假如

有选择的时候价值观就会起作用。什么是你认为重要的？如果得到重要的，情况又会怎么样？也可以问行为背后的价值观。价值观常常跟情绪紧密连接，情绪常常是对价值观的渲染，价值观常常是情绪背后隐藏的深层动机。

- 你这么做是为了得到什么呢？
- 假如还你公平，对你来讲又意味着什么呢？
- 假如你没任何顾虑，能够很自由地表达自己的看法，你如何看待这件事？

5. 身份假如

身份假如类似换位思考，问一个人穿上另一个人的鞋子怎么走路。人常说："位置决定想法。很多看似能力和执行力的问题，背后其实是角色认知的问题。"斯坦福大学曾经让一部分学生穿上制服扮演狱警，另一部分学生穿上囚服扮演囚犯。当这些学生进入角色之后行为发生了巨大改变：扮演狱警的学生会残暴地对待扮演囚犯的学生，而扮演囚犯的学生竟然默默忍受。所有学生都陷入自己所扮演的角色中无法自拔。可见，角色对人的思想和行为影响之大。身份和角色转移的典型假如问题有：

- 假如你是老板，该怎么处理？
- 假如这件事发生在孔子身上，他会怎么应对？
- 解决问题的关键在于：你是谁？想成为谁？

6. 愿景假如

宏伟、清晰、生动的愿景有巨大的感召力。引导人们在脑海里创建宏伟、清晰、生动的愿景对于激发人们内在动力非常有意义。柯维说："任何事情都要经过两次创造，先是心智上的创造，再是行为上的创造。"有一个穷开心的段子说："等咱哥们儿有钱的时候，豆浆买两碗，喝一碗，倒一碗……"虽然是一个调侃的段子，却精彩地演绎出愿景的重要性。愿景假如可以帮助人们进行心智创造。

- 假如你的这个梦想变为现实,那时候你会是什么感觉?
- 假如你已经拥有百万粉丝,你的事业将是什么样的?

假如你愿意跟我结婚,婚礼怎么进行

有一次讲假如框架,下课的时候,学员们非常热烈地跟我讨论起来,说:"老师,这个假如框架实在是太厉害了。你故事中的小刘随便用一下,买包就省了100元,这东西太有价值了。"又有人说:"我看小刘用假如框架就能把久攻不下的女朋友追到手。"我问:"何以见得?"学员们你一言我一语地开始建构小刘与准女朋友一起过生日的场景。

小刘把 LV 包送给女朋友,然后深情地问:"亲爱的,喜欢吗?"

女朋友感动地说:"太喜欢了,让你破费了。"

小刘不失时机地问:"那你愿意嫁给我吗?"

女朋友:"一个包就想骗我嫁给你?我还没想好。"

小刘:"假如你愿意嫁给我,咱俩是举办一个西式婚礼还是中式婚礼呢?"

女朋友:"想得美!谁说要嫁给你了?"

小刘:"我说'假如'。假如你愿意嫁给我,又不是真的。送你那么好的生日礼物,连个白日梦都不满足一个?"

女朋友:"我将来肯定要办个西式婚礼。在教堂里,我拖着长长的婚纱……"

小刘就跟女朋友你一言我一语地设想婚礼的场面……

一阵异想天开的想象之后,两人脸上都洋溢着幸福的笑容,不知不觉地拥抱在一起。小刘又不失时机地使出撒手锏,问:"假如我们的婚礼完满结束了,客人们也都走了,就剩下我们两个人,接下

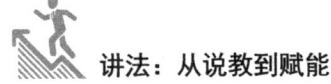

来该干什么呢？"

女朋友："滚，做梦娶媳妇，美死你！"

小刘："我问的是'假如'。'假如'你懂吗？"

课间充满了欢笑。有学员感叹：原来假如框架还可以是追女朋友的利器呀，这堂课真没白来。

暗示的超强穿透力

介绍了这么多暗示之术，很有必要对暗示背后的心理学机制进行一番梳理。一言以蔽之，我认为暗示就是充分调动潜意识工作。乔纳森·海特把潜意识隐喻为大象。我归纳了大象最典型的三个特点：

第一，忠实、温驯，执行力强，喜欢简单清晰的指令，骑象人怎么说就怎么干，而且很勤奋；但自己没有主见，不会自己判断，需要骑象人指明方向，没方向时就偷懒，停滞不前。

第二，凭惯性做事，常感情用事，只顾当下，不考虑长远。

第三，胆小怕事，在轻松优雅的环境下工作效率高，在紧张焦虑的环境下不能正常工作。

爱因斯坦说："想象力比知识更重要，因为知识是有限的，而想象力概括了世界上的一切，推动着社会进步，并且是知识进步的源泉。"想象力是大脑在进化过程中发展出来的重要机能，每个人都有与生俱来的想象力，却很少有人能够充分开发和利用自己的想象力。我认为，暗示正是一种有效管理和利用想象力的能力，无论是嵌入式暗示还是比较式暗示，乃至假如框架，都起着类似的作用，即给人们的想象力换个频道，引导想象的方向和内容。

几种暗示的方法有异曲同工之妙。第一，都是用比较温柔的方式激发大象干活，大象喜欢在轻松愉快的环境下工作。强硬的命令是想象力的杀手，

第 10 章　妙用暗示，转移思维

越紧张、越焦虑，越没有想象力。人的改变是一个多维度的系统工程，暗示和自我暗示在其中扮演着非常重要的角色。诺曼·文森特·皮尔说："世界上最能驱动人的并不是自上而下的命令，而是由内而外的暗示。"第二，无论何种暗示方法，都给学员留下足够的想象空间。用意志力来控制的命令模式是精准指示；暗示则只是方向性的提示，由学员自己用想象力填补具体细节。大象需要的正是方向，有了方向，大象就会发挥其温驯、勤奋的特点，自觉收集相关素材，甚至可以创造性发挥。

讲师永远要给学员留下想象的空间。在教学过程中如果不能充分调动学员的想象力，就是智力资源的巨大浪费。

第 3 部分

赋能型讲师的内功修行

第 11 章
高效阅读，积累知识

常言道:"给人一碗水,自己先须有一桶水。"讲师必须有足够的知识储备,而阅读是人们获取间接经验的重要手段。处在信息爆炸的时代,面对指数增长的知识和信息,提升人们的阅读能力显得非常迫切。

然而,阅读背后的心理机制是复杂的,从阅读到领略背后涉及多个高级思维系统的配合,阅读能力的提升需要大量系统性的练习。阅读是建构思想的手段,阅读的过程实际上是读者和作者观点碰撞的对话过程。无论阅读的内容是好还是不好,只有读者最终领悟的才是读者真正的收获。本章详细阐述跟阅读相关的那些事。

第 11 章 高效阅读，积累知识

 阅读能力急需重塑

现代人每天都会自觉或不自觉地阅读大量读物。遗憾的是，在多数人身上，无效阅读的比例很高——阅读量很大，但从中学到的不多，阅读仅仅是消遣的手段。如何选择性阅读？如何快速阅读？如何提高阅读能力？这些都是非常值得探讨的问题。

认知领域的矛盾凸显

从理论上讲，世界上每个有文化的人都可以是知识和信息的生产者，而互联网又能够方便地把个体生产的知识和信息共享到网上，因此每个人每天都面对着海量的知识和信息。当知识和信息呈指数型增长的时候，个体对知识和信息处理的能力提高得却有限，而且这个趋势将越来越严重。

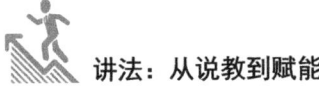
讲法：从说教到赋能

尽管今天我们可以依赖搜索引擎方便地得到自己想要的知识和信息，但大脑要建构自己的认知框架，仍需要依靠大脑的加工处理能力。搜索引擎是可利用的资源，却不能代替大脑。在互联网飞速发展的今天，假如有人要把每天推送到手机上的所有信息一字不落地阅读一遍，恐怕每天24小时不吃不喝不睡也难以完成。

互联网为人们提供了学习间接知识的便利，没有哪个时代能像今天这个时代这样可以方便地获取各个领域的知识。**知识获取的便利性解决了，那么最大的瓶颈就是人类加工处理知识的能力有待提高。**

仅仅在几年前，人们还坚持认为机器人超越人类智能是不可能的事，但这两年，我逐渐倾向于相信机器人有朝一日会超过人类智能。而机器人依靠海量的存储能力和模拟人类神经元的加工处理能力有可能实现对指数型增长的知识的学习和运用。所以，奇点大学校长雷·库兹韦尔预言，在2027年左右，电脑将在智能上超过人脑。

我认为，现代人首先要学会选择性地阅读，每个人都应该有自己的领域和兴趣点。只读自己需要的，抵制垃圾信息的干扰。此外，阅读和学习能力的大幅提升是适应新时代的需要。

阅读背后的心理机制

阅读语言文字是人类加速进化的原因之一。人们可以借助写作把自己的智慧一代一代地传承下去，面向全社会传播开来；可以借助阅读方便地向古人学习，向不认识的人学习。然而，人类的文明史只不过数千年，而阅读并非大脑已经进化好的、生来就预置的本能。大脑并不是为阅读而设计的。阅读过程要有机地整合多个独立的大脑神经系统的功能。看似轻松的阅读，背后却有着非常复杂的心理过程。在阅读过程中，人们不但要根据印刷文字的形状匹配文字的语音，还要快速地找到文字的意义，把文字的形状、语音和意义三者准确地匹配起来，并结合上下文理解整句或全文的意思。整个过程是大脑多种机能的综合运用，需要多个器官的完美配合才能完成。

因此，阅读能力的形成需要大量的练习，不仅要训练阅读所需的每个神经系统的功能，而且要将各个神经系统的功能在阅读过程中进行有机整合。小学生阅读多用默读，内心要读出每个字的读音；而成年人阅读则不需要默读。阅读外语的时候通常要读出读音然后再思考其意思，而阅读母语则不需要这样。这些现象都说明，阅读能力是需要后天持续强化练习的。

阅读背后的成分技能很多。第一是视觉加工。大脑的左侧颞顶区有一个区域，叫作视觉词形区。这个区域对字母和单词能够做出选择性反应。视觉词形区把视觉神经系统跟语言神经系统（颞上沟）连接起来，是快速辨认字词的生理基础。

第二是听觉加工。即便默读，听觉系统也参与了阅读过程，大脑颞上沟区域的语音加工区会在阅读过程中被激活。比如，读到"沆瀣一气"时，即便知道该成语的意思，但如果不知道"瀣"的读音，也会产生阅读障碍。显然，建立和强化阅读所需的特殊语音系统是提升阅读能力的又一个关键。

第三是视觉和听觉的整合。在阅读过程中，人们需要把视觉加工的字形与听觉加工的语音对应起来，这是单词解码的过程。人们能够根据语音写出字形，也能够根据字形读出语音。语音与字形的连接映射机能也需要较长时间的专门练习。

第四是语义加工。在阅读过程中，大脑语义网络和概念图式都会被激活。大脑对不同的概念是用语义网络的形式存储的，而每个概念又都以图式的方式来组织。当你阅读到"张三开车去餐馆"时，"开车"一词会激活驾驶的动作脚本，"餐馆"一词会激活大脑中关于餐馆的典型图式：服务员、餐桌、菜单、主食、饮料、账单等。

第五是理解过程。阅读的目的是与文章的内容建立有意义的连接，阅读过程是读者与文章内容之间的互动过程。读者最后通过与文章内容的交互作用，才能形成对文章的理解。阅读过程中伴随着读者把文章内容与自己已有的知识和经验进行连接的过程。这一系列的复杂加工过程几乎囊括了所有高级思维活动。

看似轻松的阅读却是一件非常复杂的综合性脑力活动，背后涉及非常复杂的多种高级思维系统的配合。阅读能力的提升，需要长期坚持训练。练习阅读和练习盲打类似，功夫下够了，这些复杂的高级思维活动会自动整合。**阅读技能的提升是一个循序渐进的过程，从看图识字到拼音阅读，从逐字朗读到阅读，再到检视阅读，每一步都需要大量的练习。**好消息是，大脑的自动整合一旦形成，人们不仅不会感觉到阅读的辛苦，反而会享受到阅读带来的无限乐趣。

快速阅读需要长期训练

对提高我的阅读能力有很大帮助的一本书叫作《如何阅读一本书》，作者莫提默·艾德勒曾经是《大英百科全书》的编辑指导。因为编《大英百科全书》确实需要海量的阅读，所以我相信莫提默的总结是实践中的总结。《如何阅读一本书》自1940年出版以来，影响了几代人。多年前我看到此书，对我的启发就非常大。我便开始刻意训练自己的阅读能力，最直接的受益是读书速度至少提高一倍。从学习的角度看，这本书的学习也成为我有效学习的典范——理解并付诸实践，最终促成实质性改变。

回过头来看，莫提默给我最大的启发有两点：一是快速阅读，二是主题阅读。多数人的阅读习惯是逐字阅读，所以速度上不去。今天读几页，明天读几页，读读停停，一两个星期才读一本书的1/3。不仅思路的连贯性很受影响，而且缺乏阅读的成就感，中途放弃的概率很大。因此，很多人读一个开头就放弃了。

莫提默启发我要快速阅读。一本两三百页的书，我通常花2~4小时就能读完。在从北京到西安的飞机上，我就能读完一本书。早上7:00到办公室，在9:00开会前，我能读完半本书。在晚餐后到睡觉前，我一口气就可以把剩

第 11 章 高效阅读，积累知识

下的一半读完。如果没有应酬，一天就可以读一本书，而且不耽误工作。为什么我读书能够如此高效？

首先，需要提升的是视觉加工能力。视觉扫描策略很重要。当阅读一行字时，视觉中心会有 2~3 次转移，而每次视觉中心的转移都要覆盖十多个字，伴随着视觉中心的转移眼睛的余光还会兼顾到下一行的部分信息。我不逐字阅读，而是通过视觉中心的三次转移所关注的重点词汇来建构整句的意思。如果没读懂也不返回去重新读，而是等整段读完之后再试图结合上下文理解整段意思。

我经常开玩笑地说："隔一个词读一个词，甚至隔一行读一行，偶尔还可以整段跳过。阅读的速度可能是以前的四倍，读完一本书只需要以前 1/8~1/4 的时间，但获取的信息量是逐字逐句阅读的一半以上。"毫无疑问，这种阅读方法的投入产出比更高。

读多了你就会发现，并不是所有字包含的信息量都是一样的。一般段首、段尾，页首、页尾比较重要，而且核心观点前面都有"认为""所以""总之"之类的词语。读出感觉后，书上的重要信息就会自动往你眼里跳，甚至第六感也参与到阅读中来。

更重要的是，快速阅读能够给人很好的连贯性和成就感，让人思路不被打断地掌握一本书的大概。读书也跟微信运动一样需要看板管理，所以，页码的进展跟步行的步数一样，对人有很大的激励作用。

其次，不动笔墨不看书。阅读时手上拿一支笔，随时标记关键信息，看到特别好的词句还要重点批注，顺手折页。看完一本书后，把书合上，像过一遍电影一样回味一遍，或者返回去快速回顾那些折页重点。多数时候，我会在书最后一页的空白纸上为我标注的重点内容建立一个索引。比如，"P95，视觉词形区"之类的，提醒自己该内容在书中的位置。

如果明天要讲课，隐约觉得要引用十几本书的内容，我就会把这十几本书都找来，直接翻到每本书的最后看当初读书的索引，找到可能要引用的知识条目，然后直奔主题。这样，我把十几本书翻完也只需一两小时。

有人说我这样读书有囫囵吞枣的嫌疑。我认为，现代人写的书不像古文那样字字珠玑，不容囫囵。因为信息量实在是太大了，花尽可能少的时间掌握每本书的大概也就够了，毕竟可选择的余地很大，掌握大概总比读读停停最后放弃要好。再说，如果匆匆读完之后，发现这本书确实写得很好，还可以读第二遍、第三遍，甚至可以精读。

这种方法固然不如逐字逐句读得仔细，难免有信息遗漏，但是投入产出比高。更何况，很多书的核心观点本来就不多，而且经过作者多次强调。如果你已经把握了核心观点，漏掉那些反复强调、不断渲染的细节也无伤大雅，不会影响理解。

快速阅读需要较长时间的刻意训练。越训练，读书的感觉越好（其实任何事情都是如此，写书也一样），效率越高。

阅读也是建构

我的读书观很现实。读书最切实的目的有两个：一个是借以建构自己的思想，另一个是寻求解决某个问题的答案。

书是建构思想的工具

有一年，我在成都举办了一个读者见面会，有个读者拿了两本《上接战略，下接绩效》找我签字。每本书都有很多折页，而且书中贴满了不同颜色的即时贴。几乎每页的空白处都写满了批注。我很好奇地问她："同一本书拿两本找我签字，是给朋友带的吧？"读者说："不，这两本都是我的。我把您的书读了40多遍，每一遍都有很多收获。第一本书被我批注得没地方下笔了，所以又买了一本新的。"我非常感动，当时就说："你读书的方法是对的。"

其实，在我看来，书无所谓读过或没读过，甚至不在乎读了多少遍。宋太宗说过："开卷有益。"翻开一本书，只要你的思维能迅速借助这本书进入建构状态，读多少遍都会有收获。阅读是建构自己思想的手段，书是借以建构思想的工具，重要的是，在读书过程中所激发的思考。我常常阅读到书的某处，结合自己的经验或工作任务陷入深思，并把自己的延展思考都写下来。读书过程就演变成自己的思想整合过程。

后来我发现，我的做法跟爱因斯坦的类似（非常高兴有大师佐证我做法的有效性）。爱因斯坦在谈读书时说："在阅读的书中找出可以把自己引到深处的东西，把其他一切统统抛掉，也就是抛掉使头脑负担过重并将自己诱离要点的一切。"**书无所谓好坏，也无须逐字逐句认真读完，关键在于它能诱发你如何思考。任何一本书，你领悟的部分才是你的。能领悟多少，是要基于你自己已有的知识结构和生活经验的。**

我坚持认为，读书的过程就是和书的作者互动的过程。因此，好书是因人而异的，对你很好的书，对别人未必好，反之亦然。所以，我一直强调读书要有书缘。针对一本公认的好书，我读起来没任何感觉，甚至觉得艰涩难懂，说明我暂时不具备消化其内容的酶。书缘不够，可先将书放一放。等过一段时间，多一些经历，多一些知识积累，再来读。

我有时也会带着批判的眼光读那些写得很烂的书，探索其为什么会写得那么烂。如果换成我来写，需要从中吸取什么教训。带着这种想法去阅读，从公认很烂的书中也能学到很多。因为书只是一方面，很多时候只起到了催化剂的作用。如果书能把你的思维带到很好的建构状态，借助它激活了你的很多知识和经验，产生了很多有价值的神经元连接，促进了你自己思想的建构，书的作用就很大了。最近我读了一本关于心灵鸡汤的书，作者五花八门地罗列了很多好的故事，其中不少故事都引起了我的思考。但读完后我发现，

讲法：从说教到赋能

作者的建构能力实在是太差了。他用一些关于心灵鸡汤的标题，胡乱罗列了一些故事和宣言，勉强堆砌成一本书。如果不挑剔其书的架构的话，只看其中的很多故事就可以用在别的地方成为很好的素材。

我很欣赏一句话："只有你领悟了的才是你自己的。"听课也罢，阅读也罢，浅层次的理解不算什么收获，只有深层次的领悟才是真正的收获。**要深层级的领悟，则需要读者借助书的催化作用进行属于自己的思想建构。**毕竟，读者的点滴收获都是自己投入能量折腾的结果。

有目的的主题阅读

莫提默·艾德勒的《如何阅读一本书》给我的第二大收获就是学会主题阅读，即找到涉及相关主题的书并抽取需要的内容，汲取其可能用上的营养成分。

主题阅读的目的很明确，即要解决某个问题或收集关于某个主题的各种主张。主题阅读的内容不一定都用得上，但至少应该知道在这个领域中有哪些派别，每个派别的基本假设、核心主张是什么，代表人物是谁，这些人做了什么样的实践，有哪些实践性强的著作，市面上有哪些相似的课程，这些课程基于什么理论，课程受众是谁，解决什么问题。在任何一个领域中，要把以上这些问题搞清楚，我的经验是，不阅读三四十本书是不行的。

比如，我曾经做过"态度类的问题该如何教"的主题阅读，就读过 40 本书，涉及教学设计类、认知心理学、教育心理学、普通心理学、社会心理学等多个领域。从一本书中能收集到几个好观点就不错了，而对人有启发的观点就更少了。当 2012 年开发"幸福在哪里"课程时，我们做了关于幸福的主题阅读，涵盖了积极心理学、心理资本等一系列跟幸福有关的图书三四十本。每一本未必全部读完，但至少了解了其核心观点。每个观点未必都能体现到课程中，但了解这些观点对从容应对课堂上的各类提问很有帮助。2014 年，我曾经做过世界 TOP50 的管理思想家主题阅读，我想知道那些被评为管理思想家的大师们是凭什么主张和研究获此殊荣的。

老子讲"多则惑"，书读多了，新的问题就来了。不同人的观点主张都挤进我们的大脑中，横七竖八的，有的甚至互相矛盾，大脑被多种思想装满了。易卜生说："读一个人的书就轻易信了他，那么你的大脑就成了他思想的跑马场。"鲁迅又反驳说："如果你信了易卜生这句话，你的大脑岂不又成了易卜生思想的跑马场。"所以，书读得多了不会偏信，但同时有了"戴了多块表，反倒不知道几点了"的困扰。在主题阅读中，可以尝试把一本书中的核心观点做成即时贴，写下观点、论据、案例等简单的索引，以备可能的应用。假如在主题阅读中读了二十本书，这样的即时贴应该可以收集七八十个。

博览群书之后就要试图建构自己的观点。古人讲："博观约取。"整合不同观点的过程是一个艰苦的理性思维过程。不同书的作者就像盲人摸象故事中的盲人，每个盲人说得都对，却都是以点带面，常常需要读者整合每个盲人的线索在脑海里形成大象的印象。整合需要一个更大的框架，需要类比、归纳、因果、问题解决、综合等多种高级思维过程。我曾经说过，课程开发的过程就是把自己逼疯，然后治好的过程。实际上，任何要形成自己体系的事情都需要这样一个过程。

写给爱阅读的未来大师们

学者要想练好内功，阅读是一个不变的话题。书不能简单地读，好书要读透。书读透了，品位才能从你的言论、行为、作品中体现出来。

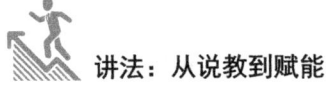
讲法：从说教到赋能

要读经典书

从某种意义上来讲，人的学习都是从对话中产生的。你无时无刻不在和他人对话、和自己对话、和客观事物对话，你所有的学习都在对话中产生。你学习的质量取决于你和什么样的人对话，整天和菜市场的人对话成长得就慢，和世界级大师对话成长得就快。你可能说："我倒是想和世界级大师对话，可是人家不理我呀？"我说："你可以读他的书！"看经典著作就是最便捷的和世界级大师对话的方式。

你没有条件去行万里路，把一个个大师都拜访一遍，但至少可以很方便地找到这些大师的书。2014年年初，我找来2013年《哈佛商业评论》评出的世界TOP50的管理思想家的作品，我想知道他们都是凭什么研究成果成为世界大师的。我把他们的书买来读，用这种方式跟他们对话。与你对话群体的平均水平也侧面反映出你的层次。要想成为大师，就要保持跟世界级大师对话，就要把看书当作一个爱好。

为什么我会有这种感悟？2007年我在担任用友网络陕西分公司总经理的时候，有幸和张维迎、魏为等国内经济学领域大师们的共同老师何炼成教授吃过一次饭。我请教过他一个问题："您是怎么带出这些很厉害的弟子的？"何老说："作为西北大学的教授，我很清楚自己的水平不够。但幸运的是，我们知道世界上谁厉害。我们就让我们的学生反复读这些经济学领域世界名人的作品，读完后让学生讲他们为什么厉害。"何老的座右铭就是"甘为人梯"，所以何老能够教出中国经济学论坛里面最了不起的一些学生。他的经验就是要多读书，读经典书。读经典书就是与世界级大师共舞。

要博览群书

为什么要博览群书？安德森的《认知心理学》，伍尔福德的《教育心理学》，迈尔斯的《心理学》《社会心理学》，曼昆的《经济学》等，当你看这些著作的时候会觉得很苦涩，因为书中引用了大量的其他人的研究成果。书中的一

第 11 章 高效阅读，积累知识

页内容可能引用的是另一个学者毕生的研究成果，背后甚至有好几本专著做支撑。比如，一本《普通心理学》，假如里面引用了 100 个心理学家的理论，就意味着每一个引用的理论背后都有一本书甚至不止一本书做支撑。《普通心理学》只是人类在心理学领域探索成果的一个索引而已。

大师的作品常常是旁征博引的，不信你去看戈尔曼的《情商》I、II、III、IV，找找里面引用了多少人的研究成果。通过读大师的作品，你就会发现，这些大师之所以成为大师，是因为他们也博览群书，他们也读了某个领域世界上几乎所有大师的研究成果。在阅读过程中最让我兴奋的是，看到书的作者引用了一位我熟知的大师的理论，这时候我情不自禁地会心一笑，很有默契和成就感。

假如我考你一下，在普通心理学领域，你能否列举 50 个大师？他们的核心主张是什么？在认知心理学这个子领域，你能否列举 30 个？在教育学、教学设计领域，各列举 30 个？在领导力领域、管理学领域、经济学领域，各列举 30 个？告诉我：这些大师叫什么？是哪国人？核心主张是什么？写过什么书？如果你的脑海里始终徘徊着 100 多个世界级大师的研究成果，你离大师也就不远了。我有很多次晚上睡不着觉，就掰着手指数那些我了解的大师，在我睡着之前至少可以列举 100 多个。假如你讲课时，有 100 个世界级大师的研究成果在背后为你撑腰，你的课能不精彩吗？

其实，读书读到这个程度，也并不难，重要的是，要有持久的积累。在任何领域，不得不了解的世界级大师也就百八十位。心理学是一个非常广泛的领域，不仅研究范围广，而且学派多，如格式塔心理学、精神分析学、实验心理学、行为主义学、认知主义学等，分支也多，如教育心理学、消费心理学、犯罪心理学等。

即便在这种情况下，你要在心理学领域知道大概 150 个大师的理论，就很牛了。到那时，你可以说自己是第 151 个。150 个不就是 150 本书吗？如果每周读一本，每年读 50 本，不就只要 3 年吗？然后自己边读书，边实践验

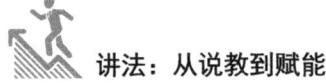
讲法：从说教到赋能

证，边总结发展。只要不呆不笨，坚持下去必然成为大师。

好书反复读

反复读经典就是要保持跟这些世界级大师对话，要试图跟他们思考同样的问题，用同样的方式去思考问题。虽然我提倡快速读书法，但我觉得读书要能快，也要能慢，因为快有快的好处，慢有慢的好处。快速阅读能够帮你快速打开你的涉猎面，反复精读能够让你深度理解前人的成果。一个大师一生的研究成果也只能在一本600页左右的《普通心理学》里占到一页或半页纸。千万不能轻易放过那一页或半页纸。

经典书要反复读还有一个重要的原因是，你的实践在持续演进。所以，每过一段时间，你在实践中积累了一些经验，当带着这些经验再去读你喜欢的大师作品时，你就又会跟他的理论产生新的连接，获得更深的理解。比如《道德经》，我就经常看，每过一年半载，我就想把这段时间的经验尝试和《道德经》的主张连接一下，在连接过程中往往会有让人拍案叫绝的顿悟。圣人是把金石之言揣在怀里深藏不露，而将外表扮成褐衣粗布的朴素样子。《道德经》是老子毕生经历的总结，短短五千字背后却连接着老子一生的因缘和感悟。每句话都是"言有宗，事有君"的，都连接着老子一段独特的人生阅历和思考。我们不知道其背后的故事，也不好接受其最后的结论。所以，对一个理论的深刻理解是要通过和自己的经验、知识深度连接的。

比如，"有之以为利，无之以为用"，我最近对这句滚瓜烂熟的话就有了焕然一新的理解。什么叫有之以为利？有的领导给下属安排工作，事无巨细，详细告诉他第一步怎么弄，第二步怎么弄。下属拿着领导的任务清单去照单抓药，自己不用动脑筋，这就是"有之以为利"。但同时这样做限制了下属大脑机能的发挥，下属失去了开发自己大脑的机会。反过来，领导安排工作只指明一个大的目标和方向，授权让下属想办法达成目标，下属就会自己去探索，动脑筋、想办法，自然就会学习成长。这就是"无之以为用"。拿情境领导理论来套，是指下属的准备度已经是R4（有能力且有意愿并有信心），而领导还用S1（告知式的领导风格），就不能再"有之以为利"，而要"无之以为用"，要让下属充分发挥他们的才智，领导坚持目标导向即可。这就是我对"有之以为利，无之以为用"之间的辩证关系的增量理解。我原以为自己对这句话已经理解得很透彻了，但还是有了新的理解。

这也解释了我喜欢把教学实践、领导力实践和国学经典理念反复迭代连接的原因，我喜欢把国外的术归拢到老祖宗几千年编织好的中国道的筐子里。我对读书的认识也是螺旋式演进的，跟我共事时间长的同人应该感受得到，螺旋式演进实际上是任何事物发展的本质。

按主题参照阅读

比如《普通心理学》，我给大家推荐了好几本。为什么？因为书的作者引用别人研究成果的目的有时是为了论证自己的观点，"六经注我"，这就难免有自己的角度、掺杂自己的感情好恶，可能影响读者的理解。而当同一个人的研究成果被两个以上的人引用以后，你就会发现他们引用和阐述的角度有时是不一样的。通过对比，你能够对其研究成果把握得准一点（当然，找到原著最过瘾，可惜很多时候找不到）。

另外，有时候读一个人的书久了会产生审美疲劳，而把几本书参照着读，不仅可以消除审美疲劳，还可以获得一些额外的收获。我读过7个人写的《认知心理学》，7个不同的版本帮助我理解同一个领域的知识。当然，这跟把经典的书读很多遍也并不矛盾，如安德森的《认知心理学》就值得读10遍以上。

第 12 章
刻意练习,养成习惯

尽管学习的目的是改变，但客观地讲，人的改变是很难的。请大家回顾一下过去的一个自然年度，你能数得出来的明显变化有几个。我想，有三五个明显变化的人已经非常了不起了。再想一想，过去一年里你接受的新思想、新知识有多少。应该非常多吧。所以，不是所有的知识都能付诸实践，也不是所有的知识都需要付诸实践。如果把知识比作种子的话，不是所有的种子都有机会生根发芽，也不是所有发芽的种子最终都能结果。只有跟自己已有的知识和经验深度结合的知识的种子才能在脑海里发芽，才能付诸实践。也只有经过实践验证有效果、有价值的知识，才能逐渐对行为产生实实在在的影响。

知和行之间的距离要么是无穷大，要么是零。人们从知到行的比例接近于种子最终能够开花结果的比例，接近于受精卵最终能够成长为婴儿的比例。如果把知识比作精子，那么数亿精子里只有一个有机会跟卵子结合成为受精卵，甚至并非所有的受精卵最后都能顺利成长为婴儿。因此，真正有效改变的过程比人们想象得要艰难很多。

第 12 章 刻意练习，养成习惯

 为有效改变而练习

苏格拉底说："没有经过省察的人生是不值得活的。"人们不会罔顾自己已有的知识和经验而轻信他人的高谈阔论，而只有把知识和经验结合起来并用行为验证后，才能将其转化成有价值的改变。王阳明说："知是行之始，行是知之成。"**学习的目的在于应用，应用了的知识才能带来价值，经过实践检验的知识才是真知灼见。**

有效改变的迭代循环

请大家回顾一下你的特长或爱好的形成过程。无论你爱好打羽毛球还是爱好玩麻将，其形成的过程都经过了一个"认知—行为—情感—提高认知—更好行为—更好情感……"的无限循环强化过程。每经过一个阶段都有增量的认知、增量的行为和增量的情感，形成螺旋式的迭代。在这个过程中，如果有一个环节掉链子，就不会形成实质性的改变，不会发展成特长或爱好。

玩麻将的人都说新手手气好，其实这是一个错觉。手气好不好是概率问题，新手老手都一样。那些刚开始玩麻将就手气不好的人，其行为没有得到积极的情感体验，其认知就会得出一个结论："我不是玩麻将的料。"于是就不再玩了。而那些手气好的人，行为得到积极的情感体验，其认知也会得出结论："我玩麻将还可以。"于是一个"行为—情感—提高认知"的闭环就完成了，这个闭环会激励他继续玩下去，经过持久的正循环强化，玩麻将就成瘾了。

再如五星教学法，一开始我也是从书上看到的，然后决定试一下，试完之后觉得确实有效果。初次用五星教学法授课，对我来讲就是应用新知的过程，应用的结果给我带来了一种积极的情感体验。这个情感体验就会激励我继续用，再用的时候总体效果还是不错，只是有个别地方不顺畅，课后经过反思，准备做细微的改善后再试，再试时取得了更好的效果……一个持续迭代的正循环就这样形成了。

"认知—行为—情感"循环在柯维的语境里称为"SE-DO-GET"循环，这个循环形成的过程，也是学员持续投入能量的过程。因为每个有效改变的背后都需要学员投入大量的能量长期持续地强化，点滴的收获都是学员自己投入能量折腾的结果。而学员的总能量是有限的，这就决定了人们能够做到的实际改变是有限的。

这个循环从哪里开始并不重要，重要的是要循环迭代起来。《中庸》里有一句话："自诚明，谓之性；自明诚，谓之教。"虔诚地信仰，因为信仰最后逐渐明白，是本性使然；通过学习逐渐明白，最后逐渐发展为信仰，是教化的结果。《中庸》后面还有一句话："诚则明矣，明则诚矣。"诚和明之间就是一种相互促进的关系，懂了就更加信，信了也更加懂。

第 12 章　刻意练习，养成习惯

上万小时的刻意练习

滚雪球过程被普遍认同的法则是 1 万小时法则：要把一项技能掌握到炉火纯青的程度，需要 1 万小时的反复修炼。然而，现实中不乏反例来挑战这个法则。比如，有的讲师讲课讲了几十年，也没有达到炉火纯青的境界；有的厨师做了一辈子饭，也没有成为大厨；有的医生做了一辈子手术，也没有成为名医。问题在于，他们只是把同样的动作重复了 1 万遍，第 1 万遍和第 1 遍并没有太大的区别。很显然，1 万小时是练就专家级功夫的必要条件，而非充分条件。比 1 万小时更重要的是：这 1 万小时是如何支配的。这 1 万小时绝对不是简单地重复，而是有增量地、循序渐进地持续优化。

任何一项需要熟练掌握的动作技能都是多个成分技能的有机整合的表现。比如书法，要写一手好字，其背后就有多个成分技能：字的笔顺和结构、每个笔画的写法、每个偏旁部首的写法、不同字放在一起的视觉效果等等。王羲之练字的时候甚至在生活中去体验每个笔画的神韵。如果能写一手好字的话，说明你的潜意识已经能够自动整合所有这些成分技能。但是如果字写得不好想提高的话，首先要诊断短板在哪个成分技能上。再如，弹钢琴背后的成分技能有：第一，识谱。第二，把谱子上的每个音符匹配到钢琴的按键上。第三，找到按键并根据音符的强弱操作按键。第四，掌握合适的节奏。第五，沉浸在音乐的氛围中并融入情感。

《列子·汤问》里有一则著名的寓言，叫作"纪昌学射"。

> 纪昌者，学射于飞卫。飞卫曰："尔先学不瞬，而后可言射矣。"
>
> 纪昌归，偃卧其妻之机下，以目承牵挺。二年后，虽锥末倒眦，而不瞬也。以告飞卫。飞卫曰："未也，亚学视而后可。视小如大，视微如著，而后告我。"
>
> 昌以牦悬虱于牖，南面而望之。旬日之间，浸大也。三年之后，如车轮焉。以睹余物，皆丘山也。乃以燕角之弧、朔蓬之簳射之，

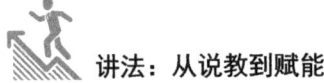
讲法：从说教到赋能

贯虱之心，而悬不绝。以告飞卫。飞卫高蹈拊膺曰："汝得之矣！"

纪昌向飞卫学射箭之术，飞卫指导纪昌从射箭中两个最基本的成分技能——"不瞬"和"视小如大"上下功夫。基本功扎实了，一流箭术自然就练成了。

成分技能还可以分为认知类、态度类和行为动作类。比如游泳，首先，要不怕下水，渴望学会游泳，这是态度。其次，人体漂浮起来的原理，蛙泳、蝶泳的具体姿势等，这些都是知识，需要认知脑理解。再次，连贯的一套手、脚和身体配合的动作，这是行为动作类。

实际的技能掌握过程是一个循序渐进的过程，需要针对性地练习每个成分技能，再花较多精力完成多个成分技能的有机整合。每个新的成分技能都需要一个"认知—行为—情感"循环完成强化整合。我有个隐喻：这1万小时强化过程就像磨豆腐一样，磨一会就要加点豆子、加点水，不断有增量、不断有产出的过程。没有任何基础，想突击式掌握一个复杂的技能几乎不可能。

佛罗里达州心理学安德斯·埃里克森教授专门研究专业技能的获得过程。他发现：在某一个领域精熟的人，不管是小提琴家、外科医生还是运动员，学习方法都异于常人。他们将活动分解为细小的动作。比如，连续数小时在雨中练习同一种击球动作，不断重复。每一次，他们都做微小的——几乎难以觉察的调整，逐步改进。一段时间只刻意练习一个成分技能的好处有两点：其一，大脑工作记忆区的负担不大，能保证足够的注意力投入。其二，动作改进和效果之间的因果关系很直接，便于根据效果调整动作。每一个细微的动作经过反复练习后才能逐渐被体内的僵尸体接管，形成肌肉记忆，自动完成。有人在采访奥运冠军时，问："你是怎么把这套动作做得如此行云流水的？"奥运冠军说："我只刻意彩排第一个动作怎么做，第一个动作做好了，剩下的动作就自动完成了。"

所以，1万小时修成专家的关键在于，持之以恒地把觉知转化成行为习惯，不断提升对业务的理解，不断把新的理解应用于实践中，一段时间改进一点，每一百小时提升1%，持续改进才能修成专家。人们真正需要的是持续的新鲜感和成就感。没有新鲜感和成就感的工作，哪怕是开飞机这样外人觉得高大上的工作，人们也会厌倦的。一门课讲了三遍就产生了厌倦感的讲师，很难成为大师；一门课讲了数百遍却没有任何变化的人，也很难成为大师。只有坚持1万小时，而在这1万小时中不断地有细微的变化和提升的人，才真正掌握了成为大师的奥妙，才可以达到专家的水准。

反复练习导致突触的改变

早在1948年，赫布就提出活动会导致突触的结构发生变化，从而达到增强记忆和快速反应的效果。从神经元连接的角度看，突触连接有长时程增强的现象——在多次反复刺激后，神经元放电频率增强。反复刺激不仅导致突触结构发生变化，还会引起神经元放电频率增强。反复练习实实在在地改变着大脑的物理结构。强化了很久的神经元连接与刚刚搭起来的神经元连接相比，突触的接触面结构不同，连接的强度也不同。可以理解为神经元的连接质量跟人们持续投入的能量正相关。长时间反复练习同一个成分技能，每次练习激活的脑区大致相同，同时被激活部分的脑区会获得更多的血液和氧气。得到更多供血和供氧的脑区当然会更好地发育。

这个现象积极的意义是：**反复练习能够促进脑结构的改变，使记忆更牢靠，技能更娴熟。**消极的意义是：偏执、固化的用脑模式会让人越来越偏执，得抑郁症也是这个道理。

 ## 为灵活应用而强化

学习的目的在于应用。练习的目的在于能够应付各种不同的情况。我把从学习到灵活应用的进阶过程总结成一个坐标模型（见图12-1）。坐标系的横轴代表情境，右边是新的情境，左边是旧的情境。纵轴是人们在不同情境下采取的策略，上方代表新的策略，下方代表旧的策略。策略和情境之间的四种不同组合具体介绍如下。

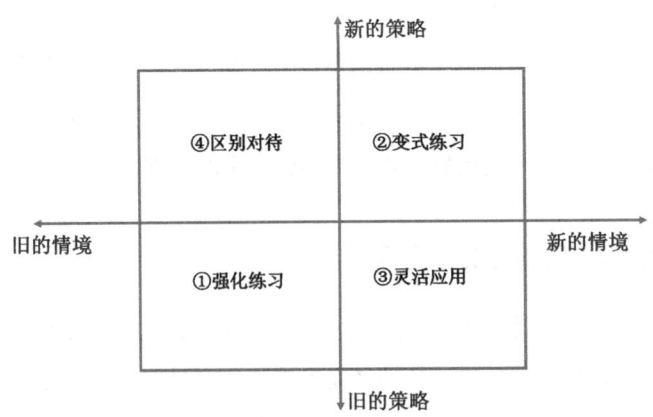

图 12-1　从学习到应用的模型

强化练习：情境相同，策略相同

遇到相同的情境，运用相同策略，取得相同的效果。反复强化练习的目的是将这种反应模式固化成潜意识自动反应。比如，练习乒乓球的杀球动作，发过来的球始终在某个位置，应对方法始终为一个动作。只要过来的球在某个区域、某个高度，一个动作就一定能把球杀过去。这种练习的目的就是逐渐达到"无他，但手熟尔"的境界，让体内的僵尸体自动完成。很多复杂技能的基础技能都需要通过强化练习来达成。复杂是简单的组合和叠加，复杂情境的应对常常需要在基础技能的基础上做组合和调整。

练习基本功是需要毅力的。就像初学弹钢琴，付出很多却看不到直接的成效。手指头都弹肿了，还曲不成曲，调不是调。跑龙套的历尽千辛万苦也只能挣个盒饭钱，大腕露露脸就赚得盆满钵满，而大腕当初也是从跑龙套开始的。"投入很多，收效甚微"是初级阶段的基本规律，也是上帝给专家设的第一个考验。

理想情境毕竟是少数的,而现实情况常常是多变的,需要变式练习来应对变化的情境。

变式练习:情境不同,策略不同

情境不同,对应的策略也应该适当调整。还以乒乓球杀球为例。如果过来的球比预期的位置稍微高一点或者稍微低一点,速度稍微快一点或者稍微慢一点,就要求你能够根据球过来的变化在原来策略的基础上做适当调整,这就叫变式练习。变式练习的本质是在基础策略保持不变的情况下做适应性微调。

变式练习强化的工作量就大了。正如安德斯·埃里克森所言,对每个细小的动作都要做刻意的练习。变式练习就是为处理复杂情况而做的努力,练习覆盖面越广,练习强度越大,选手处理复杂情况的能力越强。顶级的乒乓球选手守着自己的半场,无论对方的球朝哪个方向,以什么速度和力度,他总能处理好。这种技能背后需要大量的变式练习。

灵活应用:情境不同,策略相同

运用相同的策略解决不同情境的问题需要更高的水平。专家厉害的地方就在于能透过现象看本质。当他能够准确地把握不同表现形式背后相同的本质的时候,他就能够做到以道驭术,把相同的策略灵活地运用到不同的情境中。这就需要能够看到情境背后的深层结构,能够抓住问题的本质。

我爱人每天运动 5 000 步以上,体重并没有明显下降。晚饭,餐桌上,无意间说到减肥问题,我跟儿子有了一段对话,深受启发。

我:快点吃,吃完饭去散步,现在要适当减肥。

儿子:散步顶多助消化,不能让人减肥。

我:你为什么这么说?

讲法：从说教到赋能

儿子：我先问你一个理财的问题。假如你每个月固定要有一笔支出，如生活费、还贷款之类，你优先选择用你的定期存款，还是用你每个月的工资还呢？

我：当然用每个月的工资还，定期存款是用来应对不时之需的。

儿子：这就对了，人体能量的运用方式也类似。身体就是当天摄入的能量优先应用于当天的消耗，当天消耗不了的能量以皮下脂肪的方式存储起来。散步这种很寻常的运动，连身体当天摄入的能量都不一定用得了，顶多让人不增肥，但肯定不能让人减肥。只有较长时间或较剧烈的运动，让身体透支，才会消耗储备能量，才有减肥的效果。

我：通透！你怎么知道的？你从哪儿学来的？

儿子：我自己琢磨的。在减肥这个问题上，我认为迈开腿远没有管住嘴有效果。天底下很多事情背后都是同样的道理。

我非常认同儿子的类比迁移能力——用理财来类比减肥，浅显易懂，把复杂的道理阐释得极其清楚。类比思维能帮助人们想明白很多问题，所以可以尝试将很多专业性极强的问题与生活中的常见现象进行类比。大道相通——尽管我们知道太多的道理是相通的，却总是缺乏手段剥开多样性，找到这些共通的道理。

当谈到认知心理学的类比迁移时，我总喜欢举另外一个例子。医生为了救治胃部患有恶性肿瘤的病人，因为病人的病情非常严重，所以不能做手术，只能采用高强度的X射线杀死肿瘤细胞的方法。但是，杀死肿瘤细胞所需的射线强度同样会杀死射线必须经过的健康组织。较低强度的射线不伤害健康组织，却同样不足以杀死肿瘤细胞。怎么办呢？相关人员受到一个古老故事的启发从而解决了这个问题。故事说：有一位将军希望攻破一座城堡，有多条路通往城堡中心。但所有路上都埋有地雷,小队人马可以安全通行,大部队通过就会引爆地雷。将军该怎么办呢?后来将军采用化整为零的办法,把大部队分为若干小分队,每个小分队化装后单独进城,然后在城中心集结,最后成功破城。受此启发,医生认为X射线治疗癌症也可以用化整为零的方式,让多个不伤害健康组织强度的X射线从不同的角度发射,最后都汇聚在肿瘤所在位置,使聚合在肿瘤位置的射线强度足以杀死肿瘤细胞。这样,问题就解决了。

两个表面相差很远的问题,可以用同一种策略解决。而且,知其一,很容易类比地解决其二。类比迁移是一种很重要的思维,对创新和解决问题有很大的帮助。要有意识培养,有意识强连接。比如,面对镜头莫名紧张、有心事就会注意力不集中、嘈杂的环境下很难有效工作,不同的现象背后却是同一个原因:大脑的"内存"被挤占。

区别对待:情境相同,策略不同

更高阶的专家级表现是情境相同,策略不同。高阶专家能够敏锐地捕捉到看似相同情境背后的细微区别,根据细微的线索做出不一样的判断,进而选择不一样的应对策略。

> 测字先生在大街上摆摊儿测字。一个小伙子上来就写了一个"鼠"字。测字先生看了看,捋了捋胡子说:"好字,好命!一辈子衣食无忧。"小伙子付了酬金,很高兴地走了。一个中年旁观者说:"我也写个字吧。"他也写了个"鼠"字,测字先生瞟了一眼他写的"鼠"字,说:"你赶紧跑吧,你的酬金我也不要了。你大难临头,快跑回家也许还能捡回一条命来。"正在中年人将信将疑的时候,几个彪形大汉豁开人群冲着他喊:"小子,可找到你了。弟兄们,给我打!"中年人一看是讨债的,拔腿就跑,还是免不了被一顿暴揍。

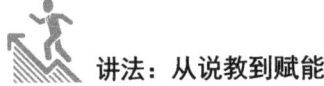

讲法：从说教到赋能

　　鼻青脸肿的中年人一瘸一拐地来到卦摊儿，不解地问："凭什么小伙子写了'鼠'就衣食无忧，而我写了'鼠'就惨遭毒打呢？"测字先生不紧不慢地解释说："那个小伙子写完'鼠'字后，我抬头看见街道上有人挑着一担子大米走来。他岂不是只有福的老鼠？所以我断定他衣食无忧。而你刚写完'鼠'字，我抬头一看，好家伙，有人挑了一挑子猫叫卖。这岂不是要老鼠的命吗？我就让你赶紧逃命。"

　　当然，这只是个笑话，背后却隐藏着深刻的道理。同样的字，能测出不一样的命运，是因为测字先生能看到相同情境背后细微的不同，根据常人难以觉察的不同做出迥然不同的判断，这才是专家修炼的上等功夫。

　　同一技能修炼的进阶过程大致如此。首先，从基本成分技能的反复强化开始，练好扎实的基本功。其次，在基本功的基础上做灵活调整，能够从容应对各种不同的情境。再次，能够透过现象看本质，从不同中看到相同，以不变应万变。最后，达到根据细微的差别做出精准的判断，采取不同策略的更高境界。

 为快速提升而反馈

及时反馈促成反思

　　在从初学者到专家这个漫长的训练过程中，及时、到位的外界反馈起着极其重要的作用。不同体育项目的世界冠军都有自己的教练,可以肯定的是，他们的教练绝对没有他们竞技水平高，却在他们成长的道路上起着极其重要的作用。

　　教练最大的价值是为选手提供及时、恰当的反馈，从而促成选手对每个动作的及时调整。滑雪教练甚至可以教人打网球，游泳教练也未必真会游泳。只要能给选手及时、恰当的反馈，促使选手始终用正确的方法，围绕正确的轨道前进，就是好教练。

反馈的要点针对结果而非行为，即教练要把选手动作的结果作为出发点，以下次行为的目标作为落脚点。

> 教练："这个球没接住的原因是什么？"
> 选手："球速比我估计得快，也可能是我出手晚了。"
> 教练："怎么调整才能接住？"
> 选手："下次我出手早一点。"
> 教练："OK，再试试。"

教练的反馈从动作的结果开始，激发选手寻找原因，又引导出下一次的目标，激发选手探索策略。教练紧盯结果和目标，引导选手自己探索原因和寻找策略。

相反，效果不好的反馈常常是基于行为的反馈，更像指导。

> 教练："你应该出手快点才能接住这种球，当球开始下落的时候再出手就来不及了。"
> 选手："哦。"（缺少自己的思考）
> 教练："再试试吧。"
> 选手："还是没接住。"
> 教练："跟你说多少次了，球开始下落时再出手就来不及了。"

外在的反馈一定要促成选手自己的反思才能最终起作用。简单地说，外因通过内因起作用，反馈通过反思起作用。针对行为的反馈不仅不能有效激发选手思考，而且容易激起选手的情绪反应。人天生愿意自己探索，而讨厌受他人指使；人人都爱学习，却很难接受他人的颐指气使。

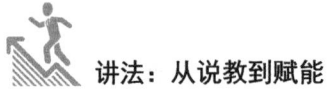
讲法：从说教到赋能

针对目标和结果的反馈，容易激发选手的探索性思维；而针对行为的反馈，容易激发选手的防御性思维。

成分技能的短板影响整体水平的发挥

某个成分技能的不扎实会严重影响整体水平的发挥。比如，考生参加高考做应用题时，审题很到位，思路很清晰，方程也列正确了，最后却没有得出正确的答案。制约他的可能是小学阶段的一个很基础的成分技能——运算能力。运算上的马虎，使正确的式子却得出了错误的解。心态和情绪（可以理解为特殊的成分）在关键时候起了决定作用。

举重运动都是以挑战失败结束的。比如，举重运动员在比赛的最后关头要挑战一下 240 千克。如果该运动员在以前的训练和比赛中从来没有举到过 240 千克，即便比赛临场的身体状态能够举起 240 千克，他失败的可能性仍然很大。为什么？因为这时候更多的挑战不是身体状态，而是他自己的心态：连他自己都不相信能举起 240 千克，即便表面上他还在硬撑，潜意识早就放弃了。心态在关键时候起了重要作用。

在争夺冠亚军的比赛中，两个世界顶级选手都经过了数万小时的训练。任何一方想凭技术动作取胜对方都非常困难，在这种情况下，心理素质就变得极为重要。

> 在 1965 年纽约世界台球冠军赛上，选手路易斯·福克斯在比分遥遥领先的情况下，却意外地被一只挥之不去的苍蝇惹恼了。他和苍蝇的纠葛引来观众台上的哄笑，愤怒的情绪使路易斯失去了冷静。他愤怒地用球杆去打苍蝇，球杆又偏偏碰了一下球，被裁判判为击球。对手约翰抓住击球权后奋力追赶，反超路易斯并获得冠军。第二天，人们在河里发现了路易斯的尸体，他投河自尽了。

只要一方能够把另一方搞紧张，激起对方的某种负面情绪，取胜的概率就会大大提升。哪怕是世界顶级选手，只要他被激怒，他的愤怒情绪就会占据他的大部分注意力，他体内的"僵尸体"就不能正常发挥，平时训练中的高难度技术动作就做不出来。

可贵的纠偏

成年人如果字写得不好，到了中年想重新练得一手好字，其难度比小孩从零基础开始练好字要大很多。为什么呢？成年人已经完成了写字的多个成分技能的强化和整合，形成了固定的反应模式，而且每写一回字就强化一次这种固定的反应模式。假如人到中年对自己的字不满意，因为已经按错误的模式投入了很多能量，所以要写好字对他来讲不是盖新楼而是改造旧楼。这就要找到影响其整体绩效的成分技能，然后针对成分技能进行强化，重新整合。

有为数不少的专业人士，因为某一两个很细微的成分技能的不到位而终究成不了大家。**专业水平越高的人，学习往往变得越困难。**因为他们已经达到很高的造诣，能够给其提出建设性意见的人已经不多，而且他们很高的自我形象会成为他们虚心学习的障碍。

> 我非常看好《中国好声音》这样的节目。每位参赛选手都经过很长时间的训练而达到了精通的水准，却有可能受一两个很细微的成分技能的制约而不能成为顶级高手。假如再给他们讲课，无论是乐理知识还是发声技巧，无论是情感运用还是走场意识，对他们的进步都不会有实质性贡献。在节目中，给选手指派一个导师，导师再带领一组选手形成战队。这样，每位选手就有机会在导师的指导下发现其在演唱过程中存在的细微成分技能的缺失，并进行针对性的训练。这种方法，也许是达到专业水准后，选手持续提高的最佳方法。

《周易·系辞》云："日新之谓盛德，生生之谓易。"从初学到娴熟过程中最难能可贵的是永不满足地持续改进。

第 13 章
反思复盘,持续提高

第4章
高默默耘，盘复思式

人常说："吃一堑，长一智。"从经验中学习似乎也是人的本能。从经验中学习的能力几乎可以说是对个体发展起决定作用的能力。本章重点介绍反思复盘的重要性和常用的方法与策略。

第 13 章 反思复盘,持续提高

 反思促进心智模式的迭代

行万里路,不反思也就是个邮差;读万卷书,不反思也就是个 Kindle。经历和经验之间横亘着一个东西叫反思,经过反思的经历才能称为经验,没有经过反思的经验只能叫经历。有的人工作了 10 年是把同样的事情重复做了 10 年,而有的人只工作了半年就能总结出很多经验。

我认为,反思是一个人心智模式的迭代,就像 App 软件需要常常更新一样,人的心智模式也要常常更新。对以前感到俗不可耐的事情突然觉得其妙不可言,说明你的心智在迭代;对以前奉若至宝的东西突然视如敝屣,说明你的心智在迭代;对以前忍不了、放不下的事情,现在看来没什么、很平常,说明你的心智在迭代。互联网加快了迭代的速度,手机上的 App 每周都在迭代。初始版本功能很一般的 App,可以通过持续迭代演变为广受欢迎的 App。其实,人的心智模式也类似,迭代的速度比最初的天赋要重要得多。请问:

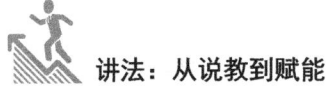讲法：从说教到赋能

你的心智模式多久没迭代了？

名校毕业生表现平平之谜

阿基里斯在哈佛商学院当兼职教授时发现，哈佛商学院的学生在校时总是踌躇满志的样子，大都抱着成为世界 500 强企业首席执行官的职业理想走向社会。阿基里斯就想看看哈佛商学院的毕业生在职场上混得到底如何。他对那些曾经在学校踌躇满志的佼佼者毕业 10 年后的发展情况进行了跟踪调查。结果发现，不小比例的人在职场上表现平平，他们曾经渴望成为首席执行官和行业领头人，却陷入中层管理岗位无法继续提升。

这个现象引起了阿基里斯的好奇，他进一步跟踪那些郁郁不得志的名校毕业生在工作中的行为表现。他发现，他们身上有一个共性：他们都有习惯性防御的特点——没有学会如何从失败中学习。遇到挫折，他们变得过于自我保护，听不进去批评意见，而且把责任推到其他人身上，不会找自己的原因。

这个现象也很容易理解：因为他们带着名校的光环，自我形象很高，当面对失败时，很容易为维护自我形象而陷入习惯性防御状态。他们常常找外部原因，感叹运气不好，抱怨队友不给力等，很难做到深刻的反躬自省。因此，他们在工作中表现出来的学习能力和适应能力并不比普通学校的毕业生强，而是更弱。

在此研究的基础上，阿基里斯后来发展出双环学习的概念。他认为双环学习是学生通过克服自己"习惯性防御"造成的认知障碍，通过反思对自身心智模式的提升和优化。与之对应的单环学习，强调的是对现状的认知和行为模式的提升。最通俗的理解是：单环学习是假设身份、价值观都是完美的，不完美的是做事的方法和行为，学习的目的是提高做事的效率；而双环学习是通过对事件的深刻反思，达到对价值观等层次的心智模式的优化。

阿基里斯还发现，公司的高层管理者身上存在着类似的现象。阿基里斯

曾在1991年《哈佛商业评论》撰文"教会聪明人学会学习"。他说："在一个公司变成学习型组织之前，它必须解决一个问题：竞争的成功越来越依赖于学习，可是大多数人不知道如何学习。更严重的是，那些在公司中居于领导地位、被认为最擅长学习的人，事实上并不善于学习。"《行动学习塑造组织领导力》里也讲到一个现象："**当一个人获得了较高领导地位以后，他正式的领导力发展活动就停止了。**"

从学习的角度看，其背后的道理也很简单。**学习意味着改变，改变的目的是适应环境。**高层管理者高高在上，而那些处在低阶的人们会想办法适应他。掌权者身边不乏趋炎附势、曲意逢迎之人，无论他们做什么都会迎来一片叫好。这会让掌权者误以为自己很高明，激励他们继续任性下去，不做任何改变。实际情况是掌权者不仅未必高明，而且消息闭塞，往往是最后知道坏消息的人。乾隆皇帝刚刚登基的时候，名臣孙嘉淦就向乾隆上了著名的《三习一弊疏》，他说："耳习于所闻，则鼓谀而恶直；目习于所见，则喜柔而恶刚；心习于所是，则喜从而恶违。三习既成，乃生一弊——喜小人而厌君子是也。"孙嘉淦的劝诫对所有位高权重的领导都有借鉴作用。一个很显然的道理：**当一堆人围着你转的时候，你自己的生存能力和适应能力就在下降。**末代皇帝爱新觉罗·溥仪被迫退位后，连基本的生活能力都不具备。

名校毕业生和高层领导者都有很高的自我形象，他们要花更多的能量去建立和维护自己的自我形象，很容易陷入习惯性防御状态。高自我形象客观上成为他们和外界之间的屏障，妨碍了他们能量的流动，也妨碍了他们的学习和进步。国内对恢复高考30多年来的各省高考状元发展情况研究的结论也类似：这些高考状元没有任何一位成为行业领袖，没有任何一位成为领军人物，没有任何一位成为一流科学家。我想其中很大一部分原因就是，过早到来的辉煌和上名校的经历让他们还没有来得及取得更大的人生成就却率先进入自我意识膨胀状态，使他们在接下来的人生中很容易陷入为维护自我形象而习惯性防御的状态，这种状态对他们后续的成长非常不利。

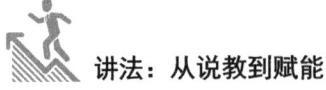
讲法：从说教到赋能

成功前最需要具备的能力

有人问：如何才能走出"获得较高领导地位后，领导力发展就停止了"的怪圈？如何才能做到职位晋升而学习能力同步提高？我认为最重要的解决方法在于，努力在获得荣誉和权力之前，修炼自己的自我反思能力。当还没有具备较强的自我反思能力时就获得了巨大的成功，很容易让一个人栽大跟头。早年的史玉柱就是一个例子。年纪轻轻获得商业上的巨大成功，在众人追捧下把持不住自己，好大喜功地要盖一幢70层的摩天大楼，最后因资金链断裂而破产。

所以，**越有潜力的人才，越应该早早培养自己的学习反思能力。**越想坚实持久发展的事业，经营班子越应该把复盘当成一种工作习惯。柳传志在联想推行复盘工作法，倡导复盘是一种工作方式，实在高明之举。他说："联想有一种被称为复盘的学习方式：做一件事情，无论失败或成功，都要重新演练一遍。大到战略，小到具体问题，原来目标是什么，当时是怎么做的，边界条件是什么，边界条件是否有变化，都要重新演练一遍。我觉得这是提高自己非常重要的一种方式。"

在复杂多变的商业社会，没有人能够永远把握住机遇，没有人能够永远不犯错误，关键是如何在经验中学习，不断提升自己的心智模式，持续提高自己对环境的适应能力。华为轮值主席徐直说："经验是华为最大的浪费。"不要轻易放过一段经验，如果能够从每一段经验中榨取一点未来可能用得上的财富，日积月累下来就是大智慧。人力资源管理大师戴维·尤里奇最爱问的问题就是："你从中学到了什么？"

霍华德·加德纳把反思智能作为人的八大基本智能之一。稻盛和夫的六项精进把反思作为其中之一。他认为，"竭尽全力、拼命工作"再加上"天天反省"，人的灵魂就会被净化，就会变得更美丽、更高尚。反省就是耕耘、整理心灵的庭院。要通过天天反省，扫除心中的邪念，然后播种美丽的花草，让清新、高尚的思想占领心灵的庭院。

第 13 章 反思复盘，持续提高

反思的根本目的是在经验中萃取有价值的元素，从而优化自己的思维模式和能量运用方式。反思实际上是心智模式的持续迭代过程。一个人在成功之前就能养成时时反思的习惯，在事业的道路上抗风险的能力就很强。从某种意义上讲，他更具备持续成功的可能性。反之，即便取得暂时的成功，也必将因为不具备反思能力而遭遇巨大挫折。

 ## 把复盘当成人生习惯

阿基里斯把学习分为单环学习和双环学习，单环学习致力于行为层次的提升，双环学习涉及价值观层次的优化。对应到复盘上，也有两种基本形式的复盘：一种是方法论复盘，另一种是价值观复盘。

两种不同类型的复盘

方法论复盘的目的是提高学员当以后遇到类似情境时的反应能力。通过复盘总结出的方法和套路，可以当下次遇到类似情况时，三下五除二，类似自动化地快速解决问题，提高效率，少费精力。上高中学习三角函数时，一个公式被老师推导了半个黑板，半天才得出一个结论。当以后再遇到类似题目时，就不需要重新推导，而可以直接套用现成的三角函数公式。套用现成的公式就提高了效率，节约了时间。总结归纳形成现成公式的过程就类似方法论复盘。

价值观复盘的目的是帮助学员当以后遇到类似情境时能做出对的选择。快速反应不是第一目标，在关键时刻能做出正确选择才是第一目标。孔子说自己的弟子颜回"不迁怒、不贰过"，能做到"有不善，未尝不知；知之，未尝复行也"。可以理解以"不贰过"为目的的复盘为价值观复盘。越是在春风得意或者艰难困苦的环境下的两难选择，越能凸显一个人的价值观。所以，

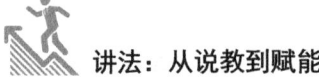

价值观复盘的重点是深度剖析事件过程中重大选择的有效性，不同的选择会有不同的结果，比对结果和预期的差异，探索在既定情境下的最佳选择。

我结合人类学家格雷戈里·贝特森的学习和改变层次以及后来迪尔茨在贝特森的基础上发展出来的逻辑层次，意识到单环学习和双环学习也可以拓展。对照迪尔茨的逻辑层次，如果说单环学习对应的是行为和能力层次的提高与改进，双环学习对应的是价值观层次的提升与优化，那么，还可以有致力于身份层次提高的三环学习，激发一个人成为更好的自己显然是更高层次的学习。当然，还可以有激发和创建更伟大、更高尚的人生愿景的四环学习。

提炼方法：解放前额叶运动

方法论复盘的目的就是从已经发生的事件中开发出一套应对某类情境的流程和工具。大脑处理各项事务的过程分为三种类型：第一种，自动化完成过程；第二种，有现成的方法的半自动化过程；第三种，临时想办法的过程。借用开车来说明这三者的不同。

情境1：你在路上边开车边听音乐，突然，前车来了个急刹车，你也下意识地"咔"一下把车刹住了。这个过程你完全是自动反应，靠潜意识完成。

情境2：你把车开到路边要停车，正好路边有个车位，但车位前面有车，后面也有车，只是中间空出一个车位。看到这种情况，你心里很有把握，心想这就是一个标准的侧方位停车，在驾校学过。你略加思索就能把车停到中间这个车位里。

情境3：当你办完事出来准备开车回家的时候，你发现有人把车停到你车的旁边，把你的车别到里面去了。你目测了一下，感觉前车和旁边车之间的夹缝有一车宽，你的车是可以开出来的，但需要慢慢腾挪。这就是一个全新的问题，你要临时想办法来解决。

借用罗姆索斯基的理论分析一下这三种情境下的心理过程。罗姆索斯基把大脑处理信息的机能虚拟为四大模块：感应器、存储器、处理器和效应器。

第 13 章 反思复盘，持续提高

这四大模块正好可以与意识的四大机能一一对应：感知、联想、评估、决策，如图 13-1 所示。

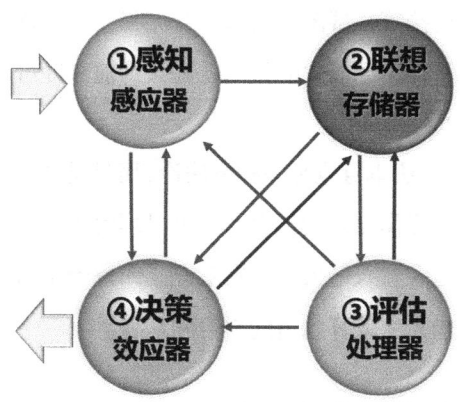

图 13-1 四大模块与四大机能的对应关系

情境 1 是从感知直接到处理：①-④模式。

情境 2 是从感知到提取策略再到处理：①-②-④模式。

情境 3 是从感知到联想，再到评估，最后到处理：①-②-③-④模式。

实际上，大脑学习的过程就是试图把临时想办法的过程逐渐转化成有现成办法的半自动化过程，再逐渐把半自动化过程逐渐转化成潜意识直接反应的自动化完成过程。无论是①-②-④模式，还是①-②-③-④模式，大脑会自觉把解决问题使用的办法存储起来，即①-②-④-②，或①-②-③-④-②，以备将来遇到后调用。这个存储实际上就是学习过程。

后来我从脑神经科学了解到：①-②-③-④这种全新情境反应模式，全靠前额叶完成；而①-②-④反应模式，则会激活顶叶，通过大量练习后，一些现成的解决问题的办法会转移到顶叶完成。至于①-④反应模式，则根本不用过大脑皮层，丘脑、小脑和基底神经配合就可以自动完成。所以，我认为，总结和提炼方法技能的根本目的是解放前额叶。专家做事的时候激活一大片脑区，前额叶很轻松，所以显得自在从容、游刃有余。而新手做事的时候没有现成的办法，全靠前额叶临时想办法，工作记忆区负荷严重超载，所以显得手忙脚乱、捉襟见肘。

方法论复盘就是要捋一捋做事全过程的节点，如每个节点该做什么、如何做、节点间如何衔接等，试图总结出一套流程，将操作过程程序化。程序化过程也是标准化过程，标准化的目的就是大脑前额叶可以将某些工作授权给顶叶、小脑和基底神经完成。

有意思的，复盘方法本身也是一种方法论，而且是开发方法论的方法论。教育学上把这种能力称作元认知能力，也可以理解为学习能力。我认为，从经验中学习的能力是人和人最大的区别之一。**如果一个人能把复盘当成生活和工作的习惯，他的人生就开始迈向自信和从容。**

优选决策：像导弹一样逼近人生目标

价值观是一个人表现出来的一种比较稳定的审美倾向和选择标准。所以，没有选择就体现不出来价值观，越艰难的选择，越容易凸显一个人的价值观。你跟一个人相处10年却不一定了解他，因为在这10年里你们只是表层交往，没有冲突。在极端困顿和极端得意的两极状态中，最容易凸显一个人的价值观。没有大的选择和严峻考验时，价值观往往隐藏在背后。

价值观复盘要从事件过程中的决策点入手，每个环节做了什么样的选择，又得到了什么样的结果。选择背后是价值观和信念。史玉柱当年盖摩天大楼导致他破产。等他东山再起的时候，他就选择为当初那些认购了他楼花的客户退钱。这个重大选择就传达了史玉柱的价值观，也大大提高了他在公众心目中的形象。

理想情况是，做了符合价值观的选择，而且得到了跟价值观相符的结果，这就是正强化。复盘时将得出一条结论：下次继续这种选择。另一种情况是，事件的结果跟当初预想的不一样，下次遇到类似情况时就要考虑新的选择，而新的选择背后就可能涉及价值观的调整。比如，30年前多数中国人根深蒂固地认为贷款买房压力太大，所以总不愿意贷款买房，后来经过复盘觉得还是贷款划算。两种不同选择的背后伴随着价值观的迁移。价值观是相对稳定的,只有经历过刻骨铭心的教训才会真正迁移。

价值观复盘是需要勇气和魄力的。自我保护意识强的人,常常习惯性地陷入自我防御状态,外归因倾向明显,遇到问题老抱怨环境和他人。抱怨环境和他人固然可以让自己暂时轻松一下,但同时错失了从错误中学习的机会。可以借用鲁迅先生的那句话形容复盘:"真正的勇士,敢于直面惨淡的人生。"直面流血牺牲之痛,为的是避免再次流血牺牲。

德鲁克在他的《21世纪的管理挑战》一书中,有很多论述采用的都是复盘语言。比如,他问:"你当初的目标是什么?你从中学到了什么?"所以,价值观复盘最好是复盘者本人私下进行,即所谓的自我批评。

人生能否像导弹运行一样逐步逼近自己的目标?《自控原理》一书讲得很明白,导弹逼近目标是靠一个无限死循环的反馈电路。首先,控制器发送指令给执行器,执行器来驱动被控对象,被控对象的运动状态会被传感器采集并反馈给控制器,控制器再把被控对象的当前状态和目标状态进行比对,根据比对结果计算下一步的控制策略,发送新的指令给执行器……控制器总是根据被控对象的状态来调整控制策略,一个无限循环迭代逼近目标的系统就这样形成了(见图13-2)。反馈电路给我最大的启示:**要根据对方的反应来调整自己的行为,重要的不是我做了什么,而是我的所作所为让对方身上发生了什么反应,再根据反应来调整自己的行为,我唯一能控制的是自己的行为。**

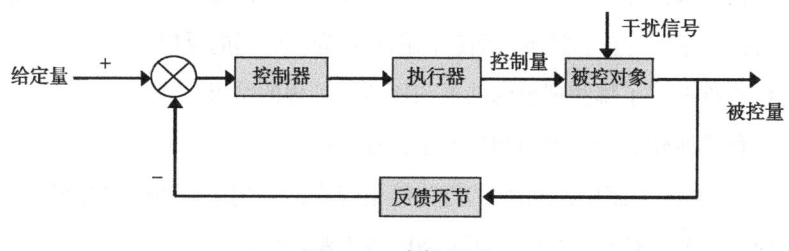

图 13-2 自控原理

类比到人们的复盘上就是，人们做事总会有个最初的意图，根据意图采取行动,行动后必然有个结果,而这个结果返回来要跟当初的意图进行比对。如果结果跟意图相符，顺利实现了当初的目标，就继续坚持；如果结果跟意图不相符，就要制定改进策略。这个改进策略就是从复盘中所学的。下面借助联想的复盘框架（见图13-3）略做说明。

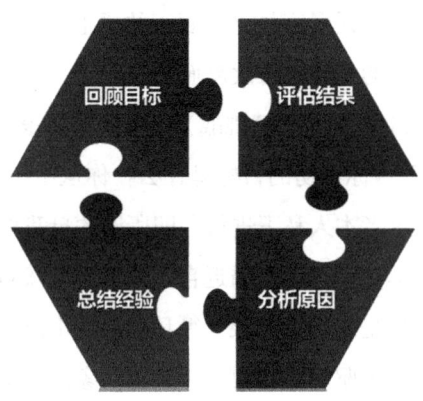

图 13-3　联想的复盘框架

回顾目标：有时候目标本来就是冲动的选择而非与价值观一致的选择；另外，你确立目标时很容易只考虑自己的利益，而忽视对方的利益。典型复盘问题：

- 当初的目标是你真正想要的吗？目标与价值观相符吗？
- 确立目标的时候有没有关注共同利益，兼顾对方目标？

评估结果：你的行为所带来的结果往往跟当初的意图不一致。你常常会根据自己的意图为自己辩解，而忽视你的行为所引起的反应。

- 事件取得了哪些理想的结果和哪些不理想的结果？
- 你的所作所为达到当初的既定目标了吗？为什么？

分析原因：人们总是用你的行为给他带来的影响来猜测你的意图，并据此回应。一个人对他人意图的猜测90%以上都是错误的。

- 你的所作所为给对方的感受是什么？

- 对方如何理解你的意图？做出了什么反应？

总结经验：你唯一能控制的是自己的行为，根据对方的反应来调整自己的行为。适应社会是一个持续改进的迭代过程。

- 如何使行为的结果（对方的反应）和当初的意图一致？
- 从这个事件中学到了什么？

一位妈妈复盘了他与儿子的一次激烈冲突。在儿子上高三那一年，家里为了让儿子上下学少费周折，特意请专车接送儿子上下学。让妈妈失望的是，在高三第一学期期中考试中，儿子各科成绩居然大幅下滑。妈妈决定找儿子谈话，想督促儿子好好学习。

妈妈："儿子，我和你爸都是工薪阶层，收入也不高，我们每个月花 1 000 多元雇用专车接送你上下学，你却用这样的成绩回报我们？"

儿子："你以为我爱坐专车上下学呀？从明天开始我自己坐公交车上下学。"第二天儿子坚决不再坐专车上下学，母子之间的不愉快持续了很长时间。

我们用复盘四步法对该案例进行复盘。

回顾目标：妈妈的意图是希望儿子意识到父母的良苦用心，从而更加奋发。

评估结果：妈妈的行为得到了跟其意图相反的结果。儿子表现出更大的对抗情绪，拒绝再坐专车上下学。

分析原因：人们采取的行为很多时候取得了跟自己意图相反的结果。为什么妈妈的行为没有得到预期的结果？因为儿子会根据妈妈的行为对他造成的影响或感受来猜测妈妈的意图，儿子会将妈妈的行为理解为"要债"，好像一次考试没有考好就像欠了父母一笔债一样。妈妈的行为客观上让儿子产生了愧疚的心理。愧疚是很低的能量层次，所以儿子就会有情绪反抗。

总结经验：如何才能达到让儿子更加奋发的目的？显然，要从儿子的角度来分析。面对考试失利，儿子自己也很难过，最渴望得到理解、安慰和鼓励，而不是指责和抱怨。要达到激发儿子更加奋发的目的，更应该朝未来看，使其从失利的阴影中走出来，树立更高的目标，开启一个新的局面。

经过复盘，妈妈更应该说："我知道这次考试失利让你很难过，刚开始我跟你爸也很难过。不过，现在我想明白了，毕竟这才是高三的第一次考试，后面还有机会。此刻咱们应该考虑如何在下一次考试中挽回，没必要为打翻的咖啡哭泣。加油，相信儿子能行。"

两种复盘混合进行

为了论述方便把复盘分为方法论复盘和价值观复盘，但在具体实践中，不容易也没必要把二者区分得那么清楚。会学习的人，不会轻易放过每一段经历，遇事必问：当初为什么出发？是否达到了目的？从中学到了什么？如何改进下次才能做得更好？对自己参与的事件进行深入的反思是最有效的学习方式，从直接经验中归纳总结某种规律，以期在未来的实践中应用。这是人类的智慧之处，也是学习的精要之处。

比如，一堂课讲完后，讲师要复盘。一部分是教学策略复盘，讲师可以在脑海里回放整个课程的进行过程，看那些环节还可以优化；另一部分是教学内容复盘，课堂上学员问了哪些问题，展开了哪些有意义、有价值的讨论，学员有什么精彩的案例分享，学员的问题有没有促成讲师更深层的思考等。教学内容的复盘有不少会涉及价值观层次。

我公众号中的文章有不少都是我对一些真实经历复盘的总结（读者可自行查阅）。复盘是很好的知识整理，不能只看书和做事，还要及时地通过复盘的方式整理心灵的花园。

第 13 章 反思复盘，持续提高

 ## 复盘背后的能量运用

从能量运用的角度看，复盘和课堂学习有很大的不同。复盘倾向于对过去已经投入的能量进行梳理，以期获得认知上的提高，从而指导未来的实践；而课堂学习则更多从理论入手，以期学员在未来实践中应用。

真实业务复盘远比正式上课更有效

我讲过促人改变的三驾马车：认知、行为和情感。通常的课堂实际上从认知入手，学员理解了再付诸实践，带动行为，实践有效果了又会带来积极的情感体验，从而形成一个"认知—行为—情感"循环。五星教学为什么特别强调"激活旧知"，目的就是促成这个循环的形成。但现实情况是，很多知识永远停留在认知层面，根本没有付诸实践的可能，这是课堂学习效果不好的重要原因。

从经验中学习就不一样了，学员有了具体的经验，即从三驾马车的行为入手，有了行为，也就有了与之对应的情感体验。复盘的动作实际上是事后补上认知的环节。做完一件事情，如果成功了，就分析一下为什么能取得成功，做对了什么才有如此好的效果，下次遇到类似的情境应该如何应对。如果失败了，就分析一下为什么失败，造成结果跟预期不符的关键原因是什么，下次遇到类似的情境应做何调整以避免失败。复盘实际上走的是一个"行为—情感—认知"循环。

这样看来，复盘其实比正规的培训多走了一圈。培训是先有理论再准备去实践和体验，而复盘则是先有了实践和体验再去挖掘和联系理论。比起有了实践再去找理论，先学理论再伺机实践更容易形成三驾马车的循环。从能量投入的角度看，课堂上学员投入的能量毕竟有限，学员学习了如果不去实践很快就会恢复原状，而复盘的前提是学员先做了事情，已经投入了很多能量，复盘所付出的能量就少很多。

早些年我们花很大的力气开发精品课程，拍摄业务场景视频，为了能感染学员，我们力求业务场景尽量逼真。但转念一想，再逼真的情境模拟也只是模拟，最逼真的业务场景莫过于正在进行的业务本身。为什么不能把正在进行的业务当成真实案例来教学呢？进一步探索后发现，当真实的业务问题发生时，该事件往往会造成很大的影响，加上时间紧迫，所以主管领导会把全副精力用于解决业务问题本身上，希望能尽快化解危机。事中无暇顾及员工在处理业务问题时的表现，事后又不愿意回顾血淋淋的教训。由此我意识到，对真实业务进行复盘要远比开发精品课程实惠。

人们在失败中学到更多

还有人强调，成功了固然要复盘，失败了更要复盘——因为惨痛的教训更容易促进人反思与学习。这一点让我想起早年做"企业全面经营沙盘"讲师时的困惑：那些在企业模拟经营中取得很好成绩的学员，在总结发言时常常志得意满，浮于表面；而那些经营惨淡甚至把自己的企业搞倒闭的学员，在总结发言时常常总结得很深刻、很全面、很真切。

荣获诺贝尔经济学奖的心理学家卡尼曼研究表明，损失的厌恶情绪与得到的欢喜情绪比起来要强烈得多，即丢掉100元钱的痛苦要远远大于捡到100元钱的欢乐。我则强调，复盘的有效性恰在于它能有效调动当事人真实的认知、行为和情感三部分能量，人们对损失的厌恶情绪更强烈意味着人们在失败的实践中投入的情感能量更多，所以更容易促进认知的更新。在教学中，首先让学员讲出自己真实的经历，然后让全班学员将其当作案例来学习，并通过社会协商的过程提升认知，促进转变。这应该是理想的教学方式。

第 13 章　反思复盘，持续提高

复盘最容易遇到的一个问题是，自己复盘自己失败的经历，得不到有效的外部反馈。虽然复盘了，但是受自身认知水平的限制，进步并不大。受防御本能影响，很多人讳疾忌医，鲜有人愿意把自己失败的经验分享给大家。敢于和朋友共同直面惨淡的过去的人，才是真正的勇士，才能在复盘中得到更多。

复盘是从围棋中发展出来的。实践证明，这种方法对训练棋手非常有效，因为复盘更接近学习的本质。互联网时代最崇尚的敏捷开发和快速迭代思想，最需要的，或者说不得不补充的一个环节就是复盘。《周易·系辞》有言："尺蠖之屈，以求信（伸）也。"——复盘就是屈以求伸的过程！

案例教学差点感觉

在商学院里很流行案例教学。显然，案例教学比起纯粹的理论宣贯要先进很多，因为借助场景来理解概念是人的自然倾向。但是，案例教学的实质还是从他人的经历中寻找规律，虽然可以设身处地地想象或根据自己的经验类比，但毕竟有点隔靴搔痒的感觉。

案例教学有三个明显的不足。第一，案例是已经发生过的事情，而且和特定背景、环境、人物等裹挟在一起，学员要有很强的迁移和转换能力才能从案例中汲取营养。第二，案例是别人的事情，学员没有切身体会和情感连接，终究不能实现自身的认知、行为和情感三部分融合。第三，案例的真实性是一个大问题。编撰者常常为了教学效果，对案例加以改造。比如，通用电气是一家成功的企业，讲战略的老师也以通用电气为例，说其战略多好多好，借以阐释其战略理论；讲营销的老师也以通用电气为例，说其营销多棒多棒，借以阐释其营销理论；讲人力资源的老师也以通用电气为例，借以阐释其人力资源的理论。对成功的企业，不同学科的老师都会"傍大款"一样将其理论与之连接。我曾经揶揄地说，案例编撰者常常希望事实和他的理论相符，如果事实与理论不相符，就优先修改事实。按理说，我们能从别人失

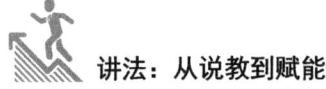

败的案例中学习到更多,可遗憾的是,失败的企业从品牌形象、领导声誉等多方面考虑,对自己的失败讳莫如深。自己关起门来复盘可以,而外人要想把该企业的失败编撰成案例,难度很大。

因此,对自己真实经历的复盘和学习他人的案例,看似都是案例教学,但背后的能量运用方式是有很大差别的。

第 14 章
通往专家级讲师之路

第七章
通往专家级讲师之路

讲师要想持续成长，必须不断摆脱旧有模式的束缚，发展出全新的模式，尽情地绽放生命的精彩。人生中的每个重大进步都意味着跟历史的彻底决裂。本章重点讨论讲师持续进阶的路径、保持不变的情怀、进阶的台阶和持续成长的循环。

第14章 通往专家级讲师之路

心中有学员的课堂永远精彩

有网友问:"我听了你多次课,每次课都很精彩。请问,你有什么方法吗?"他的问题让我想起电视剧《平凡的世界》中田福军与冯世宽的一段对话。

田福军还是原西县革委会副主任的时候,看到底层农民的穷苦样,就鼓励农民分饲料地、做主放了遭批斗的村民、大胆挪用储备粮救济快饿死的村民。他的这些行为被认为走资本主义路线,遭到当时县革委会主任冯世宽的强烈批判,田福军也因此被贬,后被借调到省委工作。很快,因为改革开放需要敢闯敢干的干部,在防疫站待安置的田福军被省委书记乔伯年连升三级,直接被委任为黄原地区专员。冯世宽一下子从田福军的老领导变为田福军的新下属。

冯世宽跟新任地委专员田福军有一段对话。他说:"以前我没有

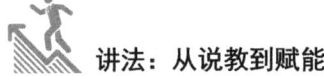讲法：从说教到赋能

当好你的领导，今后我会努力做好你的下属。我感谢你在原西县对我的牵制才没让我犯大错，也很佩服你的政治敏感性，在当时你就能把握政治方向。"田福军说："其实要做到这点（把握政治方向）也不难，只要心中始终想着农民就可以了。"

对，共产党立党宗旨就是为人民服务。田福军心系农民，始终不忘"让农民能吃上白面馍"的政治理想，深入基层的他很容易分辨哪些措施能让农民吃饱饭，哪些活动只能让农民越来越穷。基层干部心里装着农民就自然能把握党中央的政治方向。

同样的道理类比在教学上，即只要讲师一心想着学员，一切活动围绕着学员的有效吸收和转化，课堂就完全可以是另一个模样。讲师没必要秀自己的口才和学问，没必要歇斯底里，没必要手舞足蹈。我在课程评审中经常说：**课程评审的评委首先要把自己放在学员的位置，去体会课程能带给学员什么样的体验。**课程设计者也要从学员的角度开发课程，审视学员怎么接受课程的每一块内容，用大脑的哪一部分加工；信息输入会不会增加学员的认知负担，会不会让学员思维跳跃；课程要让学员沉浸在什么样的氛围，激活学员什么样的情感；等等。无论是谁，只要能站在学员的角度，谁就是课程评审的权威。

无论什么机缘促使，讲师一旦站在讲台上，就要全心为学员的体验负责，为学员的变化负责。**学员投入的每一分钟都是自己生命的一部分**。每个人都会珍惜自己的生命，讲师对学员的时间要有敬畏之心。**让每一个灵魂因为我的点拨而高尚一点点是我不变的追求！**对学员而言，上一堂课和看一场电影一样，追求的就是体验和升华。

一言以蔽之，**心中有学员的课堂永远精彩！**任何掺杂个人目的的表演都会让精彩打折。

激情的背后是大爱，是自我价值的实现。判断的标志有三个。第一个是你的的确确有一种大爱，你非常喜欢别人因为你的点拨而受益，你非常享受

那种感觉。第二个是你确确实实能够在讲课中找到自己的人生价值。第三个是你讲起课来非常投入，乐以忘忧，不知疲倦。如果这三个都有了，就说明你有大爱。所以，如果想成为大师，没有大爱，不修德，我认为是不行的。

讲师不可或缺的知识领域

培训界充满了悖论。比如，讲师的角色就是促进学员改变的，但奇怪的是，很多讲师自己都很难改变，用一辈子去教一门课，授课是永远不变的一言堂；以及，很多讲师非常喜欢帮学员做职业生涯规划，可是讲师自己的职业生涯几乎没有规划。再如，讲师特别崇尚按照能力素质模型对学员进行培训，而讲师自己的能力素质模型却没人做过深入的研究。有多少人分析过一个成功讲师的成分技能？有多少人的TTT（培训培训师课程）能清楚地厘清课程所采取的教学策略在有效提高讲师的成分技能？

讲师的职业是把某一领域的知识（广义的知识包含知识、技能和态度）有效地传送给学员，并帮助学员完成对该知识的自我建构。从这个定义中我们不难看出，讲师要成功地把某一领域的知识传授给学员，必须具备三个方面的技能。

第一，**领域知识**。最基本的要求是，教数学的必须懂数学，教语文的必须懂语文。讲师自己要有足够的领域知识，这一点虽然无可否认，但常常被一些讲师夸大，被他们理解为只要有足够的领域知识，就一定能够当好讲师。但在现实情况下，"茶壶里煮饺子"的讲师非常多。

第二，**学员研究**。讲课所作用的对象是学员，讲师对学员要有足够深入的了解。人们赖以加工信息的大脑是世界上最复杂的机器。这个机器是怎么运作的？信息是怎么被感知的？怎么加工的？怎么储存的？怎么提取的？怎么应用的？讲师必须有所了解。在对应的学科上，就要深入研究普通心理学、认知心理学、教育心理学、脑神经科学等。

第三，**教学方法**。讲师用什么样的策略把领域知识传递给学员，并促成其完成属于自己的建构。这就涉及教育学、教学设计原理、课程开发、授课技巧、引导技巧等。

在这三个方面做得都很好的讲师是可遇不可求的好讲师，事实上，这样的讲师凤毛麟角。幸运的是，**这三个方面常常可以互相补位**。学富五车、德高望重的大师在讲课时，不运用任何教学策略，学员也很乐意听；引导技巧高超的讲师，能巧妙地调动学员之间相互学习的氛围，也可以稍稍弥补自己领域知识不足的缺陷；对学员很了解、对人性很了解的领导，不用教学的方式，也可以让下属受益良多。

最后不得不说的是，在这三个方面之上，还有一点很重要，**就是讲师的品德**。医德、师德都是极其重要的东西——你的客户愿意把他的身心安全与健康托付给你，你当然要有一份敬畏心和责任心。社会对医生、老师的额外尊敬，大多源自这个原因。老师必须是德艺双馨的人。我常常感叹：上帝把人的大脑设计得那么复杂，就只让那些有使命、有爱心、有德性、肯钻研的人，才学会驾驭它。正如《抱朴子》里的那一句话："**德之不修，但务方术，不可长久。**"

专家级讲师之路

讲师也是一个非常容易进入职业倦怠状态的职业。有的讲师讲了几十年课，学员一茬一茬地换，但讲师的课程始终是同样的内容、同样的讲法。面向企业的社会培训领域也有为数不少的讲师靠一门课行走于各个企业之间。

有位高校老师向我慨叹："每送走一届学生，就带走老师的一段生命。"老师如何在工作中修行？如何把三尺讲台当成老师自身修身的道场？如何让老师摆脱蜡烛般悲催的命运？

重新定义，重新实践，重新体悟

在一个岗位上工作几十年，若总用同样的模式为人处世，那么，再高大上的工作都会沦为枯燥的驴子拉磨模式。游戏吸引人的地方在于它总让你不断地闯关，每一关都有每一关的新鲜和挑战，让人迷进去欲罢不能。其实，在工作中也能找到玩游戏的感觉，只不过其中的关卡要自己寻找、自己定义。如果把领导力的进阶比作游戏来讲，那么新手把领导力定义为控制，要把几个下属管好；资深点的领导者把领导工作理解为营造文化，因为总是控制怪没意思的，不如营造积极上进的文化，产生"三勤加一懒，想懒不得懒"的效果；再资深点的领导者会意识到领导力的精髓在于激励，只要激励到位，员工就会自己干；更进一步的领悟是，领导力可以被定义为授权、信任和激发；我现在将其定义为引领团队共同做事，共同成长，更强调成长……其实，以上这些都对，都是有效领导力的一个方面。领导力进阶过程就是不断地重新定义领导力的内涵，根据自己的最新理解去实践，在实践中再深度体会、领悟。进入职场20多年来，我对领导力、教学、行动学习、演讲、写书等很多工作都有若干次的重新定义。让我欣喜的是，每次重新定义都让我加深对该项工作的理解，找到更多的理论支持，也拓宽了该项工作的应用面。对工作多次重新定义之后，我开始有豁然开朗的感觉，逐渐体悟到"运用之妙，存乎一心"的乐趣。

要想成为任何一个领域的专家，对你所从事的工作没有十次八次的重新定义是不行的。可悲的是，很多人从事某项工作一辈子也就对工作有一种理解，把同样的模式重复了几十年，临终也没有进入更高层次的领悟。

不管从事什么领域，当认知、行为和情感三个维度都能找到当前现状与发展目标的增量时，进一步发展的势能就有了；当认知、行为和情感在实践中走向一个相互促进和强化的正循环时，人们内在的动力就会源源不断地释放出来，潜能就得到了充分开发。孔子向师襄子学琴的故事，就是一个很好的阐释3Δ法则的故事。

讲法：从说教到赋能

> 孔子学鼓琴师襄子，十日不进。师襄子曰："可以益矣。"孔子曰："丘已习其曲矣，未得其数也。"有间，曰："已习其数，可以益矣。"孔子曰："丘未得其志也。"有间，曰："已习其志，可以益矣。"孔子曰："丘未得其为人也。"有间，曰："有所穆然深思焉，有所怡然高望而远志焉。"曰："丘得其为人，黯然而黑，几然而长，眼如望羊，如王四国，非文王其谁能为此也？"师襄子辟席再拜曰："师盖云《文王操》也。"

从文中看，孔子就是一个充满好奇心、乐于探赜索隐且不轻易满足的人，所以在学琴的过程中，他总能找到新的探索目标和方向，找到自己下阶段认知的增量值，认知的增量又牵引着他更加勤奋地练习，于是就能从中体悟到自己想探索的内容，从而得到增量的积极情感体验。孔子在学琴的过程中的内在动力被有机地整合了起来，这个循环激励他不断地探索和体悟，终究使他对曲子的理解超越了老师。孔子之所以能够成为圣人，跟他不轻易满足的个性关系很大。泰山不让寸土，故能成其大。孔子不轻易满足，勇于探索的精神终究成就了他。用 3Δ 法则分析，孔子就是一个善于找到自己增量，并能很好地整合自己内在能量的人。

人活着总是要面向未来、立身高一步的，能够找到生命中的增量，人就不会义气行事，不会为感性的烦恼所困。韩信甘受胯下之辱，张良星夜受书，皆如苏轼所言："其所挟者甚大，而其志甚远。"因为志向远大，所以能忍常人所不能忍，为常人所不能为。

心理学上著名的延迟满足实验也是一个很好的例证。

实验者要给幼儿园孩子们发棉花糖，并告诉他们："如果马上就吃，每人只能领一颗糖；如果等 10 分钟后再吃，就可以领两颗糖。"结果，一些孩子选择领一颗糖；另一些孩子则克制欲望等了 10 分钟，从而获得了两颗糖。后来，研究人员跟踪发现，平均而言，那些选择克制欲望、抵制诱惑而最终获得两颗糖的孩子，长大后表现出更强的适应性、自信心和独立自主精神，多数人事业上更容易获得成功；而那些经不住糖诱惑的孩子则比较平庸。

用 3Δ法则分析，那些能够忍受当下诱惑而等待两颗糖的孩子，是因为找到了自己的认知增量，对未来积极期待的情感战胜了当下的诱惑，从而选择了忍耐。他们后来的表现优秀，是他们善于探寻自己增量的结果。

迈向专家级讲师的阶梯

让我们以一个专家级讲师的成长过程为例来阐释 3Δ法则。我认为，如果一个职业讲师没有过把一门课讲 30 遍以上的经历，在课堂上的感觉就很难达到游刃有余的境界。有的讲师把一门课讲了三五遍就感觉厌倦了，我认为这种讲师在讲师的修行路上很难走远，因为他们找不到自己在认知、行为和情感三个维度的增量，找不到支撑事业发展的中继能量。

在职业讲师路上的第一个阶段，讲师要把自己绝大多数的注意力用在所传授内容的理解上，他们的认知："我一定要把内容吃透，学员听不听是他的事，但只要学员愿意听，我一定比一般讲师讲得透彻。"这个认知支撑着他的行为脑，让他不断地去深入理解。这个阶段的讲师在备课时生怕素材不够、讲解不透，所以在 PPT 上总是密密麻麻的文字，在课堂上总是喋喋不休地讲。课堂的效果则要凭运气，如果恰巧碰见想听并且认真听的学员，他就会从中受益，说："老师确实讲得透。"讲师受到来自学员的激励，益发要把内容研究得更透，从而建立了一个良性循环。但当这个循环重复一段时间后，讲师自己就能发现虽然内容讲得透，但促进学员改变的效果并不理想，于是成就感下降。相当比例的职业讲师的修身就停留在这个层面上。老子讲："反着道之用。"进阶的通道往往在相反的方向，过去赖以成功的长处恰恰制约了其他方面的发挥，成为制约进阶的障碍。

第二个阶段，讲师开始意识到不仅要把内容讲透，还要用多样的形式把课堂氛围搞活跃。于是，行为上有意识带领学员做游戏、增加互动，努力让自己被学员喜欢，甚至有时候带领学员做的游戏和互动跟所授课程的内容连接得并不紧密，但为了搞活课堂氛围，还是要勉力为之。可以搞活课堂氛围的努力又能争取一部分学员的参与，学员的正面反馈又多了一些，讲师得到了增量的积极情感体验，于是会更加刻意地琢磨授课的形式。我说过，讲道理的形式比道理本身更重要，讲道理的形式可以无限创新。长期处在这个循环阶段的讲师，很容易剑走偏锋，刻意追求新奇的形式，搞成个人秀或者形式主义。这个阶段的讲师在认知层面还是以自我为中心，依然信奉内容至上，他们积极活跃课堂氛围的目的也只是为了更好地传授内容。这个阶段再发展下去，有些讲师开始琢磨自己的课程应该有自己专属的逻辑，融入自己独有的特色，于是逐渐发展出自己独有的授课风格。

第三个阶段，讲师开始关注学员，授课前注重研究学员的业务背景、知识结构和理解水平，意识到其讲述的内容要跟学员关心的问题紧密相关，授课的语言风格和讲法要适合学员的接受方式，认为适合学员的课程才是好课程。这个阶段的讲师开始理解毛泽东的名言："时刻想到自己的政策措施一定要适合当前群众的觉悟水平和当前群众的迫切要求。凡是违背这两条的，一定行不通，一定要失败。"教学的目的是促进学员改变。在教学行为上，讲师不仅要有意识地设计互动环节，更重要的是，要根据学员的接受水平和现场反应情况，灵活调整上课的策略，灵活应对学员的提问，把自己更多的注意力从内容、形式甚至自己独有的逻辑，转移到关注学员反应和学员对话上。如果用足球运动的控场做比方，讲师的这些措施使得学员在课堂上的控场时间大大增加，学员很容易找到掌控感和参与的乐趣，将被大大激励。只有这个阶段的讲师才能真正理解这样一个道理：学员也是人，学员在投入学习的时候也需要认知、行为和情感三个维度的增量。讲师开始有意识地分析学员的增量，并帮助他们弥补增量差距。

从这个阶段起，师生才开始建立感觉良好的学习氛围。良好的学习氛围一定是师生双方都感觉良好的，但凡讲师感觉很爽、学员呆若木鸡，或者学员感觉很爽、讲师担心失控的状态都不是良性的社会交流状态。人们在身心状态最佳的情况下，学习效果才最佳。

从这个阶段开始，讲师不再喋喋不休，而是把学员当成课堂的主人，所以，讲师往往能够从学员那里得到更多的实践素材和信息反馈。前辈们所倡导的教学相长也只有在这种课堂上才能轻松实现。每堂课讲下来，当讲师自己觉得收获颇丰时，便更多了一份积极情感体验。

能做到这个阶段的讲师已经是凤毛麟角，再进阶的路就要沿着这个方向进一步精耕细作，更加精细、专业地提升学员课堂上的吸收率和转化率。

第四个阶段，讲师把一门课讲很多遍之后，所传授的内容已经滚瓜烂熟，以学员为中心的教学习惯也已经养成，在授课过程中讲师能够把更多精力用于关注学员和学员之间的交流上，而所传授的内容基本上可以潜意识反应。如果在此基础上还要进阶，讲师就必须深入钻研心理学、教育心理学、认知心理学，目的是用更专业的方式提升学员对所传授内容的吸收率和转化率。养殖业和种植业都有一个指标，即追求一斤饲料能够转换成几两猪肉，追求一吨水浇灌下去能够生长出多少斤黄瓜。我想，课堂上也应该这样：一小时的培训也要追求学员对知识的吸收率和转化率，而吸收和转化的源头首先在于课堂上讲师能抓住多少学员的注意力。在今天的课堂上，讲师的竞争对手很多，如笔记本电脑、手机上的微博和微信以及各种 App 都在和讲师抢夺学员的注意力。我经常跟讲师们讲："只要学员处于清醒状态，他大脑的各个器官——额叶、顶叶、枕叶、颞叶、杏仁核、海马体、小脑、丘脑、下丘脑、脑干等都在以自己的方式工作，关键是你能吸引其中的几个到你的课堂上来。"因此，讲师必须深入研究认知心理学，探索各个器官的工作方式和协调运作原理，用恰当的方式调动学员大脑各个器官的参与与学习。

不仅如此，讲师还要洞察学员的学习风格和能量分配与运用特点，根据学员的外在表现了解其内心状态，用强有力的问题、富有成效的对话、有感染力和画面感的语言、直通学员情绪的语音语调、能给学员感觉的肢体语言等来促动学员大脑的各个器官进行有效思考。突破了这个阶段，课堂才能真正以学员为中心；讲师才能牢牢地抓住大部分人的注意力，促动学员运用多元智能思考，促动学员间的社会协商；学员才能从课堂上获得更多参与的乐趣和学习的价值。

第五个阶段，讲师可能把绝大多数精力用于跟学员互动上，不受具体教学目标和内容的限制，没有特别明显的"课程"的概念，只是带着一个知识储备丰富、教学经验丰富、有准备的头脑，跟学员就某个事先框定的领域问题做不设限的互动。讲师不再强塞给学员很多知识，取而代之的是，用自己的知识和经验储备及教学引导技能来应对学员随机的问题，根据学员的问题进行引导和社会协商，鼓励和帮助学员去发现问题的答案。讲师达到了"无招胜有招""手中无剑、心中有剑"的境界。这个境界接近《道德经》第十七章中老子所倡导的"不知有之"的"太上"境界，在课堂上学员收获巨大，却忘了讲师的名字。

到达这个境界，讲师很期待学员能够提出有质量的问题，能够进行富有成效的团队思考。这个阶段对教学的认知已经有了很大的飞跃，讲师自己上课时心态非常平和；情感上，讲师得到的不仅是来自学员收获巨大的激励，更重要的是，讲师能够体会到"无为而治""循道顺势"的乐趣，不仅把自己脑、心、腹三种能量整合得很好，也帮助学员整合学员自己的脑、心、腹三种能量。

这五个阶段就像螺旋线上的五个圈，像大树的五个年轮，非常符合生物进化的逻辑和过程，我将其总结为图 14-1。

当然，还可有第六阶段和更高阶段，再往下发展，讲师就成为有自己独立哲学主张的大师。这个进化过程的核心主张是，在职业讲师的成长过程中，面对同样的工作，每个阶段的认知都有所改变（增量），认知的不同自然就促成教学行为的不同，行为的不同又带来情感体验的不同。三个维度都有增量的目标。讲师在课堂上每个阶段刻意践行的内容都不同，情感体验也不同，所以就不会厌倦。这里虽然以讲师发展为例，但岂止讲师，任何一个职业的发展都蕴含着同样的道理。

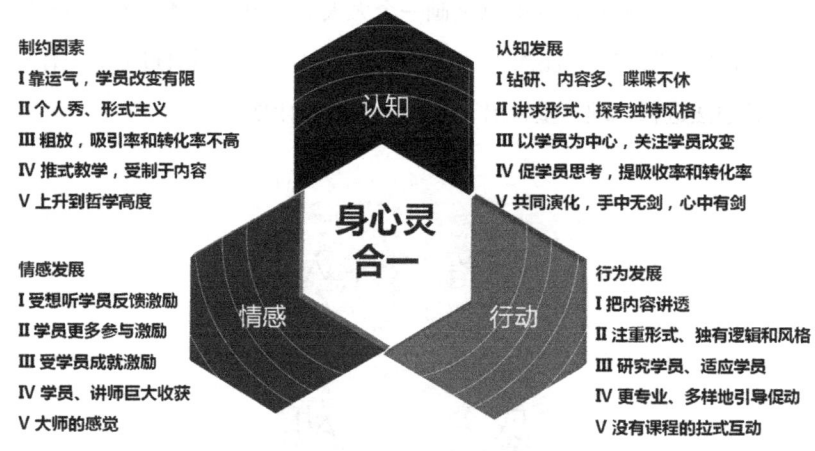

图 14-1　职业讲师的五个阶段

没有增量认知，每天重复过去的行为，体验枯燥乏味的情感。干任何事情都找不到增量，人生就好比小毛驴拉磨，整日围着磨盘转，却总是在同一个圈子里打转，这样的生活谁都会感到厌倦。

自我修炼的动态迭代模型

不变的模式会让人倦怠，变化太大又让人焦虑。所以，人的发展始终应该走在变与不变中间——稳中有变：在保持大部分不变的基础上，积极寻求新的突破——这样的生活才有成长的感觉。我们穿衣服也是稳中求变的，总是保留自己喜欢穿的衣服，淘汰过时或者穿旧的衣服，买几件新潮的衣服。对于已经开展的有基础的成熟业务，不需要颠覆性地变革，领导者可以带领团队用行动学习的方式进行持续演进。检视一下哪些做法已经不合时宜应该放弃，哪些做法效果非常好应该保留，哪些做法非常时髦或共创出新创意让人兴奋值得尝试，重新梳理和整合该放弃的、保留的、注入的元素，形成下一阶段的工作计划。这个工具会让我们的工作与学习像生物体自然进化的规律一样，找到成长的乐趣。

简单的做法是在一张 A4 纸上画一个大大的"田"字格，每个格子里分别填上"保留""放弃""注入""行动"（见图14-2），然后对过去的工作、学习和创新想法进行梳理，整合出下一阶段的行动计划。

图 14-2 "田"字格法

在第一个格子里填"保留"。最近有哪些感觉特别好的工作实践，如自己做得得心应手，客户反馈也非常好，而且让你非常兴奋，收获了足够多的成就感和成长感。填写这个格子的时候你的大脑在对过去的事情回放电影，除了做理性分析，还要觉察你内心深处的情感。把要做的事情跟内心深处的情感紧密连接，在做的时候就很容易激发内在动力。

在第二个格子里填"放弃"。找出那些让你厌倦，不能让你兴奋，却又不得不去应付的事情。做这些事情你收获不到任何成就感和成长感，感觉投入产出比极其不合理。对大部分人来讲，要放弃那些已经有深深的情感依赖和习惯依赖的事情，就像戒烟一样，是件很痛苦的事。但须知，沿用旧的行为模式就别指望收获完全不同的结果。要想有不同的结果就必须采取新的行为模式。学习和成长意味着改变，要改变就必须有放弃。只有放弃了一些不合时宜的行为，才能腾出精力来尝试新的改变。

在第三个格子里填"注入"。在这个格子里填写你从同行的最佳实践中学来的最新技能，或者团队创新出来需要付诸实践的新点子、新玩法。新注入的元素一定是你充满期待和让你兴奋的，是你发自内心地想去实践的，是直通你的内在动力的。要注入的内容应该跟要放弃的内容比例大致差不多。切忌放弃很少而注入很多，否则你一定会力不从心。老子说："有之以为利，无之以为用。"有把握固然给你带来便利，但没把握反倒有创新和成长的空间。有七八成把握的事情就要大胆尝试，在实践中创新探索和持续改进才是最容易带来业绩结果和个人成长双重回报的措施。

在第四个格子里填"行动"。梳理完保留、放弃、注入的措施之后，接下来把这些零散的措施加以评估、选择和整合，并制订切实可能的行动计划，然后按计划、分阶段地付诸行动。

教学相长的循环

很多人认为讲师这个职业干久了人就被掏空了，就脱离实际了，没什么可讲了。我认识的职业讲师中有不少人心存这样的担忧，甚至有人想再从自由职业者回到职场来充电，却又担忧久在江湖漂泊，受不了职场的约束。在我看来，这完全是因为讲课不得法。如果讲师每堂课都是纯粹地宣贯，久而久之，就感觉自己被掏空了，没什么新鲜的料可报了。试想，为什么彼得·德鲁克、查尔斯·汉迪这样的管理大师，终生做咨询培训，不但没有被掏空，反而越做越丰富呢？

讲师最好的道场是课堂

我在课堂上通常会安排很多互动环节，每堂课都会听到不少学员分享自己鲜活的、生动的案例。一开始我还认真地记录，以便以后在课程中引用，

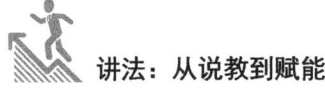

但后来发现根本没有记录的必要，因为每堂课都有学员分享的鲜活例子。如果某个课堂上学员的例子不够生动，我稍微回忆一下其他课堂讲到此处的情境，便会自然冒出一个以前学员分享过的例子，信手拈来做个分享。所以，在**互动性很强的课堂上，讲师永远不会枯竭，就像掌握了"吸星大法"一样，课会越讲越丰富。讲师建构学员思想的同时，学员也帮助讲师建构了课程，案例会越来越生动鲜活，内容会越来越丰富贴切**。阿基里斯在他的《行动科学》一书的扉页上写道："献给我的学生，我从他们身上学到更多。"我的医生朋友说："感谢那些病人，治病的过程也提高了我的医术。"我说过，老师和医生是一个相互成就的职业！医生治好了患者的病，患者也成就了医生的医术和名声；老师教会了学生，学生也帮助老师优化了课程。因此，**80 岁的老医生也要坚持临床，不临床他就容易找不到感觉**。讲师也是一个实践性极强的职业，再多的理论、再好的课程开发理念，不去上课也找不到感觉。按理说，我现在完全可以不亲自讲课，但不讲课就没有课堂的感觉，没有课堂的感觉心里就不踏实，所以我每年再忙也要亲自讲几十天课。

课程要在上课中打磨

我甚至感觉课程开发和上课的界限越来越模糊，上课即开发课程，开发课程就要不断上课。敏捷开发的核心思想是反复迭代，套用到课程开发上，就是"形成课件—上课—收集意见—更新课件—再上课"，**所以精品是磨出来的，在出精品之前，可以先做一个潦草一点的坯子，再一点一点地打磨**。我们在开发精品课程的过程中，每周都拆课。我们把派出的讲授同一门课的所有讲师集中起来，用行动学习的方式，让大家分享自己在授课中遇到的挑战、应对的方法、从学员那里得到的启发和收集到的好案例，把其中优秀的内容和值得借鉴的经验再吸纳到课程中，对课程进行一次升级，然后大家拿着升级的版本再去讲，坚持几次，课程就会完善得非常好。

"持续改进"这个概念是戴明博士提出的,他提出每天提高1%的号召。每天提高1%可是一个了不得的进步。文章不厌百回改,课程何尝不是?课程的持续改进也非常重要,很多传世佳作,原本就是大师们多年讲课的讲稿。弗洛伊德的《梦的解析》就是由他的演讲稿整理而来的;亚当·斯密的《国富论》也是基于他多年讲课的讲稿形成的;冯友兰大师的《中国哲学史》是从他多年在国外授课的英文稿翻译而来的;曼昆的《经济学》也是他多年讲课的讲稿;迈尔斯的《心理学》已经再版了13版之多,几乎每一两年就根据他的教学实践升级一个版本。由此可见,**把课程打磨成精品的捷径就是不断地上课,从实践中提高,从课堂上挖掘学员真正感兴趣的话题,并汲取鲜活的教学素材,与时俱进,最终打磨成传世精品。这就是在战争中学习战争,在水里学习游泳!**如果有人想写一本经典的著作,我认为最好的途径是先开发一门课程,然后持续优化地讲上十年八年。很多讲师把课程讲一两遍就厌倦了,再讲下去就产生了应付的心理,这样的精神和态度是很难开发出精品课程的。借古人的话说就是,用心躁焉。

教学相长的真正循环

《礼记·学记》里讲:"教学相长,学然后知不足,教然后知困。知不足,然后能自反也;知困,然后能自强也。"什么叫作"教然后知困"?我认为,所谓的知困有两重含义:一是**知道学员之所困,即授课过程中的难点**;二是知道**讲师自己之所困,包括课程设计的不足和讲师知识储备的不足**。建构主义的课堂就是一个场。在这个知识的场上,讲师和学员都进行建构,讲师引导完成对学员思想建构的同时,学员也在不知不觉中帮助讲师建构课程。好课程是打磨出来的,所以讲师要很认真、很用心地上课。东抄西袭是出不了经典著作的,闭门造车地搜肠刮肚也出不了经典作品,应付学员式的上课也发现不了课程的改进之处。

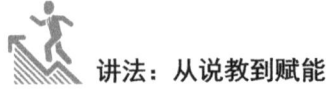

所以，我坚持认为，学员、讲师、课程都是不断成长的有机体，课堂正是这三者之间互动的场域。一个良性的互动，三者都有成长，学员收获了知识和技能，讲师提高了授课技能并不断把所传授的内容和学员现状进行匹配，课程在每次授课的过程中持续汲取新的素材和演化新的版本。**这三者的良性循环才是讲师成为大师级讲师的依托，课程成为精品课程的必要工序，让学员听课收益最大化的途径。**教学相长的真正含义是学员、讲师、课程的持续的良性循环！

参考文献

[1] 田俊国. 赋能领导力：指数时代领导力转型的关键[M]. 南京：江苏人民出版社，2017.

[2] 田俊国. 精品课程是怎样炼成的[M]. 北京：电子工业出版社，2014.

[3] 凯根，拉海. 变革为何这样难[M]. 韩波，译. 北京：电子工业出版社，2010.

[4] 黄仁宇. 万历十五年[M]. 北京：中华书局，2018.

[5] 马尔科姆. 异类[M]. 苗飞，译. 北京：中信出版社，2014.

[6] 戈尔茨坦. 认知心理学——心智、研究与你的生活（第三版）[M]. 张明，等译. 北京：中国轻工业出版社，2015.

[7] 安德森. 认知心理学及其启示（第 7 版）[M]. 秦裕林，等译. 北京：人民邮电出版社，2012.

[8] 穆来纳森，沙菲尔. 稀缺：我们是如何陷入贫穷与忙碌的[M]. 魏薇，龙志勇，译. 杭州：浙江人民出版社，2014.

[9] 高文，徐斌艳，吴刚. 建构主义教育研究[M]. 北京：教育科学出版社，2008.

[10] 马尔科姆. 大开眼界[M]. 李巧云，等译. 北京：中信出版社，2014.

[11] 弗雷德. 终极问题：创造好利润，促进真成长[M]. 杨大蓉，等译. 北京：商务印书馆，2008.

[12] 盛群力，宋洌. 走近五星教学[M]. 济南：山东教育出版社，2010.

[13] 戴维·梅里尔. 首要教学原理[M]. 盛群力，钟丽佳，等译. 福州：福建教育出版社，2016.

[14] 田俊国. 上接战略，下接绩效：培训就该这样搞[M]. 北京：北京联合出版公司，2013.

[15] 维果茨基. 高级心理机能的社会起源理论[M]. 合肥：安徽教育出版社，2017.

[16] 斯滕伯格，威廉姆斯. 斯滕伯格教育心理学（原书第2版）[M]. 姚梅林，张厚粲，等译. 北京：机械工业出版社，2012.

[17] 维果茨基. 教育心理学[M]. 合肥：安徽教育出版社，2017.

[18] 乔纳森. 象与骑象人：幸福的假设[M]. 李静瑶，译. 杭州：浙江人民出版社，2012.

[19] 卡尼曼. 思考，快与慢[M]. 胡晓娇，李爱民，何梦莹，译. 北京：中信出版社，2012.

[20] 鲍迈斯特，蒂尔尼. 意志力[M]. 丁丹，译. 北京：中信出版社，2017.

[21] 希思. 粘住：为什么我们记住了这些，忘掉了那些？[M]. 雷静，译. 北京：中信出版社，2010.

[22] 希思. 瞬变[M]. 姜奕晖，译. 北京：中信出版社，2013.

[23] 伯杰. 疯传：让你的产品、思想、行为像病毒一样入侵[M]. 刘生敏，廖建桥，译. 北京：电子工业出版社，2014.

[24] 霍格斯黑德. 迷恋：如何制造持久的吸引力[M]. 王胜男，译. 南京：江苏凤凰文艺出版社，2017.

[25] 科特，科恩. 变革之心[M]. 北京：机械工业出版社，2013.

[26] 迪尔茨. 语言的魔力：谈笑之间转变信念之 NLP 技巧[M]. 谭洪岗, 译. 北京：世界图书出版公司，2008.

[27] 霍金斯. 意念力[M]. 李楠, 译. 北京：光明日报出版社，2014.

[28] 艾德勒, 范多伦. 如何阅读一本书[M]. 郝明义, 朱衣, 译. 北京：商务印书馆，2004.

[29] Sousa. 心智、脑与教育：教育神经科学对课堂教学的启示[M]. 周加仙, 等译. 上海：华东师范大学出版社，2013.

[30] 安德斯·艾利克森. 刻意练习：如何从新手到大师[M]. 王正林, 译. 北京：机械工业出版社，2016.

[31] 田俊国, 杨业松, 刘智勇. 玩转行动学习——用友大学最佳实践揭秘[M]. 北京：电子工业出版社，2016.

[32] 诺埃尔. 行动学习——重塑企业领导力[M]. 王国文, 王晓利, 译. 北京：中国人民大学出版社，2004.

[33] 盛群力, 等. 21 世纪教育目标新分类[M]. 杭州：浙江教育出版社，2008.

[34] 德鲁克. 21 世纪的管理挑战[M]. 朱雁斌, 译. 北京：机械工业出版社，2009.

[35] 陈中. 复盘：对过去的事情做思维演练[M]. 北京：机械工业出版社，2013.

[36] 葛瑞德, 迪露西亚, 班德勒. 催眠天书 2：米尔顿·艾瑞克森催眠模式[M]. 王建兵, 蒋红梅, 译. 北京：世界图书出版公司，2017.

[37] 查理·佩勒林. 4D 卓越团队[M]. 李雪柏, 译. 北京：中华工商联合出版社，2014.

[38] 提摩西·加尔韦. 身心合一的奇迹力量[M]. 于娟娟, 译. 北京：华夏出版社，2013.

反侵权盗版声明

电子工业出版社依法对本作品享有专有出版权。任何未经权利人书面许可,复制、销售或通过信息网络传播本作品的行为;歪曲、篡改、剽窃本作品的行为,均违反《中华人民共和国著作权法》,其行为人应承担相应的民事责任和行政责任,构成犯罪的,将被依法追究刑事责任。

为了维护市场秩序,保护权利人的合法权益,我社将依法查处和打击侵权盗版的单位和个人。欢迎社会各界人士积极举报侵权盗版行为,本社将奖励举报有功人员,并保证举报人的信息不被泄露。

举报电话:(010)88254396;(010)88258888

传　　真:(010)88254397

E-mail: dbqq@phei.com.cn

通信地址:北京市万寿路173信箱
　　　　　电子工业出版社总编办公室

邮　　编:100036